數據、謊言與真相

Google資料分析師用大數據揭露人們的真面目

人會說謊，但大數據不會！

面對朋友、醫生、家人、老闆，我們都不會完全坦白，
但當獨自在Google上搜尋時，我們會透露真實的疑惑、渴望與恐懼，
Google資料分析師用大數據推翻你對人們的既定印象，
從約會、選舉到體育，真相會讓你不安、驚訝、捧腹大笑！

賽斯．史蒂芬斯—大衛德維茲 Seth Stephens-Davidowitz
陳琇玲——譯

Everybody Lies

Big Data, New Data, and What the Internet Can Tell Us About Who We Really Are

目錄 CONTENTS

〔推薦序〕

現象、真相與解方

——提到「大數據」，你想到什麼？

想到城市裡數萬支監視器？想到電影《關鍵報告》（*Minority Report*）？還是想到一個令人興奮的研究領域？一大堆不知從何分析起的資料？想到臉書（Facebook）和Google大神總是會在你逛網拍後推送相關廣告給你？或者是政府定期公布的失業率、薪資、加班時數統計？犯罪熱區、犯罪率？

你有聽過有關美國職棒大聯盟（MLB）奧克蘭運動家隊《魔球》（*Moneyball*）的故事嗎？運動家隊制服組頭子比利・比恩（Billy Beane）利用「棒球統計學」成功締造許多「砂礫中撿到珍珠」的故事，讓小資本的運動家隊也創下傲人戰績。找到好球員並不稀奇，傳統的球探也能做到。《魔球》的威力在於能成功辨識被傳統球探低估的優質球員，在球員身價不高時用低價簽下，等到球員打出佳績還可高價脫手。怎麼做到的呢？就在於更多數據、更多統計。

《魔球》的祕訣，就是發展新的棒球統計數據，找出傳統數據並不特別傲人，但進階數據可找出與優秀球員比肩的新秀。使用比傳統數據更能準確評估球員能力的進階數據，可提升預測球員未來表現的準確度；比別人更早發展出新的進階數據，等於掌握了別人沒有的水晶球，可以提早進場佈局。

掌握且懂得運用更多數據的人，有更大的機會成為贏家，這給了所有競爭者一個追求數據棒球的好理由。在比利・比恩創下佳績後，大聯盟的三十支球隊制服組都開始學著使用進階數據。原本被低估的球員不再被低估，要追求超額利潤，就必須再找出無人知曉的有用數據才行。更多的細節、更複雜的計算方式、更多的變項、更多的維度，就是要比別人搶先一步看到未來。

不只棒球如此，金融市場更是數據的殺戮戰場。如何評估一個金融商品是金雞母還是賠錢貨？古早時代可能是道聽塗說、問朋友、去工廠看存貨。現代可能是看財報，分析各種數據。如何評估景氣趨勢呢？古人已經學會看港口、市場的繁忙程度，現代人多了失業率、GDP等各種指標。經濟學迄今發展出的各式數據統計早已超過一百年前科學家的想像。

所有的成功故事，或多或少都跟「資訊比人多、動作比人快」有關。人類很早就發現「歸納過去可以預測未來」的道理。從古文明觀星象到美國職棒大聯盟的《魔球》，人類發展與使用「數據」的歷史非常久遠。「統計學」從來不是新鮮事。「大數據」到底有什麼特別之處嗎？

什麼是「大數據」？

作者在書中並未對「大數據」下一個清楚的定義。一來，在資訊爆炸時代，人類一天可以產生二百五十萬兆位元組的資訊量，到底要多「大」才夠「大」？二來，擁有海量數據並不會自動產生精闢結論。「垃圾進，垃圾出」（Garbage in, garbage out）是所有曾學過統計的人致力避免的錯誤。我們不應高估數據「量」的重要性（畢竟跟人類一天產生的數據量相比，再多數據也都是相對少量）。即使是相對較少量的數據但使用新穎方式處理，也可能讓我們看見以前不知道的真相。

總之，作者跳過了「定義大數據」的階段。選擇了另一種論述方式：讓大數據的力量說明它自身的特質。

作者在書中試圖論證四種「大數據的力量」，包括：

一、提供新類型的數據：這主要是仰賴「電腦運算」的力量。包括書籍中的字詞、畢業紀念冊的照片，都可以藉由電腦運算處理成千上萬、上千萬筆資訊，並做出有意義的統計結果。若是使用人力，恐怕難以處理。

二、提供誠實的數據：這是仰賴「以為沒人知道」的力量。作者運用了Google搜尋統計，發現人們不願說出口的祕密。例如深藏內心的種族歧視、仇恨思想，以及推測未出櫃的同志人口、未報案的虐童案件、墮胎手術等政府統計資訊沒有處理到的角落。還有，色情網站PronHub讓作者得以一窺人們不會公開談論的性事。這都來自於大數據曝光了人們原本以為沒人在看的角落。

三、可以針對更特定的人口進行分析：大數據讓獲取每個樣本的單位成本大幅降低，「海量樣本、超低成本」成為現實。只需要幾行程式碼就能取得數十萬使用者的資訊，我們不僅可以看到大趨勢，更可以針對特定人口（例如出生在特定年分的男性是否喜歡某支球隊）做出有意義的分析。

四、更容易進行「因果關係」的實驗：過去的統計學找出了很多「相關性」，但要找出「因果關係」可就不是這麼容易了。拜網路之賜，幾行程式碼就可以讓成千上萬不知情的使用者協助企業進行A／B測試（A/B testing）。大數據不只窺伺人們的祕密，更讓人們不知不覺間幫助企業挖掘連自己都未必知曉的偏好。

透過作者風趣的文筆，我們知道大數據搭配電腦運算，有嶄新的力量。大數據能完成一百年前做不出來的實驗，能打臉佛洛伊德的精神分析。百年前的天才們以少量樣本輔佐直覺得出的結論，如今能透過大數據找到證據或反證。原本「以推論對抗推論」的爭辯，現在可以變成「證據對抗證據」。如同電腦運算速度大幅提升帶來學術突破性進展，現今的大數據應用是一種更強大的研究工具。

所以呢？大數據就一定好棒棒嗎？

就我的理解，本書描述的大數據意味著「用更便宜的價格，取得更大量、更誠實的樣本」。如果我們可以用更少的錢，做出更精確的統計，代表我們有可能更成功地預測未來，也有可能挖出原本不為人知的資訊。也難怪擁有海量資源的政府、企業爭先恐後投入大數據研究。

但大數據再厲害，也無法改變統計學和邏輯學的基本原理。統計學與邏輯告訴我們，觀察到「現象」，未必等於掌握「真相」，更不等於理解「原因」。研究人類行為和社會現象，質性的觀察、歸納與演繹仍然不可或缺。

我們可以用大數據找出「賽馬左心室大小可以成為預測賽馬明星的有效指標」，但左心室何以影響馬匹的運動表現？還是要由獸醫學解答。大數據告訴我們美國極右派網站「風暴前線」（Stormfront）的使用者造訪《紐約時報》（*New York Times*）網站的可能性是他們造訪「雅虎新聞」（Yahoo News）的兩倍，是「勘查敵情」還是其他原因？大數據顯示在景氣蕭條時期虐童相關的Google搜尋量增加，但官方接獲的通報數卻未顯著上升，這之間的落差代表什麼？臉書可以撈出許多大數據，但臉書的貼文真的呈現人們的真實生活嗎？這些問題，都需要進一步的控制變因以及質性研究分析才能解答。

知道更多「現象」並不會自動帶來問題的「解方」。如果只沉迷於數據相關性，而忽略了因果關係的嚴謹判斷與質性研究，輕則鬧出「短裙流行會導致冰淇淋暢銷」的笑話，重則可能犯下「PornHub網站的女性使用者搜尋『強暴』或『強迫』性交的數量比男性多，代表女性其實喜歡這些行為」之類低級又粗劣的錯誤。這是許多熱衷讚頌大數據威能的人所忽略的重點。

而本書的優點之一，就是本書作者雖然醉心於以新穎方式分析海量數據，但他仍然在書中誠實地提醒讀者大數據的各種「能與不能」。

依照作者的觀點，大數據未必能大殺四方。它最有威力的領域，是在「傳統方法效率極差」的領域，大數據較有可能帶來革命性的創新。然而在已經發展成熟統計分析方法的領域，例如金融業，大數據未必能有特別傑出的表現。作者也坦言，大數據仍然需要「人類判斷與小型調查」的輔助才能發揮最好的效果。同時也在本書的後段章節提醒讀者必須「小心面對大數據」，注意過度授權政府及企業將帶來危險。

大數據的驚人力量，必然有後座力。例如，掌握大數據的人可以輕易知道更多資訊，但無法取得這些數據的人呢？大數據是一項研究人類行為的神兵利器，但同時也製造了一個極大的資訊落差。利用這個資訊落差所衍生的牟利行為，我們有能力加以監督嗎？當人們日常行為的數據近乎免費地集中在少數的企業或政府手中，為企業或政府創造了超額利潤，弱勢的平凡人能分享受益嗎？大數據的力量之一來自於「誠實」，但人們並非自願誠實，而是「以為沒人知道」。大數據窺探了人們自以為獨處的時刻，那我們該如何更合理地維護人們想要擁有的隱私呢？

以上問題並沒有簡單的解答。但我認為這些問題值得每一位讀者放在心上。從作者進行的研究項目，包括美國潛藏的種族主義、仇恨言論、出身與階級流動、未出櫃同志人口、虐童案件、政府態度對墮胎的影響等，也可看出他手握大數據的同時仍然保有對社會的關懷。但本書並非學術書，書中提到非常多大數據統計的案例，但絕大多數都沒有標明統計的細節（例如時間區間、樣本數、抽樣母體等）。且在談論與色情、性癖好有關的章節，雖然作者在註腳清楚表明自己其實並不知道Google搜尋者的性別，但為了行文方便還是直接採取了假定所有人都是異性戀的方式。因此本書比較像是報紙專欄的集結，而非一本論文。不過這也正是本書的優點：簡明、幽默、易懂。只要讀者能夠看到最後一頁，勢必有所收穫。

苗博雅

《阿苗帶風向》主持人

〔推薦序〕

大數據成了窺探你內心的新窗口

自從哲學家開始思索「腦部檢查鏡」這種能在螢幕上顯示個人想法的神話般裝置後，社會科學家就一直在找尋工具揭露人性的運作。身為實驗心理學家，我在事業生涯中看到不同工具的興衰演變，這些工具我全都試用過，包括：評定量表、反應時間、瞳孔擴張、功能性神經影像學，甚至是將電極植入癲癇患者腦部進行語言實驗，以腦波轉譯人類語言。

然而，這些方法都無法提供一個暢通無阻的觀點，將人們的內心世界一覽無遺，其間的問題就在於一個殘酷的取捨。人的思想是複雜的主題，不像知名導演伍迪．艾倫（Woody Allen）用速讀方式看完《戰爭與和平》（*War and Peace*）後，只知道「那是一本關於俄羅斯的小說」。我們知道人類的內心世界並非那樣簡單，但是這些主題如此糾纏又牽涉甚廣，根本讓科學家難以分析。當然，當人們訴說自己的心聲時，我們會理解人們意識流的豐富性，但是獨白並非測試假設的理想數據。另一方面，如果我們專注於容易量化的方法，比如說：

人們對字詞的反應時間或對圖片的皮膚反應，雖然我們可以製作出統計數據，卻將複雜的認知結構單純化為單一數字。即使最複雜的神經影像學方法論可以告訴我們，一個想法在三維空間中如何展現，卻無法告訴我們想法是由什麼構成的。

在可追查性和豐富性之間做取捨已經讓狀況有夠複雜了，研究人性的科學家們卻還要被小數法則（Law of Small Numbers）困擾。這項法則是阿莫斯．特維斯基（Amos Tversky）和丹尼爾．卡納曼（Daniel Kahneman）為這種謬誤所取的名字，科學家們誤以為人口特質會反映在任何樣本中，無論樣本多小。但事實上，就連計算能力最強的科學家也無法憑直覺斷定，一項研究真正需要調查多少對象，才能不考慮樣本中隨機出現的異常值，而能將所有美國人概括陳述。至於我們不了解的智人（Homo sapiens），[1]那就更不用說了。當樣本是透過便利方式蒐集，一切就變得更不確定，比方說，我們為了取得樣本，在課堂中給大二學生一點小錢買啤酒。

這本書跟研究思維的一種嶄新方式有關。來自網路搜尋和其他線上回應的大數據並非一種腦部檢查鏡，但是作者賽斯．史蒂芬斯─大衛德維茲證明大數據提供一種前所未有的方

1 譯注：意為「有智慧的人」，是一種靈長目人科人屬的直立行走物種，而祖先為人猿／古猿。

式，讓我們窺探人們的內心世界。人們透過鍵盤可以私密地坦承千奇百怪的事情，譬如在約會網站或搜尋專業意見時吐露心聲，因為在現實生活中講這些事可是要承擔後果的。在其他時候，也正因為**不必承擔**後果，人們可以吐露自己的一些渴望或恐懼，而不會令人沮喪或有不好的反應。無論是哪一種情況，人們不僅按下按鈕或轉動旋鈕，也鍵入幾兆字元序列中的任何字元序列，以各種爆炸性的組合說出自己的心聲。更棒的是，人們以一種易於彙總分析的形式留下這些數位足跡。這些數位足跡來自各行各業，可以參與不引人注目的實驗，讓刺激變得多樣化並能即時將反應列表顯示。在人們開心提供這些數據之際，網路大數據衍然成形。

《數據、謊言與真相》不僅僅是一個概念驗證。史蒂芬斯—大衛德維茲的發現一次又一次地顛覆我對自己國家和同胞的先入之見。唐納德．川普（Donald Trump）的潛在支持者來自何處？專欄作家安．蘭德斯（Ann Landers）在一九七六年詢問讀者是否後悔生小孩時，得到的回應令她訝異地發現大多數人都後悔生小孩，蘭德斯有沒有受到不具代表性的自選樣本誤導呢？網路是否要為二〇一〇年代後期的「過濾氣泡」（filter bubble）[2]負責？觸發人們犯下仇恨罪行的原因為何？人們會找笑話讓自己開心嗎？雖然我總以為沒有什麼事情能嚇到我，但是網路披露人們性傾向的內情，真的讓我跌破眼鏡，包括發現每個月有一定數量的女性在搜尋「填充玩偶自慰」這回事。就算使用反應時間、瞳孔擴張或功能性神經影像等方法進行實驗，都不可能揭穿這項事實。

我相信大家都會喜歡《數據、謊言與真相》這本書。史蒂芬斯－大衛德維茲以無比的好奇心和迷人的機智，為二十一世紀的社會科學指出一條新的道路。有了大數據這個無限迷人又能窺探人心的窗口，誰還需要什麼腦部檢查鏡呢？

美國實驗心理學家、認知科學家暨科普作家
史蒂芬・平克（Steven Pinker）
寫於二〇一七年

2 譯注：過濾氣泡意指演算法過濾掉個人可能不喜歡或不認同的資訊。

前言

川普勝選讓你跌破眼鏡？那是你沒看懂數據

——歐巴馬勝選代表種族歧視已經好轉？看看「黑鬼」的搜尋次數好嗎？

人們說，他必輸無疑。

二〇一六年共和黨初選時，投票專家們斷定川普沒有機會勝出。畢竟，川普把許多少數族群都得罪了。民意調查和民調專家告訴我們，很少美國人認同這種侮辱。

當時大多數投票專家都認為，川普會在美國總統大選中落敗。有太多選民說，川普的態度和觀點冒犯了他們。

但其實網路上有一些線索顯示，川普可能會贏得初選和大選。

我是網路數據專家，每天都要追蹤人們在網路上留下的數位足跡。從人們點擊或點按的按鈕或按鍵，我試圖了解我們真正想要什麼、我們真正會做什麼，以及我們的真面目。我先說明一下，我是如何步上這條非比尋常之路。

故事要從二〇〇八年總統大選和社會科學長久爭議不休的這個問題開始說起：在美國，種族歧視有多麼嚴重？現在回想起來，這一切似乎是很久以前的事了。

巴拉克・歐巴馬（Barack Obama）是第一位獲得美國主要政黨提名的非裔美籍總統候選人。他輕而易舉地贏得大選，民意調查顯示，種族不是美國人在投票時會考慮的因素。比方說，蓋洛普（Gallup）在歐巴馬第一次選舉前後進行多次民調，民調結果如何呢？基本上，美國選民並不在乎歐巴馬是黑人。[1]選後不久，加州大學柏克萊分校（University of California, Berkeley）兩位知名教授[2]利用更複雜的數據探勘技術，鑽研其他以調查為主的數據，他們得出類似的結論。

所以在歐巴馬執政期間，媒體和學界大多抱持這種看法。媒體和社會科學家八十多年來用於理解世界的民調資料告訴我們，絕大多數的美國人在決定該選誰當總統時，並不在意歐

1 Katie Fretland, “Gallup: Race Not Important to Voters,” The Swamp, *Chicago Tribune*, June 2008.
2 Alexandre Mas and Enrico Moretti, “Racial Bias in the 2008 Presidential Election,” *American Economic Review* 99, no. 2 (2009).

巴馬是黑人。

這個長期被奴隸制和「吉姆・克勞法」（Jim Crow laws）[3]玷汙的國家，似乎終於停止以膚色論人的惡習。這似乎表明種族主義在美國已經奄奄一息，事實上，一些專家甚至表示我們生活在一個後種族的社會。[4]

二〇一二年時，我還在念經濟學研究所，被自己的研究領域搞得精疲力盡，對人生感到十分迷惘。我自信，甚至自大地以為自己相當了解世界如何運作，也明白二十一世紀的人們在思考和關心什麼。在講到偏見這個問題時，基於我在心理學和政治學所讀過的一切，我讓自己相信明確的種族主義只侷限於一小部分的美國人，而這群人大多是保守的共和黨人，多半居住在美國最南端那幾州。

然後，我發現Google搜尋趨勢（Google Trends）。

Google在二〇〇九年推出這項工具時，並沒有引起太多關注。這項工具告訴使用者任何字詞或短語在不同地點和不同時間被搜尋的頻率。Google將它宣傳為一項有趣的工具——或許讓朋友之間可以討論哪位名人最受歡迎或哪種時尚突然變夯。Google搜尋趨勢剛推出的版本還包括一個戲謔的警告說到，人們「可不會想用這些數據幫你完成博士論文」。這句話馬上激勵我利用這項工具撰寫我的博士論文。[5]

當時Google搜尋趨勢似乎並非「嚴謹」學術研究的適當資料來源。不像一般調查，Google搜尋數據的設計宗旨並非是要協助我們了解人類的內心世界。Google的發明讓人們可以了解世界，而不是讓研究者可以了解人們。但是，我們在網路上尋求知識時留下的足跡，最後反而揭發驚人的真相。

換句話說，人們搜尋資訊，這種行為本身就是資訊。事實證明人們何時何地搜尋事實、

3 譯注：泛指一八七六年至一九六五年間，美國南部各州以及邊境各州對有色人種實行的種族隔離制度。

4 二〇〇九年十一月十二日，美國知名新聞節目主持人盧·杜伯斯（Lou Dobbs）在其節目中說到，我們生活在一個「後種族的社會」。二〇一〇年一月二十七日，新聞主播克里斯·馬修斯（Chris Matthews）在其節目中表示，歐巴馬總統顯然「超越種族」。其他例子參見Michael C. Dawson and Lawrence D. Bobo, "One Year Later and the Myth of a Post-Racial Society," *Du Bois Review: Social Science Research on Race* 6, no. 2 (2009)。

5 到目前為止，Google搜尋趨勢一直是我的主要資料來源。但是，由於這項工具只能比較不同搜尋的相對次數，無法指出任何特定搜尋的絕對數字，所以我通常會以Google關鍵字廣告（Google AdWords）來補其不足。Google關鍵字廣告能精確說明每次搜尋的次數。在大多數情況下，我也可以借助自己設計的趨勢演算法來讓整個事實更清楚呈現。我在個人博士論文〈使用Google數據的論文〉（Essays Using Google Data）和發表於《公共經濟學期刊》（*Journal of Public Economic*）的論文〈論黑人候選人的種族敵意代價：使用Google搜尋數據得到證據〉（The Cost of Racial Animus on a Black Candidate: Evidence Using Google Search Data）中，都有說明這個趨勢演算法。關於我的博士論文（相關連結）及本書所列原始研究使用的數據和代碼之完整說明，詳見作者個人網站sethsd.com。

引言、笑話、地點、人物、事情或協助，比任何人可能做的猜測，更能告訴我們許多資訊。透過這些資訊，我們了解人們真正在想什麼、真正渴望什麼、真正恐懼什麼和真正做了什麼。由於人們有時不僅僅是在Google上進行搜尋，而是在搜尋欄中吐露真心，譬如：「我討厭我的老闆」、「我醉了」、「我爸爸打我」，所以網路足跡就更有真實性可言。

人們每天在長方形空白搜尋欄中輸入一個字詞或一小段話，就留下一點點真相。當這些搜尋加乘幾百萬倍時，最後便會透露出意義深遠的事實。我在Google搜尋趨勢中輸入的第一個字詞是「上帝」（God）。我得知最常出現「上帝」的Google搜尋，是在阿拉巴馬州、密西西比州和阿肯色州，也就是所謂的聖經地帶（Bible Belt），而這些搜尋的高峰都出現在週日。這樣的結果並不令人意外，但讓人感興趣的是，搜尋數據可以揭示這種明確模式。我在Google搜尋趨勢中以「尼克隊」（Knicks）進行搜尋，結果紐約市最常出現尼克隊一詞的搜尋，這又是一個毫無疑問的事實。然後，我以我的名字做搜尋，Goolge搜尋趨勢顯示的結果是：「抱歉，你的搜尋資料不足，因此無法在此顯示。」我由此得知，Google搜尋趨勢只會在許多人進行相同搜尋時提供數據。

但是，Google搜尋的力量不在於可以告訴我們，上帝在美國最南方備受愛戴，尼克隊在紐約市很受歡迎，或是我在任何地方都不夠有名。任何調查都可以告訴你這些，然而Google數據的強大之處在於，人們會把自己可能不會告訴任何人的事情，告訴這個大型搜尋引擎。

以性方面（本書稍後會詳細研究的一個主題）的研究為例，問卷調查無法確切告訴我們有關人們性生活的真相。我分析社會概況調查（General Social Survey）的數據[6]（該調查被認為是說明美國人行為最具影響力也最有權威的資訊來源之一），根據這項調查，在涉及異性性行為時，女性表示自己每年平均進行五十五次性行為，其中使用保險套的次數只占一六％。加總起來，就是每年用掉約十一億個保險套，但異性戀男性則說每年使用十六億個保險套。照理說，這些數字必須一樣，那麼，究竟誰說了實話，是男人還是女人？

結果，男女雙方誰也沒說實話。據追蹤消費者行為的全球資訊暨評量公司尼爾森（Nielsen）表示，每年賣掉的保險套不到六億個。[7]所以大家都在說謊，唯一的區別是，數字多寡。事實上，這個謊言普遍存在。未婚男性聲稱，每年平均使用二十九個保險套，然而

6 這些計算的細節參見作者個人網站sethsd.com，標明「Sex Data」的資料區。有關社會概況調查的數據參見http://gss.norc.org/。

7 尼爾森公司提供給作者的數據。

數字加總後，超過美國賣給已婚男性和未婚男性的保險套總數。已婚男性也可能誇大自己每年的性行為次數，平均來說，六十五歲以下的已婚男性在調查中表明，自己每週有一次性行為，只有一%的人說自己過去一年沒有性行為。已婚女性回答的性行為次數較男性少，但並沒有少太多。

Google搜尋的數據告訴我們，已婚人士的性生活並沒有那麼活躍，而且我認為Google搜尋數據比較準確。在Google上，人們對於婚姻的最多抱怨就是沒有性行為。「無性婚姻」的搜尋比「不幸婚姻」的搜尋多出三．五倍，比「無情婚姻」的搜尋多出八倍。即使是未婚伴侶也經常抱怨沒有性行為，Google搜尋「無性關係」僅次於搜尋「虐待關係」（我要強調這些數據全是匿名提交，Google當然不會透露有關特定個人搜尋的任何數據）。

而且，Google搜尋呈現出的美國概況，跟調查所勾勒的後種族烏托邦截然不同。我記得當我第一次在Google搜尋趨勢上輸入「黑鬼」（nigger）時，我發現我真的太天真了。我想到這個字詞是如此充滿惡意，因此以為自己會看到的搜尋次數並不多。天啊，我錯了。在美國，人們對於「黑鬼」（nigger，複數niggers）的搜尋次數，竟然跟「偏頭痛」、「經濟學家」和「湖人隊」的搜尋次數不相上下。我納悶著，搜尋饒舌歌詞是否導致這項結果受到曲解？

沒有，因為饒舌歌曲中提的黑鬼，幾乎總是以「nigga(s)」一詞表示。那麼，美國人搜尋「黑鬼」的動機是什麼呢？通常，他們是在搜尋嘲笑非裔美國人的笑話。事實上，帶有「黑鬼」一詞的搜尋中，有二〇%的比例也包括「笑話」一詞，其他常見的搜尋還包括「愚蠢的黑鬼」和「我痛恨黑鬼」。

每年這類搜尋多達數百萬次，大多數美國人在自己家中私密地進行駭人聽聞的種族主義探索。我愈深入研究，得到的資訊就愈令人不安。

在歐巴馬第一次總統大選勝選之夜，大多數評論都專注於讚美歐巴馬和承認歐巴馬此次選舉的歷史意義。這時，包含「歐巴馬」一詞的Google搜尋，每一百則裡就有一則也包括「kkk」或「黑鬼」等字眼。也許這個比例聽起來不是很高，但想想看，人們有成千上萬的非種族主義理由，在Google上對這個有迷人家庭、大爆冷門勝選、即將接管世上最有權勢職務的年輕人進行搜尋。在選舉之夜，人們對於「風暴前線」（Stormfront）這個在美國很受歡迎的白人民族主義網站的搜尋次數和註冊人數，[8]比平常高出十倍以上。在某些州，「黑鬼總

8 作者對Google搜尋趨勢的數據所做的分析。我也擷取風暴前線所有會員的數據，這部分討論詳見Seth Stephens-Davidowitz, "The Data of Hate," *New York Times*, July 13, 2014, SR4。相關資料可於作者官網下載，詳見sethsd.com，點選Research/Data，標題為「Stormfront」的資料區。

統」的搜尋次數超過「首位黑人總統」的搜尋次數。9

由此可知，這股邪惡與敵意暗暗隱藏在傳統資訊來源裡，但在人們進行的搜尋中，這股邪惡與敵意卻相當明顯。

那些搜尋顯示出的社會現況，跟認為種族主義只占一小部分的社會，有著極大的出入。在二〇一二年時，我聽說過唐納德．川普這號人物，主要因為他是商人和實境節目主持人，我跟大家一樣完全沒想到四年後他會成為舉足輕重的總統候選人。但是這些醜陋的搜尋倒也說明了，川普這位操弄選民劣根性，以憤怒和憎恨抨擊移民的候選人為何會勝選。

Google搜尋也告訴我們，我們對於哪些地方種族主義較為嚴重的看法其實是錯誤的。一般調查顯示和人們普遍認為，現代種族主義主要聚集在南方，而且有這些想法者大多是共和黨人。但事實上，種族主義搜尋率最高的地方包括紐約州北部、賓州西部、俄亥俄州東部、密西根州工業區和伊利諾州務農地區，以及維吉尼亞州西部、路易斯安那州南部和密西西比州。Google搜尋數據顯示，真正的分歧不是南方與北方，東岸與西岸。你不會在密西西比州西部找到這種數據，而且種族主義並不侷限於共和黨人。事實上，跟民主黨人所占比例很高的地區相比，共和黨人比例很高的地區，針對種族主義所做的搜尋並沒有比較高。換句話說，Google搜尋有助於為美國種族主義畫出一張新的地圖，而這張地圖可能跟你所推測的截然不同。南方的共和黨人或許更有可能承認自己有種族主義，但北方有許多民主黨人也有類似的態度。

四年後，這張地圖就彰顯了它「足以說明川普為何贏得總統大選」的重要性。

二〇一二年時，我使用以Google搜尋設計的這張種族主義地圖，重新評估歐巴馬的種族背景能發揮何種作用。數據清楚顯示，在美國針對種族主義進行大量搜尋的地區，歐巴馬的得票率大幅輸給四年前民主黨白人總統候選人約翰·凱利（John Kerry）。跟這些地區有關的任何其他因素，包括教育水準、年齡、教會出席率或槍枝擁有權，都無法解釋這項關係。種族主義的搜尋並未預測民主黨其他候選人的低得票率，唯獨歐巴馬例外。

這項結果意味著一個巨大的影響。單就種族主義這個因素，大概就讓歐巴馬的全國得票率少掉四個百分點，這項數字遠高於依據任何調查所做的預測。歐巴馬當選及連任總統，當然要歸功於一些情勢對民主黨相當有利，但歐巴馬必須克服的事，遠比依靠傳統數據來源者

9作者對Google搜尋趨勢的數據所做的分析。肯塔基州、路易斯安那州、亞歷桑納州和北卡羅來納州都有此狀況。

（幾乎大家都是這樣）的認知要多得多。在對民主黨不太有利的年度來說，種族主義者的人數已經多到，足以協助贏得初選或決定大選。

起初，我的這項研究遭到五家學術期刊的拒絕。[10]許多同儕審查者都表示，要去相信美國有那麼多人懷有種族主義這種敵意，實在是太不合情理了。這根本不符合人們長久以來的認知。而且，Google 搜尋似乎是一個異於尋常的數據集。

現在，我們目睹了川普的總統就職典禮，我的發現似乎更為可信了。

我研究得愈多，就愈了解 Google 有許多資訊有助於理解選舉和許多其他主題，但民調機構卻沒有發現這些資訊。

舉例來說，Google 搜尋就有誰最後會去投票的相關資訊。沒去投票的選民中，有半數以上在選前接受民調時表示，他們打算去投票，因此讓預估投票率出現偏差。然而，選舉前幾週 Google 上針對「如何投票」或「去哪裡投票」的搜尋，就能準確預測美國哪些地方會有高投票率。

Google 搜尋甚至可能找出人們會投票給誰的相關資訊。我們真的可以只憑人們搜尋了什麼，就能預測出人們會投票給哪位候選人嗎？顯然，我們不能只是研究哪些候選人最常被搜尋。許多人因為喜歡某位候選人，而搜尋那位候選人；但是，因為討厭那位候選人而加以搜尋的次數也不相上下。話雖這麼說，我跟加州大學洛杉磯分校（University of California, Los Angeles）財務金融系教授斯圖亞特・加布利爾（Stuart Gabriel）發現一個跟人們打算如何投票有關的驚人線索。跟選舉相關的搜尋有極大的比例包含兩位候選人的姓名。在川普和希拉蕊・柯林頓（Hillary Clinton）爭取二〇一六年總統寶座選舉期間，有些人搜尋「川普　柯林頓　民調」，有些人則從「柯林頓　川普　辯論」中尋找重點。事實上，人們在搜尋「川普」時，其中有一二%的搜尋也包括「柯林頓」一詞，而對「柯林頓」所做的搜尋中，有超過四分之一的比例也包括「川普」一詞。

我們發現這些看似中立的搜尋，其實可以提供我們一些線索，了解個人究竟支持哪位候選人。

怎麼做到的呢？關鍵就是候選人出現的順序。我們的研究顯示，在進行包括兩位候選人姓氏在內的搜尋時，人們更可能將自己支持的候選人放在前面。

---

10 這篇論文後來終於發表了，詳見Seth Stephens-Davidowitz, "The Cost of Racial Animus on a Black Candidate: Evidence Using Google Search Data," *Journal of Public Economics* 118 (2014)。關於這項研究的更多細節可參考這篇論文，相關數據亦可於作者官網 sethsd.com，以「Racism」為標題的資料區中找到。

在前三次選舉中，比較常出現在搜尋順位最前面的候選人獲得最多選票。更有趣的是，候選人的搜尋順序也能預測特定州別可能由民主黨或共和黨勝出。

候選人的搜尋順序似乎也包含民調可能忽略的資訊。歐巴馬跟共和黨候選人米特・羅姆尼（Mitt Romney）在二〇一二年大選爭取總統寶座時，知名統計學家暨記者奈特・席佛（Nate Silver）準確預測出五十州的投票結果。然而我們發現，在搜尋中，羅姆尼較常列於搜尋順位前面的那些州，羅姆尼的得票率其實比席佛的預測來得高；反之，歐巴馬較常列於搜尋順位前面的那些州，歐巴馬的得票率確實比席佛的預期更好。

這個指標可能包含民調忽視的資訊，因為選民可能對自己說謊，或是不願向民調人員透露他們真正的偏好。也許如果選民聲稱還沒決定二〇一二年大選要投給誰，但是一直在搜尋「羅姆尼　歐巴馬　民調」、「羅姆尼　歐巴馬　辯論」和「羅姆尼　歐巴馬　大選」，那麼他們就打算投票支持羅姆尼。

那麼，Google預測出川普會當選嗎？這個嘛，我們還有很多研究要做，而且我需要更多研究人員加入，才能知道怎樣充分利用Google數據來預測選舉結果。這是一門新科學，況且我們只有幾次選舉的數據可用。我當然不是說我們現在或日後，可以完全不把民意調查當成預測選舉的輔助工具。

但是在網路上，在許多時間點絕對有跡象顯示，川普的得票數可能超出民調預測。

在共和黨大選期間，有線索指出選民可能支持川普。非裔美國人接受民調時表示，他們會用選票展現對川普的不支持。但Google搜尋有關非裔美國人密集地區投票的資訊顯示，會去投票的非裔美國人並不多。在選舉當天，希拉蕊就因為非裔美國人投票率低，而流失不少選票。

甚至有跡象顯示，原先表示還沒決定投誰的選民，最後會投給川普。我跟加布利爾發現，在預期希拉蕊會贏的中西部地區關鍵州，「川普　柯林頓」的搜尋比「柯林頓　川普」的搜尋來得多。後來事實證明，川普當選是因為他在這些州的得票率，遠超過民調預期。

但我認為川普從初選開始就被確認是位成功候選人的主要線索，就跟我針對歐巴馬進行研究揭發的那種隱匿種族主義有關。Google搜尋透露出某些美國人的黑暗面及對少數族群的敵意，而且人數多到足以影響大選。多年來，專家們一直沒有察覺此事。搜尋數據顯示，我們所居住的社會，跟仰賴民調的學者和記者所以為的社會截然不同。這透露出一個令人不悅、可怕和廣泛的憤怒，正有待候選人宣洩出來。

人們經常對自己和別人說謊。二〇〇八年，美國人接受問卷調查時表示，他們不再關心種族。八年後，他們投票選出川普當總統，川普在推特（Twitter）上轉推一則不實聲明，說黑人要為大多數美國白人遭到謀殺而負責，並為他的支持者在一次造勢大會上以暴力對待「黑人的命也是命」（Black Lives Matters）民權運動抗議人士的事加以辯護。川普還猶豫是否要拒絕前三K黨（Ku Klux Klan）領導人的支持。這種隱匿的種族主義傷害了歐巴馬，卻幫助了川普。

在初選初期，席佛就聲稱川普幾乎沒有機會獲勝。隨著初選的進展，事態愈來愈明朗，川普得到廣泛的支持。席佛決定檢查數據，了解究竟發生什麼事。川普怎麼可能如此大受支持？

席佛注意到川普表現最好的區域，形成一個奇怪的地圖。川普在東北部和中西部工業區以及南部地區都獲得廣大支持，但在西岸的支持度最低。席佛尋找變數試圖解釋這個地圖，讓川普得以勝出的原因是失業因素？宗教因素？槍枝擁有權？移民率？或是人們反對歐巴馬而支持共和黨總統候選人？

席佛發現跟川普在共和黨初選中獲得支持最為有關的單一因素，[11]就是我早在四年前發現的一項評量。最支持川普的那些地區，就是最常在Google搜尋「黑鬼」的地區。

種族主義搜尋率[12]

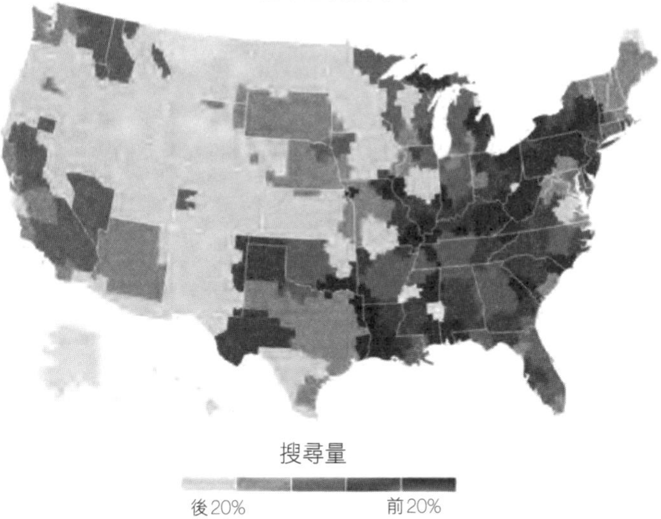

川普在共和黨初選獲得的支持[13]

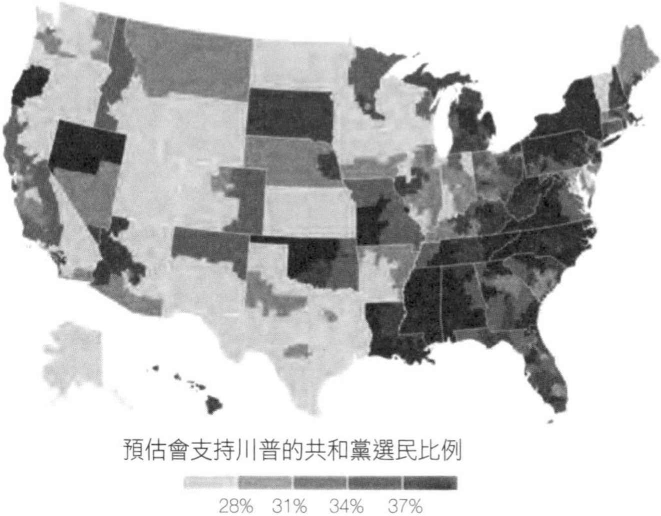

11「我發現跟川普支持者最有關的是，Google上針對『黑鬼』一詞的搜尋，其他人也指出這一點。」（二〇一六二月二十八日的推文）。另見Nate Cohn, "Donald Trump's Strongest supporters: A New Kind of Democrat," *New York Times*, December 31, 2015, A3。

在過去四年內，我幾乎每天都在分析Google數據，這包括Google在得知我所進行的種族主義研究後，聘請我擔任數據科學家。而我也繼續探索這類數據，並在《紐約時報》撰寫評論及擔任數據新聞記者。這些研究中持續揭露意想不到的真相，精神疾病、人類性行為、虐待兒童、墮胎、廣告、宗教、健康等方面都包含在內。幾十年前不存在的數據集，為這些非同小可的問題提供令人驚訝的新觀點。經濟學家和其他社會科學家總是在尋找新的數據來源，所以容我直截了當地說：現在，我相信Google搜尋是有史以來針對人類心靈所能蒐集到的最重要數據集。

然而這個數據集並不是網路提供了解人類世界的唯一工具。我很快就明白，還有其他數位金礦。我下載維基百科（Wikipedia）的所有資料，鑽研臉書個人檔案，也擷取風暴前線網站的數據。此外，網路最大色情網站之一的PornHub提供我關於世界各地匿名人士搜尋與觀看影片的完整數據。換句話說，我已經深入了解現在所說的大數據。此外，我採訪數十位學者、數據新聞記者和企業家，這群人也正在探索這些新領域，本書中也會討論他們所做的許多研究。

但我先招認一下：我不會對大數據做出一個精準定義。為什麼？因為大數據本身就是一個籠統的概念，究竟多大才算大？一萬八千四百六十二項觀察是小數據，而一萬八千四百六十三項觀察就是大數據嗎？我寧可對於大數據的特性採用涵蓋性更廣的看法：雖然我提到的大部分數據來自網路，但我也會討論其他來源的數據。我們生活於各種可用資訊在數量與質量上都屬爆炸等級的時代。Google和社群媒體上就出現許多新資訊，其中一些是先前隱藏在檔案櫃和文件中的資訊，經過數位化後的產物；其中一些是投入市場研究日漸增加的資源。另外，本書討論的某些研究根本沒有使用龐大的數據集，只是運用一種創意十足的新穎方法處理數據，這類方法在資訊氾濫的時代裡至關重要。

那麼，為何大數據如此強大？想想看一天之內分散在網路上的資訊有多少。其實我們握有數字顯示，人們一天內在網路上可以產生多少資訊。在二十一世紀初期，人類一天平均產

12 此圖顯示包含「黑鬼」（nigger）一詞的Google搜尋。請注意，由於這項評量是以Google搜尋的百分比表示，因此在人口眾多或進行許多搜尋的地區，比例未必較高。另外要注意的是，此圖與川普支持者那張圖的一些差異，可以明確說明，川普在德州和阿肯色州落敗，是因為這兩州分別是對手泰德·克魯茲（Ted Cruz）和麥可·赫卡比（Mike Huckabee）的家鄉。

13 這是二〇一五年十二月Civis Analytics的數據。在此，實際投票數據較不實用，因為會受到初選進行及投票形式的高度影響。這張地圖經《紐約時報》授權轉載。

生二百五十萬兆位元組的數據。14

這些位元組就是線索。

一名女性在週四下午閒閒無事，就在Google上搜尋一些「有趣的非黃色笑話」。她檢查個人電子郵件並登入推特。然後，她在Google搜尋「黑鬼笑話」。

一位男士心情低落，他在Google搜尋「憂鬱症症狀」和「憂鬱故事」，然後玩了線上接龍遊戲。

一位女性在臉書上看到朋友宣布訂婚喜訊，這位單身女郎就把那位朋友給封鎖了。

一名男子原本在Google上搜尋美式足球聯盟和黑人繞舌樂，中間休息一下，向搜尋引擎提出這個問題：「夢到跟男人接吻正常嗎？」

一位女性點擊BuzzFeed新聞網站上「十五隻最萌貓咪」的報導。

一位男性看到那則貓咪的相同報導，但螢幕上顯示的標題是「最可愛的十五隻貓」。他並沒有點擊觀看那則報導。

一名女子在Google上搜尋「我兒子是天才嗎？」

一名男子在Google上搜尋「怎樣讓我女兒減重」。

一名女性正在跟她的六名閨密度假，所有人都說她們玩得不知道有多開心，但她卻偷偷在Google上搜尋「老公不在身邊時很寂寞」。

前面這位女性的老公正在跟他的六名男性死黨一起度假，他偷偷在Google上搜尋「老婆騙你的跡象」。

上述數據中，有些包括人們絕不會跟任何人透露的資訊。如果我們把所有數據彙總起來，保持匿名以確保我們永遠不會知道任何特定個人的恐懼、慾望和行為，並加上一些數據科學方法輔助，我們就開始對人類的行為、慾望和本性有一種新的看法。事實上，我冒著被說成誇大不實的風險，開始相信數位時代日漸可得的新數據，將會大大擴展我們對人類的認識。顯微鏡顯示出池塘裡的一滴水中，有我們肉眼無法辨識的事物存在。望遠鏡顯示出夜空中有遠比我們所想還更加豐富的星系存在。而現在，新的數位資料顯示出，人類社會遠比我

---

14 "Bringing Big Data to the Enterprise," IBM, https://www-01.ibm.com/software/data/bigdata/what-is-big-data.html.

們所認定的更加錯綜複雜。數位資料可能是我們這個時代的顯微鏡或望遠鏡，可能產生重要，甚至具有革命性的見解。

做出這樣的聲明還有另一個風險，這種聲明不僅聽起來誇大不實，也像在趕流行。許多人對大數據的威力提出重大主張，但他們一直缺乏證據。

這一點驅使對大數據抱持懷疑的許多人士，對更大數據集的搜尋嗤之以鼻。評論家暨統計學家納西姆．塔雷伯（Nassim Taleb）寫道：「我並不是說大數據裡沒有資訊，大數據裡有很多資訊。最核心的問題是，在大數據裡搜尋資訊，猶如在日漸龐大的乾草堆裡撈針。」15

然而，這本書的宗旨之一是，提供先前缺失的證據，說明大數據可以做什麼。如果我們願意善用大數據，那麼我們如何在那些日漸龐大的乾草堆中，找到我們所要的細針。我希望提供足夠的大數據實例，為人類的心理與行為提出新的見解，讓大家開始看到某種真正具革命性事物的大致輪廓。

「堅持下去，史蒂芬斯—大衛德維茲，」你現在可能這麼說。「你正在斷言一場革命。你把這些大型新數據集說得如此美好，但是到目前為止，你使用這些開創性的驚人數據，基本上只告訴我兩件事情：美國有很多種族主義者，以及人們，特別是男人都誇大自己的性行為次數。」

有時，我承認新數據只是證實原本顯而易見的事情。如果你認為這些發現稀鬆平常，我會在第四章跟大家說明從Google搜尋取得既明確又無可懷疑的證據顯示，男性非常關心也擔心本身生殖器的大小。

我認為證實人們曾經懷疑卻苦無證據的事情，這樣做是有一些價值的。懷疑某件事是一回事，證明則是另一回事。但是如果大數據所能做到的，只是確認你的懷疑，那麼大數據就沒有革命性。幸運的是，大數據可以做的更多，數據一次又一次地顯示出，我們所處世界的運作正好跟我的臆測相反，這裡先提出一些可能讓你更為驚訝的例子。

你可能認為種族主義的主要原因是經濟上的不安全感和脆弱。你當然會懷疑，人們失業時，種族主義的情況會更嚴重。但實際上，無論是跟種族主義有關的搜尋或是風暴前線網站的成員人數，[16]都沒有隨著失業率上升而增加。

你可能認為在教育程度普遍較高的大城市裡，人們最感焦慮。認為都市人比較焦慮不安

15 Nassim M. Taleb, "Beware the Big Errors of 'Big Data,'" Wired, February 8, 2013, http://www.wired.com/2013/02/big-data-means-big-errors-people.

又神經質，這是常見的刻板印象，但是反映焦慮的Google搜尋，[17]如「焦慮症狀」或「焦慮協助」，反而較常出現在教育水準較低、平均收入較低的地區，而且搜尋者大多居住在農村地區。紐約州北部農村地區有關焦慮的Google搜尋量，就比紐約市來得高。

你可能認為造成數十人或數百人喪命的恐怖攻擊，自然會引發大眾普遍的焦慮感。根據定義，恐怖主義應該會引起一種恐懼感，因此，我檢視二〇〇四年以來，歐美地區發生重大恐怖攻擊事件後續幾天、幾週和幾個月，這類搜尋量究竟增加多少。那麼平均來說，跟焦慮相關的搜尋增加多少呢？沒有增加，一點也沒有。

你或許認為，人們悲傷時會更頻繁地搜尋笑話。[18]歷史上許多最偉大的思想家都聲稱，我們能借助幽默讓痛苦得到釋放。長久以來，幽默一直被當成是對付挫折、痛苦、無可避免的失望的一種方式，正如默劇演員查理·卓別林（Charlie Chaplin）所說：「笑是補藥，是緩解和終止痛苦的靈藥。」

然而，人們在週一搜尋笑話的頻率卻最低，大家都說人們在週一上班時最不快樂，不是嗎？而且在陰天和雨天，搜尋笑話的頻率也最低。在一場重大悲劇發生後，譬如二〇一三年波士頓馬拉松比賽，兩枚炸彈造成三人喪命和數百人受傷時，搜尋笑話的頻率也暴跌。和生活不順遂時相比，人們在生活一切順遂時，反而更可能搜尋笑話。

有時，一個新的數據集揭露出我從來沒有考慮到的行為、慾望或關切事項。無數的性癖好就屬於這個類別，例如，你可知道在印度，以「我老公想要……」起頭的關鍵句裡，最常見的搜尋是「我老公想要吸我的奶」？[19]這種事情在印度比在其他國家更為常見。此外，印度和孟加拉針對女性哺乳的色情片搜尋率[20]是其他國家的四倍。我在看到這項數據前，從來不曾料想到這兩個國家的情況是這樣。

此外，雖然男性因為本身生殖器大小深感困擾一事並不令人意外，但Google搜尋透露

---

16 我審視美國因為不景氣而最受影響和最不受影響的地區，了解這些地區的網路種族主義有何變化。我檢視Google上有關「黑鬼」的搜尋率，以及風暴前線網站的會員人數。相關數據可至作者官網下載，詳見sethsd.com，點選Research/Data，標題為「Racial Animus」和「Stormfront」的資料區。

17 Seth Stephens-Davidowitz, "Fifty States of Anxiety," *New York Times*, August 7, 2016, SR2。請注意，雖然Google搜尋確實提供較大的樣本，但這種模式與調查取得的證據一致。另見William C. Reeves et al., "Mental Illness Surveillance Among Adults in the United States," *Morbidity and Mortality Weekly Report Supplement* 60, no. 3 (2011)。

18 這部分的討論參見Seth Stephens-Davidowitz, "Why Are You Laughing?" *New York Times*, May 15, 2016, SR9。相關數據可至作者官網下載，詳見sethsd.com，點選Research/Data，標題為「Jokes」的資料區。

19 這部分的討論參見Seth Stephens-Davidowitz, "What Do Pregnant Women Want?" *New York Times*, May 17, 2014, SR6。

20 作者依據PornHub的數據所做的分析。

出女性對身體的不安全感反倒令人驚訝。根據這些新數據顯示，女性對於本身陰道氣味的擔心，跟男性對於生殖器大小的擔心不相上下。女性擔心本身生殖器而做的搜尋，就跟男性擔心本身生殖器所做的搜尋一樣多。[21]而女性表達的首要關切是陰道的氣味，以及如何改善陰道氣味。在我看到這類數據前，我當然完全不知道女性會有這種關切。

有時候，新數據披露出我從來沒有想過的文化差異。舉例來說，世界各地的男性對於老婆懷孕做出的反應就截然不同。在墨西哥，關於「我的孕妻」的最熱門搜尋內容包括：「對我的孕妻做愛的告白」和「給孕妻的詩」。[22]在美國，最熱門的搜尋包括：「我老婆懷孕了，現在怎麼辦」和「我老婆懷孕了，我該做什麼」。

雖然你確實會從本書中看到許多千奇百怪的事實或各種單次研究，但是本書的內容不僅止於此。由於這些方法論相當新穎，而且日後只會變得更加強大，所以我會針對這些方法論如何運作，以及這些方法論何以產生突破性的發現，提出一些看法。同時，我也會承認大數據本身受到的限制。

人們對於數據革命的潛力所抱持的一些熱情，一直用錯地方。大多數迷戀大數據的人滔滔不絕地談論這些數據集可能變得多麼龐大，這種對數據集大小的痴迷並不是什麼新鮮事，在Google、亞馬遜（Amazon）和臉書等網路巨擘出現前，在「大數據」一詞存在前，德州達拉斯就舉行過跟「大型複雜數據集」有關的會議。史丹佛大學（Stanford University）統計學教授傑瑞・弗里德曼（Jerry Friedman）是我在Google工作時的同事。弗里德曼回想起一九七七年那次會議，一位傑出統計學家起身發言，並解釋自己已經累積五十億位元組的驚人數據。下一位傑出統計學家就起身發言說：「之前那位發言者有幾十億位元組，根本沒什麼大不了。我有幾萬億位元組的數據。」換句話說，談話的重點是你可以累積多少資訊，而不是你希望利用資訊做些什麼，或是你打算利用資訊回答什麼問題。「當時我發現，這種情況實在很有趣」弗里德曼說，[23]「這種討論會讓你留下的印象是，他們的數據集有多大，而這種情況仍舊持續至今」。

現在，有太多數據科學家正在累積龐大的數據集，但他們卻鮮少告訴我們數據集的重要性，譬如，尼克隊為何在紐約大受歡迎。太多企業被淹沒在數據裡，坐擁幾萬億位元組的眾

---

21 這部分討論詳見Seth Stephens-Davidowitz, "Searching for Sex," *New York Times*, January 25, 2015, SR1。
22 Stephens-Davidowitz, "What Do Pregnant Women Want?"
23 我在二〇一五年十月二十七日電話訪談弗里德曼的內容。

多數據，卻很少做出重要的見解。我相信數據集的大小常被高估，對此，有一個微妙卻重要的解釋：效果愈大，所需觀察的次數就愈少。一個熱騰騰的爐子，你只需要碰觸過一次，就明白熱爐子很危險，但你可能需要喝幾千杯咖啡，才能確定喝咖啡是否會讓你頭痛。哪一種教訓更重要？顯然，由於本身的效果強度使然，熱爐子只要一項數據，就能迅速顯現結果。

事實上，最聰明的大數據公司往往會縮減本身所用的數據。在Google，主要決策是以對所有數據進行小量抽樣為依據。[24]你未必總是需要大量數據，才能找出重要見解，你需要正確的數據。Google搜尋會如此有價值的一個主要原因不在於數據量的龐大，而在於人們進行這類搜尋時都誠實以對。人們會對朋友、戀人、醫生、調查和自己說謊。但是在Google搜尋時，他們可能會分享尷尬的資訊，其中包括自己的無性婚姻、個人精神健康問題、不安全感和對黑人的憎惡。

最重要的是，為了從大數據中取得洞察力，你必須提出正確的問題。正如你不能用望遠鏡漫無目標地觀察夜空，就想找到冥王星；你不能下載一大堆數據，就指望能從數據中發現人性的祕密。你必須從有希望的地方著手，比方說，從印度以「我老公想要……」開頭的Google搜尋開始著手。

這本書即將顯示如何善加利用大數據，並詳細解釋大數據為何如此強大。閱讀本書，你還會了解我和其他人已經利用大數據發現了什麼，包括：

- 有多少男性是同志？
- 廣告有效嗎？
- 為什麼美國法老（American Pharoah）是一匹偉大的賽馬？
- 媒體偏頗嗎？
- 佛洛伊德式的錯誤（意指口誤、失言）反而暴露出內心的真實想法嗎？
- 誰逃漏稅？
- 你念哪所大學重要嗎？
- 你的投資績效能打敗股市嗎？
- 哪裡是養育小孩的最佳地點？
- 讓報導被瘋傳的原因為何？

24 Hal R. Varian, "Big Data: New Tricks for Econometrics," *Journal of Economic Perspectives* 28, no. 2 (2014).

●如果你想跟約會對象繼續交往，那你應該在第一次約會時聊些什麼？還有多不勝數諸如此類的發現，你看了就知道。

但在我們了解這些發現前，我們需要討論一個更基本的問題：究竟我們為什麼需要數據？為了解答這個問題，就要從我的外婆開始講起。

第一篇

管他大數據還是小數據

第一章 別讓直覺扯你後腿
——是什麼造就了ＮＢＡ球星

如果你已經三十三歲，連續幾年感恩節聚餐都沒有攜伴參加，那麼選擇伴侶這個主題就可能成為聚餐時的話題，而且每個人都會滔滔不絕地提出自己的看法。

「賽斯需要一個跟他一樣瘋狂的女孩」我姐說。

「你瘋了嗎?!他需要一個正常女孩跟他互補」我弟說。

「賽斯沒有很瘋狂啊」我媽說。

「你瘋啦！賽斯當然很瘋狂」我爸說。

突然間，我那位害羞、講話輕聲細語、晚餐時安靜不發一語的外婆開金口了。頓時，原先大放厥詞、咄咄逼人的紐約客全都鴉雀無聲，所有目光都集中在這位黃色短髮，帶有一絲東歐口音、身形嬌小的老太太身上。「賽斯，你需要一位好女孩，不用太漂亮，但要很聰明、懂得人際關係、有社交手腕，這樣你就能安心做好自己的事。而且那女孩要有幽默感，因為你很有幽默感」。

為什麼這位老婦人的建議在我家裡獲得如此的關注和尊重呢？我高齡八十八歲的外婆比餐桌上其他人閱歷更廣，她觀察過更多婚姻關係，其中有很多夫妻生活美滿，也有許多夫妻相處不睦。幾十年來，她歸類出成功關係所需具備的特質。在那次感恩節聚餐，外婆依據最多數量的數據點，針對問題提出忠告。我的外婆就是大數據。

在這本書中，我想揭開數據科學的神祕面紗。不管你喜不喜歡，數據正在我們生活所有層面扮演著日益重要的角色，而且數據發揮的作用將會愈來愈大。現在，報紙都增闢篇幅談論數據；公司有團隊分析數據這項獨特任務；投資者提供新創公司數千萬美元，期望新創公司能儲存更多數據。就算你從沒學過迴歸分析或不知道如何計算信賴區間，你還是會遇到大量數據。在你閱讀的頁面、參加的商務會議，以及飲水機旁聽到的八卦，都跟大數據有關。

許多人都對這種發展感到焦慮，他們受到數據的威脅，容易在數字世界中迷失並感到困惑。他們認為用這種定量方式來理解世界，是少數左腦發達天才的事情，不是他們的強項。一旦遇到數字，他們就準備好跳過去、結束會議或改變話題。

但是我在數據分析業務上投入十年時間，有幸與這個領域的許多頂尖人士一起共事。我學到的最重要課題之一是：有效的數據科學不像人們想像得那麼複雜。事實上，最優秀的數據科學是非常直觀的。[1]

是什麼讓數據科學變得直觀呢？數據科學的核心跟發現模式和預測一個變數如何影響另一個變數有關。其實，人們一直這樣做。

只要想想我外婆針對交往關係給我的忠告就知道。她利用自己近百年人生中上傳到她大腦裡的大型關係資料庫（這些資料是她從親朋好友和熟人那裡聽到的故事），把分析限定在一個關係樣本中，此人具備許多跟我一樣的特質，包括：生性敏感、有自我孤立的傾向，但幽默感十足。然後她集中注意女性的關鍵特質，包括：女性有多善良、多聰明、多漂亮。她把這種女性的關鍵特質跟男女關係的關鍵特質連結起來，判斷這樣的女性是否是我的好對象。最後，她說出自己的結論。換句話說，她發現模式並預測一個變數如何影響另一個變數。我外婆根本就是數據科學家。

你也是數據科學家。小時候，你發現自己一哭，媽媽就會注意你，這就是數據科學。長大成人後，你發現如果你抱怨太多，人們就比較不想跟你出去玩，這也是數據科學。你發現當人們比較少找你一起玩時，你就比較不開心。當你比較不開心時，就會更不友善。當你更不友善時，人們就更不想跟你一起玩。數據科學，一切都是數據科學。

由於數據科學是如此合乎常理，我發現最出色的大數據研究是人人都能理解的。如果你無法理解某項研究，問題可能出在那項研究，而不是出在你身上。

要我證明偉大的數據科學往往是直觀的嗎？我最近看到的一項研究，可能是近幾年來進行的最重要研究，也是我見過最直觀的研究之一。我希望大家不僅考慮這項研究的重要性，也要想想這項研究有多麼合乎常理，就像我外婆的分析那樣。

這項研究是由哥倫比亞大學（Columbia University）和微軟（Microsoft）的研究人員組成的團隊所進行的。團隊想找出有沒有什麼症狀能預測胰臟癌。[2]這種疾病的五年存活率很低，大約只有三%，但早期檢測可讓患者存活率增加一倍。

研究人員採用什麼方法呢？他們利用微軟搜尋引擎Bing幾萬個匿名用戶的數據。他們依

1 我講的是我所知道的數據分析，意即利用數據科學設法解釋和預測人類的行為，我討論的不是試圖無人駕駛汽車的人工智慧，後者所用的方法論雖然是善用人腦發現的工具，但卻比較不容易理解。

2 John Paparrizos, Ryan W. White, and Eric Horvitz, "Screening for Pancreatic Adenocarcinoma Using Signals from Web Search Logs: Feasibility Study and Results," *Journal of Oncology Practice* (2016).

據最近的明確搜尋，例如：「剛被診斷患有胰臟癌」或「我被告知有胰臟癌，可能發生什麼事」，將用戶註記為患者。

接下來，研究人員檢視這些人針對健康狀況所做的搜尋。他們將那些後來被診斷為胰臟癌的少數用戶，跟那些沒有得胰臟癌的用戶做比較。換句話說，什麼症狀預測出用戶在幾週或幾個月內，會被告知罹患胰臟癌？

結果令人震驚。搜尋背痛，然後又搜尋膚色變黃就是胰臟癌的一項徵兆，只搜尋背痛，不太可能讓人罹患胰臟癌。同樣地，搜尋消化不良，然後又搜尋腹痛，就是胰臟癌的一項證據，而搜尋消化不良但沒有搜尋腹痛就表示不可能有胰臟癌。研究人員可以確定五%至一五%的病例，而且幾乎沒有偽陽性。現在，這數字聽起來或許不太高，但如果你罹患胰臟癌，即使有一〇%的機率讓你的存活率增加一倍，你也會覺得實在太好運了。

要讓非專家搞懂詳述這項研究的論文，可是非常困難的事。這篇論文包含許多專業術語，譬如柯史單一樣本檢定（Kolmogorov-Smirnov Test），我不得不承認我已經忘記那是什麼意思。（這是確定模型是否正確符合數據的一種方法。）

然而請注意，從最基本層面來看，這項卓越研究有多麼自然直觀。研究人員檢視各種醫療案例，並嘗試將症狀與一種特定疾病產生聯想。你知道還有誰使用這種方法論，弄清楚是否有人罹患疾病的嗎？為人夫與為人妻者、為人父母者，以及護士和醫生都是如此。根據經驗和知識，他們嘗試將發燒、頭痛、流鼻涕和胃痛與各種疾病產生聯想。換句話說，哥倫比亞大學和微軟的研究人員藉由利用這種人人用於判斷健康狀況的自然明確方法，撰寫一項開創性的研究。

可是等等，我們先放慢步調一下。如我所說，如果最優秀的數據科學方法論往往是自然而直觀的，那麼這就對大數據的價值提出一個根本問題。如果人類天生就是數據科學家，如果數據科學是直觀的，為什麼我們需要電腦和統計軟體？為什麼我們需要柯史單一樣本檢定？我們不能只憑藉直覺嗎？我們不能像我外婆那樣做，像護士和醫生那樣做嗎？

在麥爾坎．葛拉威爾（Malcolm Gladwell）的暢銷書《決斷2秒間》（*Blink*）出版後，這種爭論愈演愈烈。《決斷2秒間》頌揚直覺的魔力，葛拉威爾講述的故事談到，有些人只憑直覺就能判斷雕像是假的、網球選手在擊球前是否有失誤，以及顧客願意花多少錢。《決斷2秒間》書中的英雄不懂迴歸分析，也不會計算信賴區間，更沒有進行柯史單一樣本檢定，但他們通常做出非凡的預測。許多人直覺地支持葛拉威爾為直覺所做的辯護：他們相信自己的直覺和感受。《決斷2秒間》的書迷可能會頌揚我外婆在沒有電腦幫助的情況下，提供交往關係忠告的智慧；他們可能不太會稱頌這本書中描述作者或其他人運用電腦進行的研究。如果電腦類型而非個人直覺類型的大數據是一場革命，就必須證明為何電腦類型的大數據比我們未受輔助的直覺更加強大。誠如葛拉威爾指出的那樣，直覺往往相當出色。

哥倫比亞大學和微軟的研究為嚴謹的數據科學和電腦提供一個清楚易懂的例子，教導我們光靠直覺絕對無法發現的東西，這也是說明數據集大小很重要的一個實例。有時候，我們沒有足夠的經驗讓我們未受輔助的直覺賴以憑藉。你或你的親朋好友不太可能看過足夠的胰臟癌病例，能釐清消化不良後出現腹痛跟只有消化不良之間的差異。事實上，隨著Bing數據集的日漸擴大，研究人員勢必會在症狀時間點找出胰臟癌和其他疾病的更多細微模式，就連醫生都可能漏看這些模式。

此外，雖然直覺通常可以讓我們大致了解世界是如何運作，但直覺常常不準。我們需要數據來銳化整個情況究竟是怎麼樣。以天氣對情緒的影響為例，你可能認為氣溫攝氏零下十二度會比攝氏二十一度，更讓人心情憂鬱。的確，你的看法是對的，但你可能不會知道，這個溫差會造成多大的影響。我試著找出一個地區跟憂鬱症有關的Google搜尋與各種因素（包括經濟狀況、教育水準和教會出席率）之間的相關性。冬季氣候讓上述因素皆大受影響。[3] 在冬季那幾個月，像夏威夷檀香山這樣氣候溫暖的地區，跟伊利諾州芝加哥這種氣候寒冷地區相比，跟憂鬱有關的 Google 搜尋就少了四〇%。這種效果有多顯著？看看抗憂鬱藥物功效的相關文獻就會發現，就算是最有效的藥物也只能將憂鬱症發病率降低約二〇%。從 Google 搜尋數量來判斷，從芝加哥搬到檀香山居住，效果至少是以藥物治療冬季憂鬱的兩倍。[4]

有時，在沒有電腦嚴謹分析的指導下，我們的直覺可能錯得離譜。我們可能被自己的經驗和偏見蒙蔽。事實上，就算我外婆能用自己幾十年經驗，提出比其他家人所說更好的交往關係建議，但她針對讓關係得以持續所提出的看法，還是有令人質疑之處。比方說，她經常跟我強調男女雙方有共同朋友的重要性。她認為這是她婚姻成功的關鍵因素：她跟她的先生（我外公）在紐約皇后區自家小後院，坐在草坪躺椅上和一群熟識的鄰居閒聊，度過再溫馨不過的夜晚。

3 這項研究的討論詳見 Seth Stephens-Davidowitz, "Dr. Google Will See You Now," *New York Times*, August 11, 2013, SR12。

4 作者告白：我做完這項調查後就從加州搬到紐約（譯注：紐約平均氣溫比加州更低）。利用資料得知自己該做什麼通常很容易，但實際做到自己該做的事卻很難。

但是數據科學顯示，我外婆的理論是錯的（這樣講好像有點過分，為了頌揚數據科學而拿外婆當墊背）。電腦科學家組成的一個團隊，最近分析史上針對人類關係所蒐集的最大數據集——臉書。[5]他們觀察許多情侶的交往狀態，其中有些情侶表明自己在「交往中」，有些情侶則將自己的狀態改為「單身」。研究人員發現，擁有一群共同好友，反而是關係**不會**持續下去的一個強有力預測。也許每天晚上你和伴侶跟同一群人混在一起，並不是一件好事。有各自的社交圈反而能讓彼此關係更趨穩固。

如你所見，當我們沒有電腦輔助而光靠直覺時，我們的直覺有時準得驚人，但有時卻錯得離譜。我外婆可能陷入一個認知陷阱：我們傾向於誇大自身經驗的相關性。根據數據科學家的說法，我們**權衡**數據的重要性，也過度重視某個特定數據點，那就是：我們自己的數據。

我外婆如此專注於與外公和朋友們共度的美好夜晚，以至於沒有考慮到其他夫妻的相處關係。她沒想到自己的小叔和小嬸也經常跟一小群朋友在夜裡聊天，但兩人相處不睦最後以離婚收場。她沒想到自己的女兒和女婿（我爸媽）晚上大多有各自的活動，我爸跟朋友們一起去爵士樂俱樂部或看球賽，我媽跟朋友聚餐或看電影，但是兩人婚姻生活仍然幸福美滿。

我們仰賴自己的直覺，也可能因為人性對於戲劇化事物的迷戀而犯下錯誤。我們傾向於誇大任何製造難忘故事成因的普及性。舉例來說，人們在接受一項調查時，就一直將龍捲風列為是比氣喘更常見的死因。[6]事實上，跟龍捲風致死率相比，氣喘致死率還高出七十倍。[7]只不過氣喘致死沒什麼大不了，也不會製造新聞，但是龍捲風致死就會上新聞。

換句話說，當我們只仰賴我們所聽到的事情或只仰賴個人經驗時，我們對於世界如何運作的看法往往會出錯。雖然良好數據科學的方法論通常是直觀的，但結果往往違反直覺。數據科學採用自然直觀的人性過程，發現模式並理解模式，經過強化後就可能告訴我們，這世界的運作跟我們所想的截然不同。這正是我研究預測籃球員成功因素時發生的狀況。

5 Lars Backstrom and Jon Kleinberg, "Romantic Partnerships and the Dispersion of Social Ties: A Network Analysis of Relationship Status on Facebook," in *Proceedings of the 17th ACM Conference on Computer Supported Cooperative Work & Social Computing* (2014).

6 Daniel Kahneman, *Thinking, Fast and Slow* (New York: Farrar, Straus and Giroux, 2011)。中譯本《快思慢想》由天下文化出版。

7 在一九七九年到二〇一〇年間，平均有五五．八一名美國人死於龍捲風，有四二一六．五三名美國人死於氣喘。詳見 Annual U.S. Killer Tornado Statistics, National Weather Service, http://www.spc.noaa.gov/climo/torn/fatalmap.php，以及 Trends in Asthma Morbidity and Mortality, American Lung Association, Epidemiology and Statistics Unit。

小時候，我只有一個夢想：我希望長大後成為經濟學家和數據科學家。沒有啦，我開玩笑的。小時候我很想成為職籃球員，效法我的英雄——紐約尼克隊明星中鋒派崔克．尤英（Patrick Ewing）。[8]

有時我懷疑每一位數據科學家的內心都像小孩一般，設法弄清楚為什麼自己童年的夢想沒有成真。難怪最近我會調查要在美國職籃（後稱NBA）闖出名號，需要具備什麼條件。調查結果令人驚訝。事實上，調查結果再次證明，有效的數據科學可能如何改變你對世界的看法，以及這些數字可能多麼違反直覺。

我特別關注的問題是：在貧窮家庭長大，還是在中產階級家庭長大，讓你更有可能在NBA成名？

大多數人會猜前者。一般人都認為，在貧困環境下長大，也許由十幾歲未婚媽媽辛苦扶養的環境，有助於培養在這種競爭激烈運動比賽中達到頂尖水準所需的驅動力。

費城高中籃球教練威廉．艾勒比（William Ellerbee）在接受《運動畫刊》（*Sports Illustrated*）採訪時表示：「郊區小孩打球往往只是為了好玩，但都市貧民區的小孩卻把籃球當成生死攸關的大事。」[9] 唉，我是在紐澤西州郊區由雙親扶養長大，而我這個世代最優秀的球員雷霸龍・詹姆斯（LeBron James），是在俄亥俄州阿克倫由一名十六歲貧窮的單親媽媽扶養長大。

事實上，我進行的一項網路調查[10]顯示，大多數美國人的看法跟艾勒比教練和我一樣：NBA球員大多在貧困環境下長大。

這種普遍看法正確嗎？

我們來看看數據怎麼說。目前並沒有關於NBA球員社經背景的綜合數據來源，但是藉由數據檢測，利用來自許多來源的數據，例如basketball-reference.com、ancestry.com等網站和美國人口普查及其他數據，我們可以弄清楚哪些家庭背景最有利於NBA球員的養成。你會發現這項研究使用各種數據來源，其中有些數據來源較大、有些數據較小，有些是網路

8 有關尤英的影片，我最喜愛這幾部：二〇一五年九月十八日上傳YouTube的影片"Patrick Ewing's Top 10 Career Plays"，網址為https://www.youtube.com/watch?v=Y29gMuYymv8，以及二〇〇六年五月十二日上傳YouTube的影片"Patrick Ewing Knicks Tribute"，網址為https://www.youtube.com/watch?v=8T2l5Emzu-I。

9 S. L. Price, "Whatever Happened to the White Athlete?" *Sports Illustrated*, December 8, 1997.

10 這是我在二〇一三年十月二十二日進行的一次Google消費者調查。我問道：「你猜NBA球員大多出生在什麼地區？」受訪者可從這兩個選項作答：「貧窮地區」或「中產階級地區」。有五九・七%的受訪者選擇「貧窮地區」。

數據、有些是離線數據。跟一些新的數據來源同樣令人振奮的是，只要傳統來源的數據有幫助，優秀數據科學家不會將其摒除在外。取得問題正確答案的最佳方式是，結合所有可用的數據。

第一個相關數據是每個球員的出生地。針對美國的每個郡，我記錄在一九八〇年代出生的黑人人數和白人人數。然後，我記錄他們當中有多少人成為NBA球員。我把這個數據跟各郡家庭平均所得進行比較。我還控制一個郡的種族人口統計數據，因為黑人成為NBA球員的可能性大約是白人的四十倍，光是這個主題就足以寫一本書好好研究。

數據告訴我們，出生在富裕郡的男孩，更有機會成為NBA球員。舉例來說，跟在最貧窮郡出生的黑人小孩相比，在美國最富裕郡出生的黑人小孩成為NBA球員的可能性是前者的兩倍之多。對白人小孩來說，最富裕郡出生的白人小孩成為NBA球員的可能性，則比最貧窮郡白人小孩的可能性高出六〇%。

這表示事實跟普遍的想法正好相反，出身貧困的NBA球員並沒有我們想的那麼多。然而這個數據並不完美，因為美國許多富裕郡，如紐約郡（曼哈頓），也包括哈林區等貧困地區，所以，童年貧困還是有可能激勵小孩成為NBA球員。我們還需要更多線索和更多數據來佐證。

所以我調查NBA球員的家庭背景。這項資訊是在新聞報導和社群網路中找到的。這種方法相當耗時，所以我把這項分析限制在一九八〇年代出生、得分最多的一百位非裔美籍NBA球員上。跟美國一般黑人相比，NBA超級明星球員由青少年媽媽或未婚媽媽所生的可能性少了三〇%。換句話說，NBA最優秀黑人球員的家庭背景也顯示，寬裕的家庭背景是實現成功的一大優勢。

然而，不管是郡出生數據和有限球員樣本的家庭背景，都沒有提供所有NBA球員童年的完美資訊。所以我還不完全相信中產階級的雙親家庭會比貧困單親家庭，養育出更多NBA球星。針對這個問題我們能蒐集到愈多數據愈好。

然後我想起另一個數據點可以提供球員背景的線索。羅蘭．弗萊爾（Roland Fryer）和史蒂芬．李維特（Steven Levitt）這兩名經濟學家在一篇論文中提到，黑人的名字是個人社經背景的一項指標。[11]弗萊爾和李維特研究一九八〇年代加州的出生證明發現，在非裔美國人中，

11 Roland G. Fryer Jr. and Steven D. Levitt, "The Causes and Consequences of Distinctively Black Names," *Quarterly Journal of Economics* 119, no. 3 (2004).

貧窮未受過教育的單身媽媽往往會給自己小孩取很特別的名字，跟中產階級受過教育的已婚雙親會為小孩取的名字不同。

來自富裕背景的小孩更有可能取菜市場名，譬如：凱文、克里斯和約翰。貧困家庭出生的小孩，名字可能較為獨特，譬如：Knowshon、Uneek和Breionshay。出生貧困的黑人小孩，他們名字和同年出生的其他小孩大為不同的機率將近有兩倍之多。

那麼，NBA黑人球員的名字又是什麼狀況呢？他們的名字聽起來更像中產階級出身，還是窮困家庭出身？檢視同一時期加州出生的NBA球員，他們取獨特名字的可能性是一般黑人男性的一半，這是統計數字顯示的一項顯著差異。

你認識的人當中，是否有人認為NBA是出身貧民區者的聯盟？那你可要告訴此人，只要仔細聽聽下一場比賽的轉播，注意羅素有多少次運球超越德懷特，然後試圖將球從賈許伸出的手臂中滑入凱文正等著接球的手裡。[12]如果NBA真的是一個充滿貧窮黑人的聯盟，那麼賽事轉播聽起來會很不一樣，會有更多球員的名字像雷霸龍。

現在，我們蒐集了三種不同證據，包括出生郡、得分最高球員母親的婚姻狀況以及球員的名字。沒有一項數據來源是完美的，但三者都支持同樣的說法。更好的社經地位表示更有可能成為NBA球員。換句話說，普遍的看法是錯誤的。

一九八〇年代出生的所有非裔美國人中，[13]約有六〇%者的爸媽是未婚的。但是據我估計，在那個年代出生、後來成為NBA球員的非裔美國人中，絕大多數來自雙親家庭。換句話說，NBA不是主要由雷霸龍這類背景的男性組成。有更多的男性像克里斯・波希（Chris Bosh）這樣，在德州由雙親扶養長大，培養出喜歡電子玩具的興趣。或像克里斯・保羅（Chris Paul）[14]是北卡羅來納州路易斯維爾中產階級雙親家庭的第二個兒子，他的家人跟他一起在二〇一一年上了一集益智節目《家庭大對抗》（*Family Feud*）。

數據科學家的目標是了解世界。一旦我們發現違反直覺的結果，我們可以使用更多的數據科學來幫助我們解釋，為什麼這個世界跟表面上看起來並不相同。例如，為何在籃球領域

12 譯注：以上皆為較常見的名字。

13 Centers for Disease Control and Prevention, "Health, United States, 2009," Table 9, Nonmarital Childbearing, by Detailed Race and Hispanic Origin of Mother, and Maternal Age: United States, Selected Years 1970–2006.

14 "Not Just a Typical Jock: Miami Heat Forward Chris Bosh's Interests Go Well Beyond Basketball," Palm BeachPost.com, February 15, 2011, http://www.palmbeachpost.com/news/sports/basketball/not-just-a-typical-jock-miami-heat-forward-chris-b/nLp7Z/; Dave Walker, "Chris Paul's Family to Compete on 'Family Feud,' nola.com, October 31, 2011, http://www.nola.com/tv/index.ssf/2011/10/chris_pauls_family_to_compete.html.

裡，中產階級男性比貧窮男性更具優勢？目前至少可以找出兩種解釋。

首先，因為窮人往往比較矮。學者早就知道，兒童保健和營養對於長大後的健康狀況影響甚鉅。這就是現在已開發世界人們的平均身高，比一百五十年前高四英吋（約一〇・一六公分）的原因。[15]數據顯示，出身貧困背景的美國人，[16]由於早期保健和營養較差，所以身高比較矮。

數據也可以告訴我們，身高對於成為NBA球員的影響。毫無疑問地，你憑直覺就知道身材高大對於有抱負的籃球球員來說是一大助力。只要將球場上球員的身高，跟看台上一般球迷的身高進行比較即可知曉（NBA球員平均身高是六呎七吋（約二〇〇・七八公分），美國人平均身高是五呎九吋（約一七五・三六公分）[17]）。

身高究竟有多麼重要？NBA球員有時在談到自己的身高時會撒些小謊，而且目前並沒有美國男性身高的完整分布。但是利用粗略的數學估計可以看出這個分布可能是什麼模樣，也能知道NBA球員身高的分布。我們很容易就能確認身高的影響極大，甚至可能超過我們的臆測，我估計身高每高一英吋（約二・五四公分），成為NBA球員的機率就增加一倍。依照整個身高分布來說，事實確實如此，身高五呎十一吋的男子成為NBA球員的可能性，是身高五呎十吋者的兩倍；身高六呎十一吋的男子成為ＮＢＡ球員的可能性，是身高六呎十吋者的兩倍。看來，在身高不到六呎的男子中，每二百萬人中只有一人成為ＮＢＡ球員。根據我和其他人的估計，在身高超過七呎的男子中，則是每五人就有一人成為ＮＢＡ球員。[18]

你會發現，數據釐清了為何我的籃球明星夢幻滅。不是因為我在郊區長大，而是因為我

---

15 "Why Are We Getting Taller as a Species?" *Scientific American*, http://www.scientificamerican.com/article/why-are-we-getting-taller/。有趣的是，美國人已經停止長高，參見 Amanda Onion, "Why Have Americans Stopped Growing Taller?" ABC News, July 3, 2016, http://abcnews.go.com/Technology/story?id=98438&page=1。我認為外國出生的ＮＢＡ球員人數激增的原因之一是，其他國家在身高上逐漸趕上美國。從一九四六年到一九八〇年，隨著美國人身高的逐漸增加，ＮＢＡ美國出生有六呎（約一八三公分）高的球員人數增加十六倍。但是隨著美國平均身高不再增加，這個倍數也趨向穩定。同時，來自其他國家身高七呎（約二一三．五公分）的ＮＢＡ球員人數激增。我發現增加最多的國際球員是來自土耳其、西班牙和希臘等國的長人，這些國家近幾年的兒童健康和成人健康都有顯著的進步。

16 Carmen R. Isasi et al., "Association of Childhood Economic Hardship with Adult Height and Adult Adiposity among Hispanics/Latinos: The HCHS/SOL Socio-Cultural Ancillary Study," *PloS One* 11, no. 2 (2016); Jane E. Miller and Sanders Korenman, "Poverty and Children's Nutritional Status in the United States," *American Journal of Epidemiology* 140, no. 3 (1994); Harry J. Holzer, Diane Whitmore Schanzenbach, Greg J. Duncan, and Jens Ludwig, "The Economic Costs of Childhood Poverty in the United States," *Journal of Children and Poverty* 14, no. 1 (2008).

17 Cheryl D. Fryar, Qiuping Gu, and Cynthia L. Ogden, "Anthropometric Reference Data for Children and Adults: United States, 2007–2010," *Vital and Health Statistics Series* 11, no. 252 (2012).

18 Pablo S. Torre, "Larger Than Real Life," *Sports Illustrated*, July 4, 2011.

身高只有五呎九吋又是白人（行動緩慢就更別提了）。而且我很懶惰，耐力又差，投籃姿勢也很糟，有時拿到球時還會驚慌失措。

出身貧困的男孩比較難成為NBA球員的第二個原因是，他們有時缺乏某些社交技能。經濟學家利用幾千名學童的數據發現，平均來看，中產階級雙親家庭[19]比較擅長教養出容易相信別人、有紀律、堅持不懈、專注並具備組織力的小孩。

那麼，缺乏社交技能為何讓人無法實現籃球明星夢呢？

我們以一九九〇年代最被看好的天才球員之一道格・倫（Doug Wrenn）為例。他在康乃狄克大學（University of Connecticut）專門訓練NBA明星球員的教練吉姆・卡宏（Jim Calhoun）表示，在他合作過的球員中，倫跳得最高。[20]但倫[21]出身貧困，由單親媽媽在西雅圖血巷這個最險惡困頓的街坊扶養長大。在康乃狄克，倫一直與身邊的人發生衝突。他會嘲笑球員、質疑教練、穿違反球隊規則的寬鬆衣服。他還做了一些違法的事，從店裡偷走鞋子又對警察大吼大叫。後來卡宏實在受夠了，就把倫踢出球隊。

倫在華盛頓大學（University of Washingtion）得到另一個機會。但是他在那裡還是無法與人相處，讓他離NBA明星夢愈來愈遠。他為了上場時間和投籃選擇跟教練爭吵，最後一樣被踢出球隊。倫在NBA選秀中落選，開始在次級聯盟打球，後來搬去與母親同住，最後因為打人入獄。「我的事業生涯結束了」倫在二〇〇九年跟《西雅圖時報》（*Seattle Times*）這樣說。「我的夢想、我的願望都破滅了。道格・倫死了。[22]那個籃球球員、那個花花公子已經死了。結束了」。倫不但有成為NBA球員的本領，也有成為偉大球員，甚至傳奇球員的天分。但他從來沒有發展出應有的性格，讓自己至少能待在大學球隊裡。或許，要是他早年的生活舒適安定，就可能成為下一個麥可・喬丹（Michael Jordan）。

喬丹的垂直彈跳當然令人印象深刻，加上唯我獨尊且競爭心強，有時這種個性跟倫沒有什麼不同。喬丹可能是一個難纏的孩子，[23]十二歲時，他因為打架被退學。但是至少他有倫缺

19 Tim Kautz, James J. Heckman, Ron Diris, Bas Ter Weel, and Lex Borghans, “Fostering and Measuring Skills: Improving Cognitive and Non-Cognitive Skills to Promote Lifetime Success,” National Bureau of Economic Research Working Paper 20749, 2014.

20 Desmond Conner, “For Wrenn, Sky’s the Limit,” *Hartford Courant*, October 21, 1999.

21 道格・倫的故事詳見Percy Allen, “Former Washington and O’Dea Star Doug Wrenn Finds Tough Times,” *Seattle Times*, March 29, 2009。

22 同上。

23 Melissa Isaacson, “Portrait of a Legend,” ESPN.com, September 9, 2009, http://www.espn.com /chicago/columns/story?id=4457017&columnist=isaacson_melissa。有關喬丹的精彩傳記詳見Roland Lazenby, *Michael Jordan: The Life* (Boston: Back Bay Books, 2015)。中譯本《麥可喬丹傳》二〇一五年由遠流出版。

乏的一樣東西：一個安穩的中產階級成長過程。他的爸爸是[24]奇異公司（General Electric）的設備主管，媽媽是銀行家。他們協助喬丹經營自己的事業生涯。

事實上，喬丹的人生充滿家人為他指點迷津的種種故事，[25]讓這位偉大又有競爭力的人有辦法避開諸多陷阱。喬丹被退學後，媽媽就帶著他一起上班。媽媽不准他離開車裡，要他待在停車場坐在車子裡看書。他被選入芝加哥公牛隊後，爸媽和兄弟姐妹輪流來看他，以確保他不會受到名利和金錢所惑。

喬丹的事業生涯並沒有像倫那樣，以《西雅圖時報》的簡短引述畫下句點，而是入選籃球名人堂，以一場有數百萬人觀看的演說[26]精彩落幕。喬丹在演說裡提到，他設法保持「專注於生活的美好事物——你知道人們如何看待你，你如何尊重他們……社會大眾對你有何看法。靜下來想想自己所做的事，這所有一切都要歸功我的父母」。

數據告訴我們，喬丹感謝他的中產階級雙親，這樣講一點也沒錯。數據告訴我們，在貧困家庭和貧窮社區裡，確實有具備ＮＢＡ水準的人才，但是這些人卻進不了ＮＢＡ。這些男性有天分也有抱負，卻從來沒有發展出成為籃球超級巨星的性格。

無論我們的直覺怎麼說，認為在如此絕望的困境下，籃球似乎是「生死攸關的事」，但是即便這樣也無濟於事。像倫這樣的故事有助於說明這一點，而數據也為此做出佐證。

二〇一三年六月，雷霸龍．詹姆斯贏得第二次ＮＢＡ大滿貫後，在電視上接受採訪。[27]（後來他又拿下第三次大滿貫。）「我是雷霸龍．詹姆斯」他介紹道。「來自俄亥俄州阿克倫的內城區，我本來不該出現在這裡」此話在推特和其他社群網站引發批評，這個非常有天賦、小小年紀就嶄露籃球天分的人，怎麼可以說自己是弱者？事實上，任何窮苦出身者，不管個人運動本領如何，想要出人頭地都很困難。換句話說，詹姆斯的成就比乍看之下更非比尋常。數據也證明這一點。

---

24 Barry Jacobs, "High-Flying Michael Jordan Has North Carolina Cruising Toward Another NCAA Title," *People*, March 19, 1984.

25 Isaacson, "Portrait of a Legend."

26 喬丹入選籃球名人堂的演說詳見二〇一二年二月二十一日上傳YouTube的影片，網址為https://www.youtube.com/watch?v=XLzBMGXfK4c。喬丹這場演說最有趣的部分不是他多麼深愛爸媽，而是他仍然覺得有必要指出自己在事業生涯初期睥睨一切的態度。或許一輩子抱持著這種態度，是成為史上最偉大籃球球員必須具備的要素。

27 詹姆斯接受採訪的影片詳見二〇一三年六月二十日上傳YouTube的影片，網址為https://www.youtube.com/watch?v=XceMbPVAggk。

第二篇

大數據的驚人力量

第二章

佛洛伊德說的正確嗎？

——拼錯字背後隱藏的慾望

最近，我看到行人被形容為「penistrain」（陰莖人），而不是「pedestrian」（行人）。你知道那是什麼意思，對吧？我是在一個大型數據集裡，發現人們在打字時犯了這種錯誤。看到有人走路寫下「陰莖」這個字詞，一定意味著什麼，對吧？

最近，我知道有個男人夢到自己在婚禮上，邊吃香蕉邊走上聖壇。我在一支記錄人們夢境的應用程式的大數據集中，看到這項資料。一個人想像娶老婆時，一邊吃著長得像陰莖的食物，那也意味著什麼，對吧？

是西格蒙德·佛洛伊德（Sigmund Freud）說對了嗎？自從他的理論開始受到大眾關注起，對這種問題的最誠實回答就是聳聳肩，不當一回事。奧地利裔英國哲學家卡爾·波普（Karl Popper）把這一點說得最清楚。波普提出知名的可否證性（falsifiablity），聲稱佛洛伊德的理論不可否證，因為我們無法測試這些理論的真偽。

佛洛伊德可能說，寫出「陰莖人」透露此人的性慾受到壓抑。這個人可以回應說，她沒有透露任何事情，她可以說自己只是打錯字，就像把行人（pedestrian）打成踏板人〔pedaltrian（pedal意指踏板）〕。因此，這種情況就會變成各說各話。佛洛伊德可能說夢到在婚禮當天吃香蕉的紳士，私底下想著男性生殖器，這透露出他真正想娶的是男人而不是女人。那位紳士可以說，自己剛好夢到一根香蕉，他也可能夢到邊吃蘋果邊走上聖壇啊。這種狀況一樣是各說各話，我們沒有辦法實際測試佛洛伊德的理論。

直到現在，情況開始改觀。

數據科學使得佛洛伊德的許多理論變得可以否證，讓佛洛伊德的許多著名理論接受考驗。我們先從夢到陰莖象徵物開始談起。使用一個記錄夢境的巨大數據集，我們很容易發現陰莖形狀的物體多麼頻繁地出現。食物是這項研究可以專注的一個好重點。食物出現在許多夢境中，而且許多食物的形狀都像男性生殖器，譬如香蕉、小黃瓜、熱狗等。接著，我們可以衡量可能讓我們更常夢到特定食物的因素，包括：人們多常吃這些食物、大多數人認為這些食物多麼美味，以及這些食物的模樣是否像男性生殖器。

我們可以測試兩種都很受歡迎的食物，但其中一種的形狀像男性生殖器，看看兩種食物出現在人們夢裡的不同次數。如果男性生殖器形狀的食物，沒有比其他食物更常出現在人們夢裡，那麼陰莖象徵物就不是我們夢境中的重要因素。拜大數據所賜，佛洛伊德理論的這個部分或許確實可以否證。

我收到Shadow（這是一個要求使用者記錄個人夢境的應用程式）蒐集的數據，我將出現在幾萬個夢境中的食物加以編碼。

整體來說，是什麼原因讓我們夢到食物？主要的預測因素是，我們多常食用這些食物。人們最常夢到的物質是水。最常夢到的二十種食物包括：雞肉、麵包、三明治和米飯，這些食物顯然不像佛洛伊德所說，夢境中的事物都有性意涵。

預測食物多常出現在夢中的第二個因素是，人們認為那些食物有多麼美味。我們最常夢到的兩種食物，就不符合佛洛伊德對夢境的解析，但這兩種食物是出了名的美味可口，那就是巧克力和披薩。

那麼，有男性生殖器形狀的食物呢？它們出現在我們夢裡的次數多到嚇人嗎？沒有。

香蕉是夢境中第二常見的水果，但香蕉也是人們食用量第二大的水果，所以我們不需要佛洛伊德來解釋我們多常夢到香蕉。以蔬菜在夢境中出現次數的排名來說，小黃瓜排名第七；以蔬菜食用量排名來說，小黃瓜也排名第七。數據再次證明，食物形狀未必能說明本身出現在我們夢境中的次數。熱狗遠比漢堡更不常出現在夢境中，即使控制「人們吃漢堡比熱狗還多」這項事實，情況還是一樣。

整體來說，針對所有水果和蔬菜進行迴歸分析（這種方法讓社會科學家可以區分多重因素的影響），我發現食物具有陰莖的形狀，[1]並沒有使其更常出現在人們的夢中，反而食物受歡迎程度才是更準確的預測因素。佛洛伊德的這種理論是可以否證的，至少根據我對數據的研究證實，佛洛伊德的這種理論與事實不符。

接下來，以佛洛伊德式的錯誤為例，心理學家假設我們利用自己的失誤（我們說錯話或寫錯字），透露我們潛意識的慾望，而這些慾望經常跟性有關。我們可以利用大數據來測試這項假設嗎？一種方式是：看看我們的失誤和失言是否是故意搞笑。如果我們埋藏在心裡的性慾，藉由我們的失誤洩露出來，那麼我們應該會看到有相當高比例的錯誤包含「陰莖」、

1　我將比較長形，而非比較寬圓、長得像陰莖的食物做編碼，這類食物包括小黃瓜、玉米、胡蘿蔔、茄子、櫛瓜和香蕉。這些數據和編碼詳見作者官網 sethsd.com。

「陽具」和「性」這種字詞。

這就是我為何研究由微軟研究人員蒐集、超過四萬個打字錯誤的數據集。[2]這個數據集包含人們打錯但馬上更正的數據。在幾萬的錯誤中，有很多人打錯的字跟性有關，譬如我先前提到將行人打成「penistrian」。還有人要表達security（安全）時，卻打成有性涵義的sexurity，要表達rock（岩石）卻打成cock（陽具）。但也有大量失誤是沒有任何涵義的無心之失，比方說：將windows（窗戶）打成pindows、將forgettables（易忘之物）打成fegetables、將afternoon（下午）打成aftermoons，以及將refrigerators（冰箱）打成refriderators。

那麼，跟性有關的失誤數量非比尋常嗎？

為了測試這件事，我先使用微軟的數據集模擬人們多常誤拼特定字母。我計算人們多常以s代替t，以h代替g。然後我設計一支電腦程式，依照人們犯錯的方式拼字。我們可以將這支程式稱為錯誤機器人。錯誤機器人以微軟研究發現人類犯錯的相同頻率，用s取代t，以h取代g，以此類推。我利用微軟研究中人們拼錯的那些字詞，來執行這支程式。換句話說，錯誤機器人試圖拼出「行人」、「岩石」、「窗戶」和「冰箱」，但是它像人們那樣頻繁地將t取代成r，譬如rock（岩石）就會拼成tock，也同樣會用c取代r，所以rock

就成為cock（陽具）。

那麼，我們將錯誤機器人跟犯了無心之過的一般人相比，從中學到什麼呢？錯誤機器人模仿人類那樣誤置字母，犯了幾百萬個錯誤後，就犯下許多佛洛伊德式的錯誤。它將「貝殼」（seashell）拼成「性殼」（sexshell），將「唇膏」（lipstick）拼成「唇屌」（lipdick），將「最幸運」（luckiest）拼成「最幹」（fuckiest），以及其他許多類似的錯誤。關鍵點在於，錯誤機器人當然沒有潛意識，但卻犯下跟真人一樣帶有性暗示的拼字錯誤。正如我們社會科學家喜歡說的那樣，有了這個警告，就需要進行更多的研究。這表示人類犯下有性暗示的錯誤，這種機率不會超過隨機機率。

換句話說，人們在拼字時出現penistrian、sexurity和cocks這類錯誤，在錯誤和禁忌之間未必有關聯。有些心智理論認為，人們透過錯誤披露自己的私密慾望。但事實上，指尖敲打

2 這個資料集可由此下載https://www.microsoft.com/en-us/download/details.aspx?id=52418。研究人員請Amazon Mechanical Turk使用者描述影像。他們分析鍵盤敲擊記錄，在人們更正字詞時就加以註記。更多討論詳見Yukino Baba and Hisami Suzuki, “How Are Spelling Errors Generated and Corrected? A Study of Corrected and Uncorrected Spelling Errors Using Keystroke Logs,” Proceedings of the Fiftieth Annual Meeting of the Association for Computational Linguistics, 2012。這項研究的數據、編碼和深入說明另見作者官網sethsd.com。

鍵盤犯下的這些失誤，完全可以由打字出錯的頻率來解釋。人們在打字時出很多錯，而且會愈錯愈多，最後開始把唇膏說成「唇屌」，把最幸運說成「最幹」，把行人說成「陰莖人」。如果訓練猴子打字打了無數次，猴子最後就會打出莎士比亞（Shakespeare）名句「生存或毀滅，這是值得思考的問題」。如果一個人打字打了很久，最後就會將行人打成「陰莖人」。

佛洛伊德的理論認為錯誤披露我們潛意識裡的需求，但這個理論其實是可以否證的，而且根據我的數據分析，這個理論是不正確的。

大數據告訴我們，夢到香蕉不是什麼性暗示，「陰莖人」沒有其他涵義，只是把「行人」這個字拼錯了。

所以，佛洛伊德的所有理論都徹底偏離目標嗎？不完全是這樣。我剛開始取用PornHub的數據時，發現一件出乎意料的事，而那件事就跟佛洛伊德有一點關係。事實上，這是我在進行數據調查時發現最驚人的事情之一：造訪主流色情網站搜尋亂倫影片的人數高得嚇人。

PornHub是最受歡的色情網站之一。在這個網站上的男性百大搜尋中，就有十六個搜尋是尋找亂倫主題的影片。請注意，下列陳述可能會讓人產生一些畫面聯想：這類搜尋包括

「兄弟姐妹」、「繼母與繼子」、「母與子」、「母親性交兒子」、「真正的兄弟姐妹」。男性針對亂倫的搜尋，最多是搜尋母子性交的場景。那女性呢？女性在PornHub上的百大搜尋中，有九個搜尋是針對亂倫主題的影片，而女性與男性在這方面的想像類似，只不過所提及家長與子女的性別往往相反。因此，女性針對亂倫進行的最多搜尋是以父女場景為主。

至少在這類數據中，不難發現一些數據，跟佛洛伊德的伊底帕斯情結（Oedipal complex）相呼應。佛洛伊德假設童年時期近乎普遍的慾望，是兒童會想跟異性父母發生性愛關係，只是後來這股慾望被壓抑住。要是這位維也納心理學家活得夠久，將自己的分析技能用於PornHub數據上，就會發現數據明確證實成人對於異性父母的興趣，而且這股慾望並沒有受到任何壓抑。

當然，PornHub的數據無法告訴我們，人們在觀看這類影片時，腦子裡幻想的是誰。他們真的幻想自己在跟爸媽做愛嗎？Google搜尋可以提供更多線索，有很多人有這樣的慾望。

以「我想跟我的……發生性關係」這種說法的所有搜尋為例。[3]在這類搜尋中出現最頻繁的是「我想跟我的媽媽發生性關係」。整體來說，這種說法的搜尋有超過四分之三是亂倫，

3 這部分的完整數據見本章末的附表一。

而且不是因為特定的措辭才有這種結果。舉例來說，「我被……吸引」這種說法的搜尋，甚至更坦承自己的亂倫慾望。雖然可能讓佛洛伊德先生失望，但我現在必須承認，這類搜尋並非特別常見：在美國，每年有幾千人承認自己有戀母情結。而且，必須有人讓佛洛伊德知道事實的真相，如同本書後續的說明，Google搜尋的數據有時會偏向禁忌事項。

不過，我預期人們在搜尋中更常提到許多不當的迷戀，比方說，跟老闆發生性關係？跟員工、學生、治療師、病患、老婆的閨密、女兒的知己、老婆的姐妹或摯友的老婆有性關係？不過，這類慾望都無法跟戀母情結對抗。或許，在將Google搜尋結合PornHub數據後，這確實意味著些什麼。

而佛洛伊德的主張就是，童年時期的經驗會形塑個人性行為，Google的其他搜尋和PornHub數據都支持這項主張，也透露出男人至少保留跟童年有關的一個異常幻想。根據妻子對先生所做的搜尋顯示，成年男子最迷戀穿尿布和想要吸奶（先前提過這是印度男人的癖好）。而且，以受青少男歡迎節目中的角色做為性愛場面的色情動畫，[4]已經大為風行。或是以男性在搜尋色情片時，最常搜尋的女性職業為例，十八到二十四歲男性最常搜尋褓姆，[5]二十五到六十四歲男性也一樣，六十五歲以上男性也是。而對於各年齡層男性來說，老師和啦啦隊隊長都名列前四。顯然，早年生活似乎在男性性幻想中扮演著極大的角色。

我還無法使用這些前所未有、跟成人性行為有關的所有數據，去準確找出性癖好是如何形成的。在未來幾十年內，我和其他社會科學家將能針對成人性行為設計出可否證的新理論，並以實際數據測試這些理論。

我已經可以預測一些基本主題，這些主題勢必會成為以數據為主的成人性行為理論的一部分。而且數據在這方面所講述的故事，顯然不會跟佛洛伊德所說大家都在童年時期受壓抑的故事一樣，但是，根據我對PornHub數據的初次調查，我絕對肯定對成人性行為的決定性判斷，將會包含佛洛伊德強調的一些關鍵主題。童年將扮演一個主要角色，母親也是。

❖

十年前，要用這種方式分析佛洛伊德是不可能的事。八十年前，佛洛伊德還在世時，更不可能做到這樣。所以，讓我們仔細想想這些數據來源為什麼有幫助，這個練習可以幫助我

4 舉例來說，人們在Google上搜尋各種相當流行的動畫節目時，「色情片」（porn）是最常包含在內的字詞之一（見本章末附表二）。

5 根據作者的計算，本章末附表三列出依據年齡層，男性搜尋色情片時，最想看到哪些職業的女性。

們了解大數據為何如此強大。

記住，我們已經說過，擁有大量數據並不會自動產生精闢見解，數據大小這件事被高估了。那麼，為什麼大數據如此強大？為什麼大數據引發一場革命，讓我們對自己大為改觀？我認為大數據具有四種獨特的力量。對佛洛伊德的這種分析，為說明這四種力量提供了很好的例證。

首先，你可能已經注意到，我們針對佛洛伊德的理論進行討論時，認真看待色情作品這回事。我們在本書中將會經常使用來自色情作品的數據。令人有點驚訝的是，社會科學家很少使用色情資料，他們大多仰賴本身事業生涯中建立的傳統調查數據集。但是只要花一點時間想想就知道，色情作品的廣泛使用和因此產生的搜尋與觀看數據，正是我們培養能力來了解人類性行為的最重要發展。其實，這可能是最重要不過的一個關鍵，這可是讓叔本華（Schopenhauer）、尼采（Nietzsche）、佛洛伊德和傅柯（Michel Foucault）都欣羡不已的數據，因為他們在世時，這些數據並不存在。幾十年前，這些數據也還不存在，現在這些數據存在了，而且針對各式各樣的主題有許多獨特的數據來源，提供各種窗口讓我們進入以往只能臆測的領域。**提供新類型的數據，就是大數據擁有的第一種力量**。

色情數據和Google搜尋數據不僅僅是新類型的數據，也是誠實的數據。在數位時代出現以前，人們會隱藏讓自己感到難堪的想法。在數位時代，人們仍然會將這些想法隱藏起來，不讓其他人知道，但是在網路上他們會透露這些想法，特別是在Google和PornHub這類讓用戶匿名使用的網站。這些網站的功能猶如一種數位誠實豆沙包，因此這種能力讓我們發現人們普遍迷戀亂倫。大數據使我們終於看清人們真正想要什麼和真正做了什麼，而不是人們說自己要什麼和做了什麼。**提供誠實的數據，就是大數據的第二種力量**。

由於現在有這麼多的數據，所以或許一小部分人口就能提供有意義的資訊。舉例來說，我們可以將夢到小黃瓜的人數，跟夢到番茄的人數做比較。**允許我們把焦點放在人口中的小子集，就是大數據擁有的第三種力量**。

大數據還具備一個更令人印象深刻的力量。我對佛洛伊德做的簡短研究中並沒有用到這個力量，但日後進行的研究可能會用上，那就是：大數據允許我們進行快速且可控制的實驗。大數據允許我們測試因果關係，而不僅僅是相關性。現在，這些測試大多由企業進行，但事實會證明，大數據將成為社會學家的一項強大工具。**允許我們進行許多因果關係的實驗，就是大數據擁有的第四種力量**。

現在，該是取用這些力量和探討大數據為何如此重要的時候了。

附表一　「我想跟……發生性關係」

	每月以此說法在Google上的搜尋
我媽	720
我兒子	590
我姐（妹）	590
我堂（表）兄弟姐妹	480
我爸	480
我男友	480
我哥（弟）	320
我女兒	260
我朋友	170
我女友	140

附表二　動畫與色情片
（針對各種動畫最常見的Google搜尋）

蓋酷家庭（family guy）色情片	觀看辛普森家庭（the simpsons）	飛出個未來（futurama）色情片	史酷比（scooby doo）遊戲
蓋酷家庭　影集	辛普森家庭　色情片	飛出個未來　莉拉	史酷比　電影
蓋酷家庭　免費	辛普森家庭　線上看	飛出個未來　影集	史酷比　色情片
觀看蓋酷家庭	辛普森家庭　電影	飛出個未來　線上看	史酷比　薇瑪

附表三　依據年齡層，男性搜尋色情片時，最想看到哪些職業的女性

	十八至二十四歲	二十五至六十四歲	六十五歲以上
1	褓姆	褓姆	褓姆
2	老師	瑜伽老師	啦啦隊隊長
3	瑜伽老師	老師	醫生
4	啦啦隊隊長	啦啦隊隊長	老師
5	醫生	房仲專員	房仲專員
6	妓女	醫生	護士
7	房仲專員	妓女	瑜伽老師
8	護士	祕書	祕書
9	祕書	護士	妓女

第三章

怎樣的數據算是大數據？

——每個年代都可以算出「平均長相」

每個月特定週五的上午六點，曼哈頓大部分地區的街道還空無一人。那些街道上的商店還沒開始營業，門口的不鏽鋼安全門尚未打開，商店樓上的公寓也一片漆黑、安靜無聲。但是此時，高盛集團（Goldman Sachs）位於曼哈頓下城的全球投資銀行卻燈火通明，電梯搭載幾千名員工進入辦公室。上午七點多，這些辦公桌大都座無虛席。

在其他日子裡，曼哈頓下城此時還在沉睡中，但是每個月這個週五早晨，都充滿一股活力和振奮之情，因為對股市影響甚鉅的資訊即將出現。

這項資訊公布後的幾分鐘內，新聞網站會開始報導。報導後的幾秒內，高盛和其他數百家金融公司內部將大聲討論、辯論和解析這項資訊。但這些特定日子裡，金融方面的實際行動都發生在毫秒之間。高盛和其他金融公司支付數千萬美元，利用光纖電纜取得資訊，將芝加哥到紐澤西的資訊傳輸時間縮短了四毫秒（從十七毫秒縮短到十三毫秒）。金融公司備妥演算法[1]解析剛收到的資訊，並依此進行交易，一切都發生在毫秒之間。這項重要資訊公布後，在你還沒眨完眼，市場已經產生變化。

那麼，對高盛和其他許多金融機構來說，如此有價值的重要數據究竟是什麼呢？

那就是，每月失業率。

然而，這個對股市有如此深遠影響，讓金融機構不計一切代價要盡快取得的比率，卻是勞工統計局（Bureau of Labor Statistics）進行電話調查取得的資訊，而且等到公布時，已經是三週前、也就是二十億毫秒前的資訊。你可能會訝異，在企業為了將資訊流縮短一毫秒，而不惜花費數百萬美元，這種毫秒必爭的情況下，為何政府計算失業率需要花那麼久的時間。

事實上，盡快取得這些關鍵數字，就是艾倫·克魯格（Alan Krueger）[2]在二〇一一年接任歐巴馬經濟顧問委員會主席時的首要課題，可惜他並沒有成功。他做出結論說：「可能勞工統計局沒有資源，不然就是它們還無法擺脫二十世紀的思維。」

由於目前政府在這方面顯然尚未加快腳步，那麼有沒有什麼辦法，至少能以更快的速度對失業率統計數字做一個粗略的評估？在這個高科技時代，人們在網路上的每次點擊幾乎都被記錄在某個地方，我們真的要等上幾週時間才能找出有多少人失業嗎？

有一個可能的解決方案，靈感來自於曾擔任Google工程師的傑若米・金斯伯格（Jeremy Ginsberg）的研究。金斯伯格注意到政府公布的健康數據，跟失業數據一樣都要拖上一段時日，即使醫生和醫院希望更早取得流感數據以利控制，但疾病管制與預防中心（Centers for Disease Control and Prevention）需要一週的時間，才能發布流感數據。

金斯伯格懷疑流感患者很可能在網路上進行流感相關搜尋。事實上，他們會在Google搜尋欄裡，輸入自己的症狀。他認為這些搜尋可以為當前流感患病率提供相當準確的評量。的確，事實證明「流感症狀」和「肌肉酸痛」這類搜尋，就是流感傳播速度的重要指標。[3,4]

1 Matthew Leising, "HFT Treasury Trading Hurts Market When News Is Released," Bloomberg Markets, December 16, 2014; Nathaniel Popper, "The Robots Are Coming for Wall Street," *New York Times Magazine*, February 28, 2016, MM56; Richard Finger, "High Frequency Trading: Is It a Dark Force Against Ordinary Human Traders and Investors?" *Forbes*, September 30, 2013, http://www.forbes.com/sites/richardfinger/2013/09/30/high-frequency-trading-is-it-a-dark-force-against-ordinary-human-traders-and-investors/#50875fc751a6.

2 我在二〇一五年五月八日電話訪問克魯格。

3 最初那篇論文為Jeremy Ginsberg, Matthew H. Mohebbi, Rajan S. Patel, Lynnette Brammer, Mark S. Smolinski, and Larry Brilliant, "Detecting Influenza Epidemics Using Search Engine Query Data," *Nature* 457, no. 7232 (2009)。初期模型缺失的討論參見David Lazer, Ryan Kennedy, Gary King, and Alessandro Vespig-nani, "The Parable of Google Flu: Traps in Big Data Analysis," *Science* 343, no. 6176 (2014)。修正模型的說明參見Shihao Yang, Mauricio Santillana, and S. C. Kou, "Accurate Estimation of Influenza Epidemics Using Google Search Data Via ARGO," *Proceedings of the National Academy of Sciences* 112, no. 47 (2015)。

4 雖然Google流感（Google Flu）的初始版本有重大缺失，但最近研究人員重新修正這個模型並取得一些成效。

與此同時，Google工程師設計出查詢相關性的Google Correlate。這項服務提供外部研究人員一項工具，利用相同類型的分析，針對各種領域（不僅僅是健康領域）進行實驗。研究人員可以隨時隨地查看他們正在追蹤的任何數據系列，並查看與該數據集最相關的Google搜尋。

舉例來說，利用Google Correlate，我跟Google首席經濟學家哈爾・瓦里安（Hal Varian）就能指出哪些搜尋跟追蹤房價最為相關。[5]房價上揚時，美國人往往會搜尋「八成／二成房貸」、「新屋建商」和「增值率」這類字詞。房價走跌時，美國人往往會搜尋「虧本出售過程」、「房貸餘額超過房價」和「貸款負債註銷」這類字詞。

所以，Google搜尋能以追蹤房價或流感的同樣方式，作為失業率的檢驗方法嗎？單憑人們在Google搜尋什麼，我們就能知道有多少人失業，也能在政府核對調查結果前，就做好這件事嗎？

有一天，我把美國二〇〇四年至二〇一一年的失業率輸入到Google Correlate。

在那段時間裡有幾兆個Google搜尋，你認為跟失業最相關的搜尋是什麼？你可能想到「就業服務中心」等諸如此類的字詞。沒錯，這類搜尋頻率很高，但不是最高。「新工作」

這個搜尋的頻率也很高，但也不是最高。

在我搜尋期間，頻率最高的搜尋是「Slutload」（當然，這些字詞出現的頻率在不同時間會出現變化）。沒錯，最常見的搜尋是一個色情網站。起初，這答案可能讓人既傻眼又臉紅，但失業者大概有很多空閒時間，許多人獨自窩在家裡無聊得很。另一個高度相關的搜尋則是「蜘蛛紙牌」（Spider Solitaire）這種非限制級的接龍遊戲。對於可能有很多空閒時間的人來說，這種結果並不令人意外。

現在，根據這項分析，我不是說追蹤色情網站Slutload或「蜘蛛紙牌」，是預測失業率的最佳方式。失業者的特定消遣可能會隨著時間演變而變化（在某個時間點，另一個色情網站Rawtube則跟失業率最為相關），而且這些特定字詞個別來說，並沒有吸引到夠多的失業者。但是一般說來，我發現利用一些跟消遣相關的搜尋組合，就能追蹤失業率，而且是預測失業率最佳模式的一部分。

5 Seth Stephens-Davidowitz and Hal Varian, “A Hands-on Guide to Google Data,” mimeo, 2015。另見Marcelle Chauvet, Stuart Gabriel, and Chandler Lutz, “Mortgage Default Risk: New Evidence from Internet Search Queries,” *Journal of Urban Economics* 96 (2016).

這個例子說明了大數據的第一種力量，重新想像什麼東西有資格當成數據。通常大數據的價值不在於本身的大小，而在於提供新類型的資訊，也就是以往從未蒐集過的資訊，讓人們得以研究。

在Google出現前，有某些休閒活動，像是電影票銷售資訊可以提供一些線索，了解人們有多少空閒時間。但是，了解人們多常玩紙牌遊戲或觀看色情影片，卻是極具效力的新機會。在這種情況下，這些數據可能協助我們更快衡量目前的經濟狀況，至少在政府學會更快進行和整理調查以前，可以發揮這種作用。

加州山景城Google總部的生活，跟曼哈頓高盛總部的生活截然不同。上午九點，Google辦公室幾乎還空無一人，如果有員工上班了，可能是為了享用免費早餐（有香蕉藍莓鬆餅、炒蛋、濾過的小黃瓜水）。有些員工可能出城去：在波德或拉斯維加斯參加外部會議，也可能去太浩湖參加免費的滑雪之旅。午餐時間，沙灘排球場和草地足球場上擠滿人潮。我在Google的墨西哥餐廳，吃過最美味的捲餅。

在世界上最大和最具競爭力的科技公司之一上班，為何看似如此輕鬆，公司怎麼這麼大方？Google以其他公司沒有做過的方式善用大數據，建立一個自動化的貨幣流。Google在這本書中扮演關鍵要角，因為到目前為止Google搜尋是大數據的主要來源。但重要的是要記住，Google的成功本身就是以蒐集一種新型數據為基礎。

如果你年紀大到在二十世紀就使用過網路，那麼你可能記得當時存在的各種搜尋引擎，譬如：MetaCrawler、Lycos、AltaVista等。你可能還記得這些搜尋引擎不太可靠，有時如果你運氣好，這類搜尋引擎有辦法找到你想要的東西，但通常情況不是這樣。如果你在一九九〇年代後期，在最受歡迎的搜尋引擎輸入「比爾・柯林頓」（Bill Clinton），[6]最先出現的搜尋結果包括一個聲稱「比爾・柯林頓很討厭」的隨機網站，或報導一則柯林頓笑話的網站。幾乎沒有跟當時美國總統柯林頓最為相關的資訊。

一九九八年，Google出現了。其搜尋結果遠比每一個競爭對手更為優異。如果一九九八年時，你在Google搜尋欄輸入「比爾・柯林頓」，搜尋結果會列出柯林頓的網站、他在白宮的電子郵件信箱，以及網路上跟柯林頓最有關的傳記。Google簡直太神奇了。

6 Sergey Brin and Larry Page, "The Anatomy of a Large-Scale Hypertextual Web Search Engine," Seventh International World-Wide Web Conference, April 14–18, 1998, Brisbane, Australia.

Google創辦人謝爾蓋·布林（Sergey Brin）和賴瑞·佩吉（Larry Page）究竟做了什麼不一樣的事？

其他搜尋引擎為使用者找出包含最多搜尋字詞的網站。如果你正在尋找有關「比爾·柯林頓」的資訊，這些搜尋引擎會在整個網路上，找到最常提及比爾·柯林頓的網站。有很多原因造成這種排名系統並不完善，其中一個原因是這種系統很容易上當。一個笑話網站頁面某處隱藏著「比爾·柯林頓 比爾·柯林頓 比爾·柯林頓 比爾·柯林頓 比爾·柯林頓」，在搜尋結果中就會比白宮官方網站排名更前面。[7]

布林和佩吉做的事情是，找到一種記錄新型資訊的方式，而這種方式遠比簡單計算字詞出現次數更有價值。在討論一項主題時，網站通常會連結到本身認為對於理解那項主題最有幫助的網站。以《紐約時報》的網站為例，如果網站上提到比爾·柯林頓，可能會讓讀者點擊比爾·柯林頓的名字時，就直接連結到白宮的官方網站。

從某方面來說，設計這種連結的每個網站，就針對「比爾·柯林頓」的最佳資訊提供意見。布林和佩吉可以針對每個主題的所有意見做彙整，可以集結《紐約時報》、數百萬的Listservs（郵件自動分發系統）、成千上萬名部落客和網路上其他人的意見。[8]如果一大堆人認為跟「比爾·柯林頓」有關的最重要連結是他的官方網站，那麼這個網站可能是大多數人搜尋「比爾·柯林頓」時要找的網站。

這些連結就是其他搜尋引擎沒有考慮到的數據，而且這些連結正是準確預測指定主題最有用的資訊。這裡所講的重點是，Google不是單憑比其他搜尋引擎蒐集更多數據，而成為搜尋引擎的龍頭，而是藉由找到**更好的**數據類型才能脫穎而出。在本身連結分析的強力驅動下，Google網站推出不到兩年就成長為網路上最受歡迎的搜尋引擎。如今，布林和佩吉兩人的身價已超過六百億美元。

跟Google一樣，所有試圖使用數據了解世界的人也要明白這一點：大數據革命跟蒐集更多數據無關，而跟蒐集正確數據有關。

---

7 一九九八年時，如果你在當時受歡迎的搜尋引擎上搜尋「汽車」，就會找到一堆色情網站。這些色情網站經常在白色網頁背景上，將字體設為白色，列出「汽車」一詞來欺騙搜尋引擎。因此，這類網站就從一些想買車卻被色情網站分散注意力的人身上，獲得一些額外的點擊。以上討論參見John Battelle, *The Search: How Google and Its Rivals Rewrote the Rules of Business and Transformed Our Culture* (New York: Penguin, 2005)。中譯本《搜尋未來》由商周出版。

8 這部分的精彩討論參見Steven Levy, *In the Plex: How Google Thinks, Works, and Shapes Our Lives* (New York: Simon & Schuster, 2011)。中譯本《Google總部大揭密》由財信出版。

但網路不是唯一可以蒐集到新型數據，以及取得具有強大破壞性成效的正確數據之處。本書探討的重點是，網路上的數據如何幫助我們對人們有更深入的了解。然而，接下來這部分的內容卻跟網路數據無關，其實也與人們無關。但卻有助於說明本章的要點：非傳統新數據的超大價值。而且這部分內容教導我們的原則，對於我們理解數位數據革命確實有幫助。

成為賽馬明星的關鍵是什麼？

二〇一三年夏天，一匹體型較大、有黑色鬃毛的紅棕色駿馬，坐在紐約州北部的一個小穀倉裡。牠是法西蒂普頓薩拉托加拍賣會（Fast-Tipton Select Yearling Sale in Saratoga Springs）八月特選一百五十二匹一歲駿馬中的其中一匹，也是當年被拍賣掉的一萬匹一歲駿馬中的一匹。

有錢人一擲千金在賽馬身上時，就希望自己有幫駿馬命名的殊榮。因此，這匹紅棕色駿馬還沒有名字，而且跟拍賣會上大多數駿馬一樣，是以所在穀倉號碼加以稱呼，牠的穀倉號碼是八十五號。

八十五號馬沒有具備什麼條件讓牠能在這場拍賣會中脫穎而出。

牠的血統雖好，但卻不出色。牠的父系尼羅先鋒（Pioneerof the Nile）是一匹頂級賽馬，但尼羅先鋒的其他子嗣在賽馬賽事上並沒有太多佳績，因此大家對八十五號馬的看法也有質疑，比方說，牠的腳踝有一些傷痕，一些買家擔心這些傷痕可能是受傷的證據。

八十五號馬的現任主人是埃及啤酒巨擘阿邁德・扎耶特（Ahmed Zayat），他來到紐約州北部，想把這匹馬賣掉，順便再買進幾匹馬。

跟其他馬主人一樣，扎耶特聘請一個專家小組幫他挑選要買哪幾匹馬。但他的專家跟其他馬主聘請的專家有些不同。你在這類拍賣會中看到的典型馬匹專家都是中年男子，許多是來自肯塔基州或佛羅里達州的農人，他們沒受過什麼教育，但出身養馬世家。然而，扎耶特聘請的專家來自一家名為EQB的小公司。EQB的負責人傑夫・塞德（Jeff Seder）不是老派的養馬人，而是費城出生取得許多哈佛大學（Harvard University）學位的古怪男子。

扎耶特以前就跟EQB合作過，所以對這個過程很熟悉。大致上就是經過幾天評估馬匹後，塞德的團隊將會跟扎耶特回報，他們建議購買哪五匹馬以取代八十五號馬。

只不過，這次情況卻不同。塞德的團隊跟扎耶特回報說，他們無法達成扎耶特的要求。他們根本無法建議扎耶特選購當天拍賣的一百五十一匹馬。相反地，他們提出一個意想不到也近乎孤注一擲的請求。EQB表示，扎耶特絕對不能賣掉八十五號馬。這匹馬不僅僅是拍賣會中最棒的馬，也是當年度中最優秀的一匹馬，而且很可能是這十年內最棒的一匹馬。「賣你的房子」[9]團隊懇求他，「不要賣這匹馬」。

隔天，八十五號馬被一名自稱為「Incardo Bloodstock」的人，以三十萬美元的價錢買下。事後得知，Bloodstock是扎耶特使用的化名。為了回應塞德的請求，扎耶特買回自己的馬，這可是前所未有的舉動（依據拍賣的規則，扎耶特不能直接取消交易，因此需要匿名交易把自己的馬買回來）。拍賣中，有六十二匹馬的價格比八十五號馬的價格還高，其中有兩匹馬的價格都比八十五號馬高出一百萬美元。

三個月後，扎耶特終於為八十五號選好名字：「美國法老」。十八個月後，在紐約市郊區攝氏二十四度的週末夜晚，美國法老成為三十年來首屈一指的三冠王。

顯然，別人沒有看出來，而塞德卻知之甚詳的八十五號馬的優勢是什麼呢？這位哈佛校友為何如此擅長評估馬匹？

我第一次見到塞德時，[10]那時他六十四歲，地點是在佛羅里達州奧卡拉，六月某個熾熱午後，美國法老奪得三冠王已是一年多前的事。這場活動是為期一週由兩歲駿馬參加的展示會，整個活動在最後拍賣會達到高潮，跟二〇一三年扎耶特自己買回那匹馬的活動並無不同。

塞德的聲音猶如影星梅爾．布魯克斯（Mel Brooks）那般宏亮，有著一頭濃密的頭髮，走起路來還很有活力。他穿著吊帶卡其褲和印有公司標誌的黑色襯衫，耳朵還戴著助聽器。

在接下來的三天裡，他跟我訴說自己的人生故事，以及他如何得以擅長預測馬匹。一路走來，幾經波折。塞德從哈佛大學以優異的學業成績並獲得斐陶斐榮譽學會（Phi Beta Kappa）優等生的殊榮資格畢業後，繼續在哈佛大學取得法律學位和商業學位。二十六歲時，他在紐約市花旗集團（Citigroup）擔任分析師，卻覺得自己既不快樂又身心俱疲。有一天，他在集團位於萊辛頓大道新辦公室的中庭坐著，發現自己正在研究一張畫有田野風景的大型壁畫。這幅畫提醒他對鄉村的熱愛和對馬匹的喜好。他回到家中，看著鏡子裡穿著三件式西裝的自己，當下明白自己不應該成為銀行家，不應該住在紐約市。隔天早上，他就辭掉工作。

塞德搬到賓州鄉下，陸續在紡織業和運動醫療業做過各式各樣的工作，最後才全心投入

9 這句引述參見 Joe Drape, "Ahmed Zayat's Journey: Bankruptcy and Big Bets," *New York Times*, June 5, 2015, A1。不過，這篇報導誤以為這句引述出自塞德，其實是團隊另一名成員所言。

10 我在二〇一五年六月十二日到十四日，於佛羅里達州奧卡拉採訪塞德和派蒂．莫瑞（Patty Murray）。

自己最熱愛的事：預測哪些馬匹可能成為賽馬場中的明星。賽馬的數字顯示出這種競爭有多麼殘酷。在奧卡拉的拍賣會上展出的一千匹兩歲駿馬，其中一匹會最具聲望，最後可能有五匹馬會贏得比賽並拿到高額獎金。其他九百九十五匹馬會發生什麼事？事實證明，大概有三分之一的馬匹[11]速度太慢；另外三分之一的馬匹會受傷，大多是因為四肢無法承受全速奔馳的巨大壓力（每年有幾百匹馬死於[12]美國賽馬場的跑道上，主要是因為腿斷了[13]）；剩下的三分之一將會罹患所謂的巴托比症候群（Bartleby Syndrome）。巴托比（Bartleby）是美國小說家赫爾曼・梅爾維爾（Herman Melville）精彩短篇故事中的書記員，他停止工作，對雇主提出的每一個請求，他都以「我寧願不要」來回應。許多馬匹在剛開始參加賽馬時，顯然就意識到如果自己不想跑就沒必要跑。在比賽剛開始時，牠們可能跑得很快，但到了某個時間點，牠們就會跑慢一點或完全停下來。為什麼要盡可能加快速度繞著一個橢圓形跑呢？尤其是馬蹄和蹄關節疼痛時，何必這樣賣力跑呢？「我寧願不要」牠們決定。（我特別鍾愛有巴托比症候群的馬或人，真是太有個性了。）

在這種不利條件下，馬主人如何挑選一匹可能幫自己賺錢的馬呢？從以往記錄來看，人們相信預測一匹馬是否成為賽馬明星的最佳方式是分析牠的血統。身為馬匹專家，表示能夠把一匹馬的父親、母親、祖父、祖母、兄弟姐妹都記得滾瓜爛熟。例如，馬匹經紀人會說，如果母系有許多體型龐大的馬匹，那麼這匹高大的馬「依據血統，目前的體型是合理的」。

但是有一個問題。雖然血統確實很重要，但卻只能說明一匹賽馬獲致成功的一小部分原因。以獲得年度最佳賽馬獎的全部馬匹之所有兄弟姐妹的比賽記錄為例，這些馬都具備最優良的血統，跟賽馬史上的冠軍馬都系出同門。不過，其中有超過四分之三的馬並沒有在大型比賽中獲勝過。[14]數據告訴我們，預測馬匹能否成為優秀賽馬的傳統方式，還存在很大的改進空間。

血統的預測效果沒有那麼好，這一點其實並不令人驚訝。以人類為例，想像一下，一名NBA球隊老闆根據血統尋找十歲小孩，建立一支未來明星球隊。他會聘請一名經紀人來檢查魔術強森（Magic Johnson）的兒子艾爾文．強森三世（Earvin Johnson III）。[15]經紀人可

11 賽馬失敗的原因是塞德依據自己從事這個行業的多年經驗所做的粗略估計。

12 Supplemental Tables of Equine Injury Database Statistics for Thoroughbreds, http://jockeyclub.com/pdfs/eid_7_year_tables.pdf.

13 "Postmortem Examination Program," California Animal Health and Food Laboratory System, 2013.

14 Avalyn Hunter, "A Case for Full Siblings," *Bloodhorse*, April 18, 2014, http://www.bloodhorse.com/horse-racing/articles/115014/a-case-for-full-siblings.

15 Melody Chiu, "E. J. Johnson Loses 50 Lbs. Since Undergoing Gastric Sleeve Surgery," *People*, October 1, 2014.

能會說：「到目前為止，他的體型還不錯。依據強森的血統來說，這種體型是合理的。他應該有很棒的抱負、體型和速度，而且不會跟人計較。他看起來外向活潑、個性很好，自信十足又風度翩翩，是一位值得投資的人選。」可惜十四年後，這位老闆投資的人選成為身高六呎二吋（約一八八公分，這對職業球員來說，身高太矮）的《E!》時尚部落客。強森三世可能在設計制服方面大有用處，但在籃球場上可能沒有什麼幫助。

除了選到強森三世這位時尚部落客外，跟許多馬主人挑選馬匹那樣挑選球隊成員的NBA球隊老闆，可能也會栽培麥可．喬丹的兩個兒子傑佛瑞（Jeffrey）和馬可斯（Marcus），但事實證明這兩人在大學籃球隊裡表現平平。如果以血統來論成功，那麼克利夫蘭騎士隊的運氣並不好。這支球隊由雷霸龍領軍，雷霸龍的媽媽身高才五呎五吋（約一六五公分）。[16]或者想像一下，一個國家根據血統來選出領導人，那麼，我們可能就要被小布希（George W. Bush）這種人牽著鼻子走了（抱歉，忍不住這樣說）。

除了血統以外，賽馬經紀人還使用其他資訊。例如，他們分析兩歲馬匹的步態並目測馬匹的整體狀況。在奧卡拉，我花幾個小時跟形形色色的經紀人聊天，讓我足以確定其實他們正在尋找的標的鮮少相同。

除了這麼多無法控制的矛盾和不確定性，再加上一些馬匹買家似乎有用不完的資金，因此造就出一個效率極差的市場。十年前，一百五十三號馬才兩歲，牠跑得比其他馬還要快，大多數經紀人都認為這是一匹駿馬，而且血統優良，是賽馬史上最偉大的兩匹名駒北地舞人（Northern Dancer）和祕書處（Secretariat）的後代。愛爾蘭億萬富豪和杜拜酋長都想買這匹馬，雙方開始競標，很快就演變成一場面子爭奪戰。幾百名馬界的男男女女目瞪口呆地看著競標價格愈飆愈高，最後這匹兩歲駿馬以一千六百萬美元賣出，是迄今馬匹交易的最高價格。一百五十三號馬被命名為綠色猴子（Green Monkey），[17]牠跑了三場比賽，只賺到一萬美元就退役了。

塞德從未對評估馬匹的傳統方法感興趣，他只對數據感興趣。他打算評量賽馬的各種屬性，並看看哪些屬性跟賽馬場上的表現有關。值得注意的是，早在全球資訊網（World Wide

16 Eli Saslow, "Lost Stories of LeBron, Part 1," ESPN.com, October 17, 2013, http://www.espn.com/nba/story/_/id/9825052/how-lebron-james-life-changed-fourth-grade-espn-magazine.

17 參見 Sherry Ross, "16 Million Dollar Baby," *New York Daily News*, March 12, 2006，以及 Jay Privman, "The Green Monkey, Who Sold for $16M, Retired," ESPN.com, February 12, 2008, http://www.espn.com/sports/horse/news/story?id=3242341。另見這場拍賣會的影片，二〇〇八年十一月一日上傳 YouTube 的影片"$16 Million Horse"，網址為 https://www.youtube.com/watch?v=EyggMC85Zsg。

Web）被發明出來的五年前，塞德就制定他的計畫。但他的策略確實是以數據科學為基礎，而且他的故事帶來的啟發，對所有使用大數據的人都適用。

多年來，塞德的這項計畫只是徒勞無功。他測量馬匹的鼻孔大小，並建立世上第一個且擁有最多馬鼻孔大小與最終利潤的數據集。他發現鼻孔大小無法預測一匹馬能否成為賽馬明星。他讓馬匹進行心電圖檢查，並切下馬匹屍體的四肢，以測量快縮肌的體積。他曾經在穀倉外拿起一把鏟子，測量馬匹排泄物的重量。因為根據理論，比賽前重量減輕太多，會讓馬的速度變慢。但事實證明，這些因素都跟馬匹能否成為賽馬明星無關。

然後，十二年前，塞德總算走運了，他決定測量馬的內臟大小。由於現有技術不可能做到這一點，因此他設計出自己專屬的可攜式超音波設備，成效相當顯著。他發現心臟大小，尤其是左心室的大小，就是能否成為賽馬明星的關鍵預測因素，也是唯一最重要的變數。另一個重要器官是脾臟：脾臟小的馬根本無法在比賽中勝出。

塞德還找出一些關鍵因素。他將馬匹奔馳的幾千支影片數位化，發現某些步態確實跟在比賽中勝出有關。他還發現有些兩歲馬匹跑了八分之一哩後，會發出喘氣聲。這種馬有時賣到一百萬美元的價格，但塞德從數據得知，跑沒多久就發出喘氣聲的馬，不會是賽馬名駒。

奧卡拉拍賣會上有一千匹馬，其中大約只有十匹馬通過塞德的所有測試。他完全忽略血統，除非血統會影響馬匹的賣價。「依據血統預測一匹馬能否成為賽馬明星的準確性很低」他說，「但是如果我能看出馬匹很棒，我何必在乎牠的出身？」

某天晚上，塞德邀請我到他在奧卡拉希爾頓酒店（Hilton hotel）下榻的房間。在房間裡，他告訴我關於他的童年、他的家人和他的事業生涯。他拿老婆和兒女的照片給我看。他告訴我，當年他是費城高中僅有的三名猶太學生之一，高一時身高才四呎十吋（約一四七公分），他大學時就長到五呎九吋（約一七五公分）」。他跟我說他最喜歡的馬是平基．皮茲瓦斯基（Pinky Pizwaanski）。塞德買下這匹馬並以一位同志騎師的名字命名。他覺得即使這匹馬不是最棒的馬，卻總是全力以赴。

最後，他讓我看一個檔案，是他記錄八十五號馬的所有數據。這個檔案讓他的賽馬預測事業生涯締造出最亮麗的佳績。他要把祕密透露出來嗎？或許吧，但他說他不在乎。對他來說，比保護自己祕密更重要的是，向世人證明他是對的，讓世人知道他這二十年肢解馬的屍體、鏟起馬的排泄物和自製超音波設備都是值得的。

下頁表是八十五號馬的一些數據。

從表裡的數據看出，有一個明確清楚的原因，讓塞德和他的團隊如此痴迷八十五號馬。牠的左心室大小在第九九．六一百分位數！

不僅如此，他的所有其他重要器官，包括牠的心臟其餘部分和脾臟也特別大。一般來說，在談到賽馬時，塞德發現馬匹的左心室愈大愈好。但如果其他器官都很小，而左心室特別大，就可能是疾病的徵兆。但是美國法老的所有重要器官都超過平均值，而且左心室更是特大無比。數據尖叫說，八十五號馬是十萬中選一，甚至是百萬中選一的好馬。

數據科學家可以從塞德的計畫中學到什麼？

首先，也許是最重要的啟發，如果你打算嘗試使用新數據來革新一個領域，那麼最好進入一個傳統方法效率極差的領域。塞德打敗執著以血統選馬的經紀人，就是因為這個領域有很大的改進空間，而Google打敗執著以出現次數做排名的搜尋引擎，也是同樣的道理。

八十五號馬（後稱美國法老）在一歲馬匹中的百分位數

	百分位數
身高	56
重量	61
血統	70
左心室大小	**99.61**

Google試圖預測流感所採用的搜尋數據，有一個弱點[18]在於，你可以使用上週的數據和簡單的季節性調整，就能準確預測流感。至於要將多少搜尋數據加進這個既簡單又強大的模型中，大家對此還爭論不休。在我看來，利用Google搜尋評量健康狀況，針對現有數據較弱的方面下手，比較有發展性。因此長期來說，像Google STD（性傳染病）這類預測，會比Google流感趨勢更有價值。

第二個啟發是，試圖進行預測時，不需要太擔心你的模型為何有效。塞德無法徹底跟我解釋，為什麼左心室大小在預測馬匹成功時如此重要，他也無法準確說明脾臟的重要性。也許有一天，研究馬匹的心臟專家和血液學家會解開這些謎團，但現在，這些根本不重要。塞德的工作是預測，而不是說明。而且，做預測這一行，你只需要知道怎樣做有效，不需要知道為什麼有效。

舉例來說，沃爾瑪（Walmart）使用所有分店的銷售數據，以便知道哪些產品要上架。在二〇〇四年弗朗西斯颶風襲擊東南部引發破壞前，沃爾瑪就正確推測出，當一個城市即將

18 Sharad Goel, Jake M. Hofman, Sébastien Lahaie, David M. Pennock, and Duncan J. Watts, "Predicting Consumer Behavior with Web Search," *Proceedings of the National Academy of Sciences* 107, no. 41 (2010).

被暴風雨襲擊時，人們的購物習慣可能會出現改變。沃爾瑪研究以前颶風來襲的銷售數據，了解人們可能想要購買什麼商品。結果發現一個重要答案：草莓塔塔餅（strawberry Pop-Tart）。[19]在颶風來襲的前幾天，這項商品的銷售速度是平日的七倍。

根據這項分析，沃爾瑪在可能受到颶風影響的九十五號州際公路沿途的每家分店大量鋪貨。事實上，這些塔塔餅都賣得很好。

為什麼人們特別想買塔塔餅？可能因為塔塔餅不需要放冰箱或烹調。為什麼是草莓口味？不知道。但是在颶風來襲時，人們顯然會買草莓塔塔餅。所以現在，颶風來襲前幾天，沃爾瑪固定在架上堆滿草莓塔塔餅。颶風和塔塔餅大賣，這種關係的原因並不重要，但關係本身就很重要。也許有一天，食品科學家會發現颶風和夾滿草莓醬的塔塔餅之間有何關聯。但是在等待這類說明的同時，當颶風即將逼近時，沃爾瑪仍然會在架上堆滿草莓塔塔餅，並將爆米香這種零嘴放到天晴時再拿出來賣。

接下來，奧利．艾森菲特（Orley Ashenfelter）的故事也給我們同樣的啟發。塞德如何選馬，普林斯頓大學（Princeton University）經濟學家艾森菲特就怎麼選葡萄酒。

十幾年前，艾森菲特因為葡萄酒而深感沮喪。他從法國波爾多地區買了很多紅酒。有時，這種葡萄酒相當美味，即使價格高也物有所值，但很多時候，酒的品質卻讓人失望。

艾森菲特納悶著，為什麼他花同樣的錢買到的葡萄酒，最後喝起來的口感卻截然不同？

有一天，一位記者朋友和葡萄酒鑑賞家教艾森菲特一個訣竅。確實有一種方法可以確定葡萄酒好不好。艾森菲特的朋友告訴他，關鍵是葡萄生長期的氣候。

此事激起艾森菲特的好奇心。他想確定這個訣竅是否屬實，這樣他就可以繼續購買更好的葡萄酒。他下載波爾多地區三十年的氣候數據，也蒐集葡萄酒的拍賣價格。這些拍賣是在葡萄酒上市多年後進行的，因此可以告訴你葡萄酒的品質如何。

結果相當驚人。只用生長期氣候，就能解釋葡萄酒的品質好壞。

事實上，葡萄酒的品質可以化約為一個簡單公式，我們稱之為「葡萄栽培的首要法則」：

價格＝12.145＋0.00117冬季降雨量＋0.0614生長期平均溫度－0.00386收成降雨量

19 Constance L. Hays, "What Wal-Mart Knows About Customers' Habits," *New York Times*, November 14, 2004.

那麼，為什麼波爾多地區的葡萄酒品質是根據這個法則運作的呢？葡萄栽培首要法則要怎麼解釋呢？這裡有些說明可以解釋艾森菲特的葡萄酒公式——高溫和早期的灌溉是葡萄適度成熟所必須的條件。

但是，艾森菲特預測公式的確切細節超越任何理論，可能該領域專家永遠都無法完全了解這些細節。

為什麼平均來說，每一公分的冬季降雨量，就讓紅酒單價增加〇．〇〇一美元？為什麼不是〇．〇〇二美元或〇．〇〇〇五美元？沒有人能回答這些問題。但是如果冬天額外降雨量達到一千公分，你應該願意多花一美元買一瓶葡萄酒。

事實上，儘管艾森菲特不知道他設計的迴歸公式效果為何這麼好，他還是使用這個公式選購葡萄酒。據他所言，「這個公式成效卓著」。[20]他喝到的葡萄酒品質有顯著的改善。

如果你的目標是預測未來，譬如：怎樣的葡萄酒香醇可口、哪些產品暢銷熱賣、哪些馬匹會跑得快，那麼你不需要太擔心你的模型為何奏效。你只要取得正確數字，那是塞德選馬故事給我們的第二個啟發。

從塞德成功預測三冠王贏家的故事中，我們獲得的最後一個啟發是，在決定什麼才能當成數據時，你必須保持開放的態度並懂得變通。我並不是說在塞德出現前，老派的馬匹經紀人都不考慮數據，他們確實仔細研究比賽時間和血統表。而塞德的本領在於，找出其他人沒有研究的數據，以及考慮非傳統的數據來源。對數據科學家來說，一個嶄新又有原創性的觀點就會獲得回報。

新聞報導的用詞透露出什麼？

二〇〇四年的某一天，兩位具有媒體專長、正在哈佛大學攻讀博士學位的年輕經濟學家，看到麻州法院最近對同志婚姻合法化的一項裁決。

馬特・根茲柯（Matt Gentzkow）和傑西・夏皮洛（Jesse Shapiro）這兩位經濟學家注意到一件有趣的事：兩家報社用截然不同的措詞報導同一則故事。以保守言論著稱的《華盛頓時報》（*Washington Times*），以「同性戀者在麻州『結婚』」為標題報導這則故事。而以自由言論聞名的《華盛頓郵報》（*Washington Post*），則報導「同性伴侶」獲得勝利。

20 我在二〇一六年十月二十七日電話採訪艾森菲特。

不同新聞機構有不同的立場取向，報紙可以報導同一個故事的不同重點，這種事並不奇怪。事實上，多年來，根茲柯和夏皮洛一直在思考，他們是否可以利用本身的經濟學訓練，以便幫助了解媒體偏見。為什麼有些新聞組織似乎採取更自由的觀點，而其他新聞組織則更認同保守觀點？

但是，根茲柯和夏皮洛對於如何解決這個問題，還沒有什麼想法，他們搞不清楚怎樣才能有系統、客觀地衡量媒體主觀性。

當時根茲柯和夏皮洛認為這個同性婚姻故事有趣之處，不在於新聞機構的報導不同，而在於報紙的報導**如何**不同，也就是在措詞選擇的明顯轉變。在二〇〇四年時，《華盛頓時報》選擇「同性戀者」（homosexuals）一詞，這是描述同志的舊式用語，而且有貶低的意味。而《華盛頓郵報》使用的「同性伴侶」，強調同性戀關係只是另一種戀情形式。

這兩位學者想知道，語言是否是理解偏見的關鍵。自由主義者和保守主義者始終使用不同的措詞嗎？報紙在報導中的字詞可以轉變成數據嗎？這可能透露跟美國新聞界有關的什麼事？我們可以弄清楚新聞界是支持自由言論或保守言論嗎？而且，我們可以弄清楚原因嗎？

二〇〇四年時，這些問題已經有辦法解決。美國報紙的數十億字詞不再侷限於新聞紙張或微縮影片。現在，美國各報社的每則報導和每個字，幾乎都被完整記錄在某些網站。根茲柯和夏皮洛可以擷取這些網站的資訊，迅速測試措詞能衡量報紙偏見到什麼程度，而且藉由這樣做，他們可以讓我們更加了解新聞媒體如何運作。

但是在說明他們的發現之前，讓我們暫時先把根茲柯和夏皮洛試圖量化報紙措詞的故事擱置一旁。我們先討論各領域的學者，如何善用「字詞」這種新型數據更深入地了解人性。

當然，語言一直是社會學家感興趣的話題。然而，學習語言通常需要仔細閱讀文本，以往還無法做到將大量文本轉換為數據。現在，隨著電腦和數位化，將大量文件中的字詞列表顯示變得相當容易，因此語言成為大數據分析的一個主題。Google使用的連結就是由字詞組成，我研究的Google搜尋也是，本書中經常出現的字詞亦然。然而，語言對於大數據革命來說是如此重要，其實應該要另闢專章論述。事實上，由於以語言作為數據的運用相當多，現在已經有一整個領域專門討論「以文本為數據」。

這個領域的一項重大發展是Google Ngrams。幾年前，艾瑞茲．艾登（Erez Aiden）和讓．巴蒂斯特．米歇爾（Jean-Baptiste Michel）這兩位年輕生物學家，請研究助理逐字計算一個老舊文本，試圖找到有關某些用語普及性的新見解。有一天，艾登和米歇爾聽到關於Google的一項新計畫——要將世界上大部分書籍數位化。這兩位生物學家立即明白善用Google的這項資料，將更易於了解歷史語言。

「我們意識到，我們的做法實在太過時了」艾登告訴《探索》（*Discover*）雜誌，「顯然，你無法跟這個數位化大神競爭」，所以他們決定跟這家搜尋公司合作。在Google工程師的協助下，他們設計一項服務，從數百萬冊數位化的書籍中，搜尋特定的字或詞。然後，這項服務會告訴研究人員，從一八〇〇年到二〇一〇年，這個字或詞每年出現的頻率。

那麼，我們可以從「哪些字或詞在不同年分，出現在書籍中的頻率」學到什麼呢？舉例來說，我們了解香腸人氣的增長緩慢，而近年來披薩則迅速爆紅（見下頁圖）。

但是，還有比這更意義深遠的啟發。比方說，Google Ngrams可以教我們民族認同是如何形成的。艾登和米歇爾在合著的《可視化未來：數據透視下的人文大趨勢》（*Uncharted*）一書中，提出了一個很棒的例子。

先問一下，你認為目前美國是一個團結的國家，還是分裂的國家？如果你跟大多數人一樣，你會說由於政治高度兩極化，因此美國是分裂的國家。你甚至可能說，這個國家跟以往

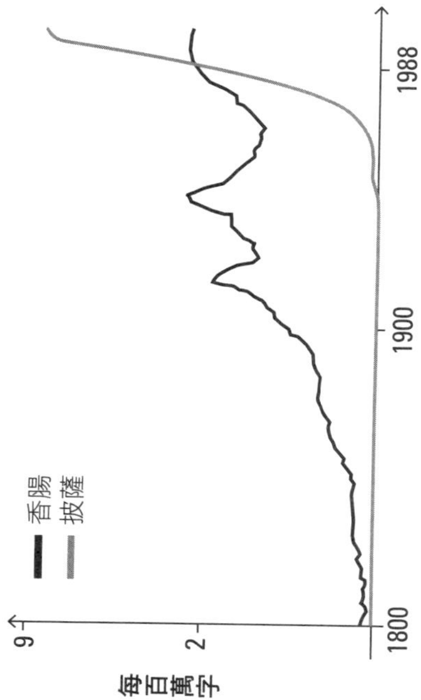

一樣分裂。畢竟，美國現在是以顏色做標記：紅色州偏向共和黨，藍色州偏向民主黨。但是在《可視化未來》這本書中，艾登和米歐爾注意到一個極佳的數據點，透露美國曾經有多麼分裂。這個數據點就是，人們用來談論這個國家的語言。

請注意，我在前一段討論國家分歧時所用的措詞。我寫道：「美國是分裂的。」（The United States *is* divided）我用的是單數動詞，我把美國當成單數名詞。這是正確語法和標準用法。我相信你甚至沒有注意到有什麼奇怪。

不過，美國人以往未必總是這樣說。美國建國初期那些年，美國人提到美國時，是採用複數形式，例如，總統約翰·亞當斯（John Adams）

在一七九九年發表的國情咨文中提到：「美國**它們**與英王陛下簽訂的條約。」如果我的書是在一八〇〇年寫的，我會說：「美國是（are，複數動詞）分裂的。」長久以來，歷史學家一直對這種用語差異相當迷戀，因為它暗示出美國在哪個時間點，不再認為本身是許多州的組合，而開始思考自己是一個國家。

那麼，那個時間點在什麼時候呢？根據《可視化未來》指出，歷史學家從來沒有找出那個時間點，因為沒有系統化的方式可加以測試。但是長久以來，很多人猜測南北戰爭就是主因。事實上，美國歷史學會（American Historical Association）前會長暨兼普利茲獎（Pulitzer Prize）得主詹姆斯．麥克弗森（James McPherson）直言不諱地指出：「南北戰爭標示出美國從聯邦轉變為單一國家。」

但事實證明，麥克弗森錯了。Google Ngrams提供艾登和米歇爾一個系統化的方式，來檢視這個看法。他們可以比較美國書籍中，每年使用「The United States are」（以複數動詞表示）和「The United States is」（以單數動詞表示）的頻率。這種轉變是漸進的，一直到南北戰爭結束後過了很久才明顯加快（見下頁圖）。

在南北戰爭結束十五年後，將「美國」視為複數名詞的做法還是比較多，表示這個國家

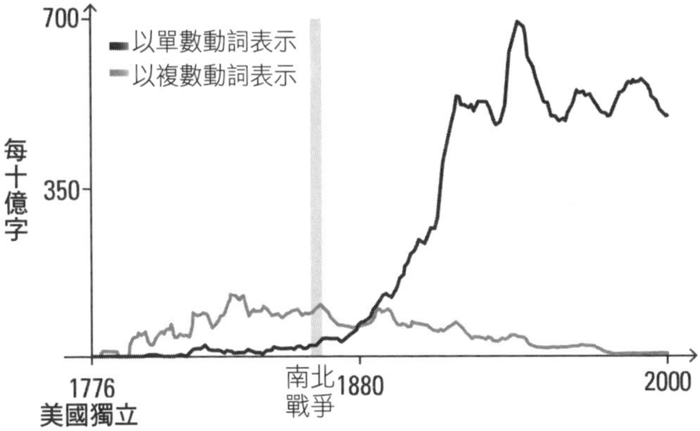

在語言文字上仍有分歧。戰爭往往比較快定出勝負，但心態改變卻需要更多時間。

❖

既然字詞可以告訴我們這麼多跟國家如何統一有關的資訊。那麼，男人和女人如何結合呢？在這方面，字詞也能幫上忙。

例如，我們可以依據男女雙方第一次約會時說了什麼，預測雙方是否會再次約會。

史丹佛大學（Stanford University）和西北大學（Northwestern University）的科學家丹尼爾·麥克法蘭德（Daniel McFarland）、丹·雅拉夫斯基（Dan Jurafsky）和克雷格·羅林斯（Craig Rawlings）組成的跨領域團隊做了以上

的表示。他們研究數百名異性戀閃電約會者，[21]並嘗試確定哪些因素能預測男女雙方彼此是否有好感，並想要再次約會。

他們先用傳統數據詢問受訪者的身高、體重和興趣，並測試這些因素跟激起對方好感的關係。平均而言，女性比較喜歡身高較高且有共同興趣的男性；而男性平均來說，偏好身材較瘦且有共同興趣的女性。這項發現並不令人意外。

但是這群科學家也蒐集一種新數據。他們指示約會者隨身攜帶錄音機，錄下約會內容並加以數位化。因此，科學家能對所使用的字詞、笑聲的出現，以及語調的變化進行編碼。他們可以測試男性和女性如何表達自己感興趣，以及怎樣做才會讓別人感興趣。

那麼，語言數據告訴我們什麼呢？首先，男人或女人如何表達自己感興趣。男人表達自己被吸引的方式之一是很明顯的：在女人講笑話時，他會笑。另一個比較不明顯的表達方式是：說話時會刻意控制自己的語調範圍。研究顯示，語調平直通常被女性視為是具有男子氣概的表現，這表示男性遇到喜歡的女性時，或許會不自覺地誇大本身的男子氣概。

科學家發現，女性往往會改變音調來表達自己感興趣，譬如說話更輕聲細語、講話更簡單扼要。根據女性使用的特定字詞，還有一個關於女性是否感興趣的主要線索。當女性使用

「或許吧」（probably）或「我認為」（I guess）這類模稜兩可的字詞時，就表示可能不感興趣。

如果女性針對任何話題都說得模稜兩可，如果她「有幾分」喜歡自己點的飲料或覺得「有點」冷、「可能」想點另一道開胃菜，那麼你可以猜測她「有幾分」「有點」「可能」對你不感興趣。

當女性談論自己時，可能**表示**她對你感興趣。事實證明，對於一個想找對象的男人來說，你可以從女人口中聽到的最美麗字眼可能是「我」：這是女性感到自在的一個跡象。如果她使用「你可知道」和「我的意思是」這種自我標記的詞語，那也表示她對你有意思，為什麼？科學家指出，這些詞語是要引起聽者的注意。這類措詞友好溫暖，也表示一個人正在尋找對象，你知道我的意思吧？

現在，男男女女為了在約會時讓對方對自己有興趣，究竟該怎樣溝通呢？數據告訴我們，男性有很多方法可以提高女性喜歡他的機會。女性喜歡會順著她們給的提示來行動的男性。這一點也許不足為奇，如果男性對女性講的笑話有回應，並且把話題圍繞在女性所提及

21 Daniel A. McFarland, Dan Jurafsky, and Craig Rawlings, "Making the Connection: Social Bonding in Courtship Situations," *American Journal of Sociology* 118, no. 6 (2013).

的話題上，而不是不斷轉換成自己想談論的話題，那麼女性就更有可能對這位男性產生好感。[22]女性也喜歡表達出支持與同理的男性。如果男性說「太棒了」，或者說「真的很酷」，女人更有可能對其有好感。同樣地，如果男性使用諸如「那可不容易」或者「你一定很傷心」這種措詞，也會讓女性產生好感。

對女性來說，有一個壞消息要說，因為數據似乎證實男性有一個令人討厭的真相。男性對女性是否有好感，關鍵因素並不在對話內容上，長相才是預測男性是否對女性有好感的主要原因。也就是說，女性可以使用一個字，至少能稍微增加男性喜歡她的機率，這是字就是我們已經討論過的：「我」。談論自己的女人更可能讓男人有好感。同前所述，女人在約會時談論自己，也更可能是對對方有好感。因此，這是一個重要跡象，在初次約會時，如果女性一直講起自己，就表示女方感到自在，也欣賞男方沒有打斷這個話題，而男方則喜歡女方侃侃而談。因此，雙方很可能會再相約見面。

最後，在約會記錄中有一個明確指標，表示雙方交往有麻煩，那就是：問號。如果在約會中提出很多問題，那麼男女雙方就不太可能產生好感。這似乎違反直覺，你可能認為提出問題是有興趣的跡象。沒錯，但不是第一次約會就一直問。在第一次約會時，問太多問題就是無聊的跡象，「你有什麼興趣？」「你有幾個兄弟姐妹？」這些是人們沒話講時會問的問題。如果第一次約會雙方交談甚歡，可能只會出現單一問題，那就是臨別一問：「你願意再跟我見面嗎？」如果這是唯一的問題，那麼答案可能是「願意」。

男人和女人想要追求對方時，不只講話方式不一樣，就連內容也不一樣。

一群心理學家分析臉書數十萬貼文[23]中使用的詞語。他們計算每個字詞被男性和女性使用的頻率。然後，他們可以公布英文中最男性化和最女性化的字詞。

其實，這些用字偏好大多顯而易見。例如，女性比男性更常談論「購物」和「我的頭髮」；男人比女人更常談論「足球」和「Xbox」。不過，這些事想當然耳，可能不需要一群心理學家分析大數據來告訴我們。

---

22 我正在研究的一個理論：大數據只是證實了李歐納．柯恩（Leonard Cohen）曾說過的一切。例如，柯恩曾經提供姪子與女性交往的建議：「好好傾聽，然後再多聽一些。當你認為自己做好傾聽了，就再多聽一些。」這似乎跟這些科學家發現的結果大致雷同。柯恩給姪子的建議詳見Jonathan Greenberg, "What I Learned From My Wise Uncle Leonard Cohen," *Huffington Post*, November 11, 2016。

23 H. Andrew Schwartz et al., "Personality, Gender, and Age in the Language of Social Media: The Open-Vocabulary Approach," *PloS One* 8, no. 9 (2013)。這篇論文也依據人格測驗的分數，分析人們的說話方式。他們的發現請見本章末的附圖一。

然而，一些調查結果更有意思。女性比男性更常使用「明天」一詞，也許是因為男性比較不太思考未來。將字母「o」加到「so」這個字後面是最女性化的語言特徵之一。在這方面，女性最常將so寫成「soo」、「sooo」、「soooo」、「sooooo」、「soooooo」。

也許是我童年接觸到的女性，偶而都敢罵髒話。但我一直認為，咒罵是男女平權的一項特質。事實卻不然，男人比女人更常說「幹」、「屁啦」、「他媽的」、「胡說」、「該死」和「混蛋」。

下頁的文字雲顯示男性和女性主要使用的字詞。字體愈大表示此字詞愈常被該性別使用。

我喜歡這項研究，因為新數據讓我們知道存在已久、但我們未必察覺到的模式。男人和女人一直以不同的方式說話，但是幾萬年來，一旦聲波在空間中消失，這些數據就跟著消失。現在，這些數據被保留在電腦上，也可以利用電腦進行分析。

基於我的性別，也許我應該說：「以往講的話都他媽的消失了。現在，我們先別看足球和玩Xbox了，學學這個蠢東西吧。也就是說，要是有人在乎的話。」

不只男人和女人說話方式不同，不同年齡層的人也使用不同的字詞，這是因為年齡的關

男性

season
football
government
country
freedom
thomas
political
rights
democracy
liberty
sports
play
league
team
game
players
vs
call_of_duty
fight
win
fighting
defeat
war
battle
enemy
victory
win
cod
league
nfl
his_life
fucking
hit_me_up
xbox
himself
http:/
world_cup
loves_his
ps3
youtube.com
president
black_ops
shit
my_girlfriend
metal
my_wife
fuckin
fans
war
fuck
modern_warfare
championship
fifa
dick
arsenal
fucked
government
shave
fucking
fuck
wishes_he
playing
ftw
holy_shit
nba
halo
live
cod
sake
lebron
xbox
games
shut
bullshit
thinks_he
his_mind
360
play
ps
bitches
beard
shit
economy
pay
tax
taxes
country
income
government
budget

女性

super
tonight
soooo
excited
tomorrow
yay
love
;D
^.^
<3
inlove
sweetheart
^_^
cute
baby
sooo
adorable
puppy
he's
aww
soo
best_friend
chocolate
her
she
I'm_so
shopping
<3
with_my
ugh
sister
proud_of
mom
birthday
my_hair
can't_wait
loves_her
wonderful
so_happy
lovely
excited
baby
am_so
hubby
boyfriend
dress
love
:)
you
much_fun
soooyay
_!
:(
cute
i_miss
mommy
girls
loving
herself
so_much
happy
years
wonderful
amazing
cleaning
wishes_she
yummy
like_it_on
birthday
family
husband
love_him
my_family
wonderful
wishing
friends
thankful
soooo
omg
husband
loved
daughter
sister
blessed
grateful
lucky
bestie
:)
par
ily
boyfriend
=]
babe
besties
xoxo
<3

係。這甚至可能告訴我們有關老化過程如何進展的一些線索。下頁和一二二頁的文字雲是依據同樣的研究，分析臉書上不同年齡層最常使用的字詞，我稱它們為「喝酒、工作、禱告」。人們在十幾歲時，喜歡喝酒，到了二十幾歲，就忙於工作，在三十幾歲以後，開始禱告。

❖

情緒分析（sentiment analysis）是用於分析文本且效力強大的一項新工具。現在，科學家可以評估一段特定文字是多麼快樂或悲傷。

怎麼做呢？科學家團隊已經要求許多人將幾萬個英文單詞，分類為正面情緒或負面情緒。根據這種方法論，最正面的字詞是「快樂」、「愛」和「真棒」，最負面的字詞包括「悲傷」、「死亡」和「憂鬱」。因此，他們已經利用龐大字詞集建立心情指數。

利用這個指數，他們可以測量一段文字所用字詞的平均心情。如果有人寫道「我很快樂，我戀愛了，感覺真棒」，情緒分析會解讀為這是非常快樂的文字。如果有人寫道「想到世界各地的死亡和憂鬱，讓我很傷心」，情緒分析會把這段話解讀為非常悲傷的文字。其他文字片段，可能介於兩者之間。

喝酒、工作、禱告

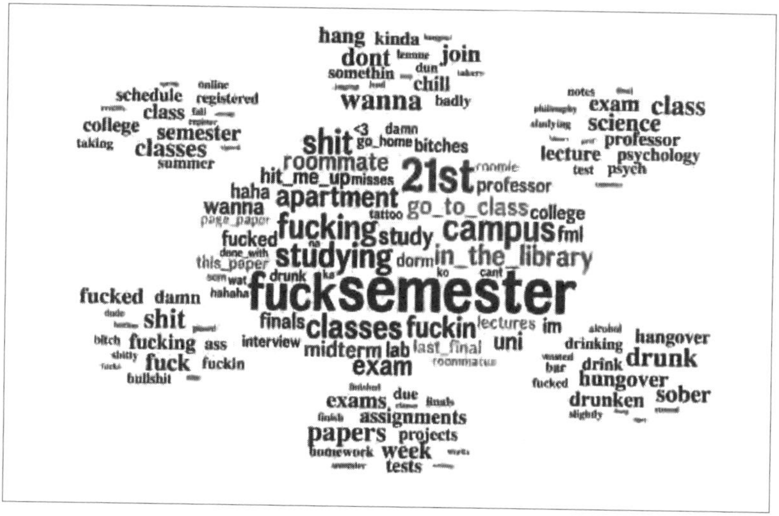

19歲到22歲

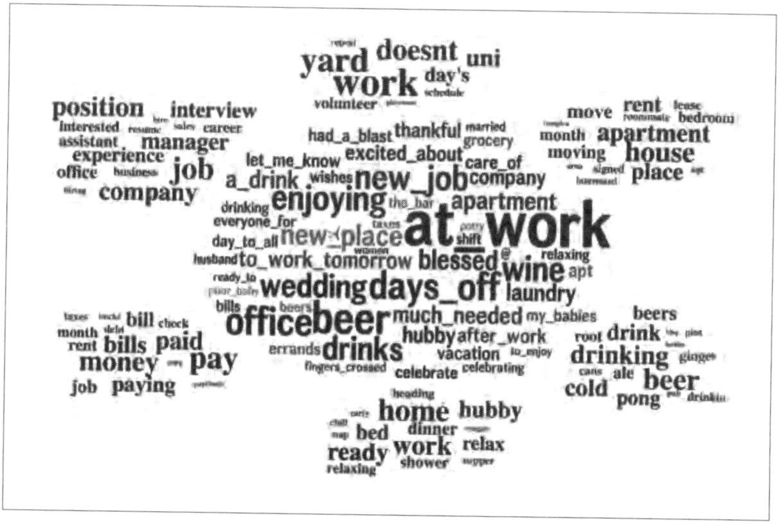

23歲到29歲

30歲到65歲

那麼，當你分類文本情緒時，你能學到什麼呢？臉書數據科學家已經指出一個令人振奮的可能性。他們可以估計一個國家每天的國民幸福指數，如果人們的近況更新偏向正面，那麼這個國家當天就是快樂的，如果近況更新傾向於負面，那麼這個國家當天就是悲傷的。

數據科學家從臉書貼文發現：聖誕節是一年當中最幸福的日子之一。現在我對這個分析抱持懷疑態度，對整個計畫有一點質疑。一般來說，我認為很多人因為孤獨或跟家庭不睦，而在聖誕節時暗自傷心。而且，我傾向於不信任臉書的近況更新，我會在下一章說明原因，因為我們往往會在社群媒體上謊報我們的生活近況。

如果你在聖誕節孤單淒涼，你真的會在

臉書貼文打擾所有朋友，告訴大家你有多麼不快樂嗎？我懷疑有很多人過了一個無聊的聖誕節，卻還在臉書上貼文說到他們多麼感謝有「如此美好、既棒又驚人的快樂生活」。然後，他們的貼文就會經過分類，大大提高美國國民幸福指數。如果我們真想計算國民幸福指數，我們應該使用更多的數據來源，而不是只用臉書近況更新的數據。

也就是說，發現聖誕節是快樂的節日，似乎確實有合理依據。Google搜尋憂鬱症和蓋洛普調查也告訴我們，聖誕節是一年當中最快樂的日子。而且跟都市神話的說法相反，聖誕假期時，自殺事件反而減少，即使聖誕節時有一些人會覺得孤獨悲傷，但有更多人感到歡欣快樂。

在聖誕假期那幾天，人們有空坐下來閱讀時，大部分時間是在臉書上查看動態消息。但是不久前、在社群媒體尚未出現前，人們在這段時間會看看故事或閱讀書籍。在這方面，情緒分析也可以教導我們許多。

目前在加州大學柏克萊分校資訊學院，由安迪．雷根（Andy Reagan）帶領的科學家團隊，下載幾千本書籍和電影劇本的文字。[24]然後，他們可以分類故事每個關鍵點的幸福或悲傷。

---

24 Andrew J. Reagan, Lewis Mitchell, Dilan Kiley, Christopher M. Danforth, and Peter Sheridan Dodds, "The Emotional Arcs of Stories Are Dominated by Six Basic Shapes," *EPJ Data Science* 5, no. 1 (2016).

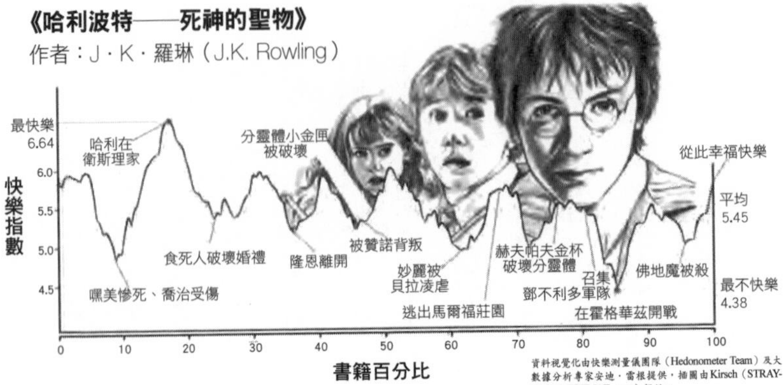

資料視覺化由快樂測量儀團隊（Hedonometer Team）及大數據分析專家安迪．雷根提供，插圖由Kirsch（STRAY-CAT-@HOTMAIL.com）提供。

譬如，以《哈利波特——死神的聖物》（*Harry Potter and the Deathly Hallows*）這本書為例，上圖是這個科學家團隊的分析，說明故事的情緒如何變化，以及關鍵情節點的描述。

請注意，情緒分析檢測出對應於關鍵事件的許多情緒起伏。

大多數故事的結構更為簡單。以莎士比亞的悲劇《約翰王》（*King John*）為例。在這齣戲中，所有事情都出差錯。英國國王約翰被要求放棄他的王位，約翰因為不服從教皇而被驅逐。戰爭爆發了，他的姪子死了，可能是自殺身亡。其他人也死了。最後，約翰被一位心存不滿的僧侶毒殺身亡。

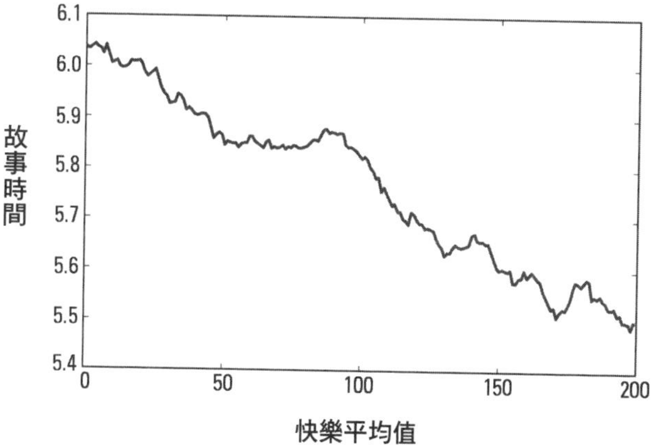

上圖是隨著劇情發展的情緒分析。

換句話說，只是從這些字詞，電腦就可以檢測到事情從壞到更壞，再到最壞。

或者以電影《127小時》（*127 Hours*）為例。這部電影的基本情節摘要如下：

> 一名登山者去猶他州峽谷地國家公園健行。他跟其他健行者結伴同行，但後來跟他們分道揚鑣。突然間，他滑倒了，撞到巨石，巨石鬆動壓到他的手和手腕。他用盡各種方法想要脫困卻都徒勞無功，因此沮喪萬分。最後，他忍痛切斷手臂才得以脫困。現在他結婚成家並繼續登山，只不過現在每次出門登山時，一定會留言告知。

下頁圖是電影進展的情緒分析，一樣是由雷根帶

《127小時》

導演：丹尼．鮑伊（Dnny Boyle）

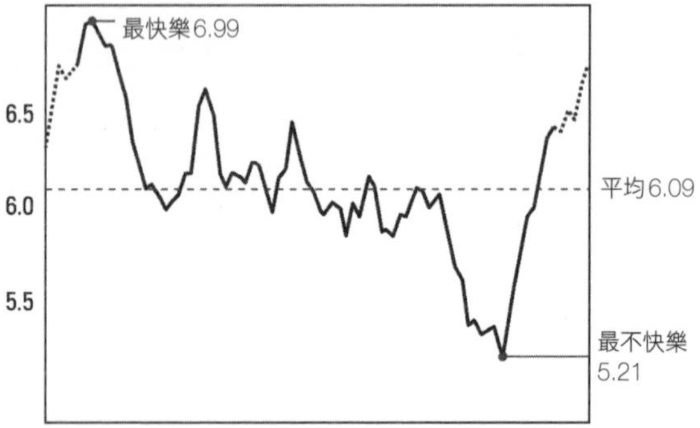

領的科學家團隊進行研究。

那麼，我們從幾千個故事的情緒分析裡學到什麼呢？

電腦科學家發現有相當高比例的故事，符合六個相對簡單結構中的一種。依照雷根團隊製作的圖表，這六個相對簡單的結構如下：

白手起家型（這種故事讓人情緒高漲）

由富變窮型（這種故事讓人情緒低落）

絕處逢生型（這種故事讓人情緒先低落後高漲）

伊卡洛斯（Icarus）[25]型（這種故事讓人情緒先高漲後低落）

灰姑娘型（這種故事讓人情緒經歷高漲—低落—高漲的變化）

伊底帕斯（Oedipus）[26]型（這種故事讓人情緒經歷低落—高漲—低落的變化）

其中或許有一些小曲折的劇情，沒有被這種簡單結構列入其中，例如，《127小時》被歸類為「絕處逢生型」的故事，儘管劇情讓人情緒持續低落，但偶而會讓人情緒高漲。大多數故事的主要結構都符合這六大類型中的一種，不過《哈利波特——死神的聖物》是一個例外。

還有很多我們可能會回答的問題，例如，故事結構如何隨著時間改變？經年累月下來，故事有變得更錯綜複雜嗎？文化差異會影響故事類型嗎？人們最喜歡什麼類型的故事？吸引男性和女性的故事結構是不一樣的嗎？那麼，不同國家的人會被不同的故事類型吸引嗎？

最終，以文本作為數據可能提供我們前所未有的見解，了解觀眾真正想要什麼，這可能跟作者或主管認為觀眾想要什麼有差異。一些線索已經證實這一點。

以華頓商學院（Wharton School）喬納・伯傑（Jonah Berger）和凱薩琳・密爾克曼（Katherine L. Milkman）這兩位教授，針對「什麼類型的故事讓人願意分享」所做的研究為例。[27]他們測試

25 譯注：是希臘神話中代達羅斯（Daedalus）的兒子，與代達羅斯使用蠟造的翅膀逃離克里特島時，因飛得太高，雙翼遭太陽溶化跌落水中喪生，被埋葬在一個海島上。

26 譯注：是希臘神話中底比斯的國王，他在不知情的情況下，殺死了自己的父親並娶了自己的母親。

27 Jonah Berger and Katherine L. Milkman, "What Makes Online Content Viral?" *Journal of Marketing Research* 49, no. 2 (2012).

究竟是正面報導還是負面報導，更有可能列入《紐約時報》最多人轉寄的報導名單之中。他們下載《紐約時報》三個月內的每則報導，並使用情緒分析，將這些報導內容的情緒加以分類。舉例來說，其中正面報導包括「大開眼界！新居民愛上這個城市」和「東尼慈善獎」，而「韓國女星自殺跟網路謠言有關」、「德國：小北極熊飼養員身亡」當然歸類為負面報導。

兩位教授也取得報導在版面刊登位置的資訊。報導是刊登在首頁嗎？在右上方或左上方？另外，他們也取得報導何時刊登的資訊，週二晚上或週一早上？

他們可以比較在《紐約時報》網站上類似區塊、類似時間刊登的兩篇報導，一篇是正面報導，一篇是負面報導，看看哪一篇報導更有可能被轉寄。

那麼，更可能被轉寄的是正面報導，還是負面報導？是正面報導。誠如兩位教授所做的結論：「內容愈正面積極，就愈可能被瘋狂轉寄。」

請注意，這似乎跟新聞界的普遍看法背道而馳，新聞界人士認為：人們會注意暴力和災難報導。沒錯，新聞媒體給人們大量的黑暗報導，新聞編輯室有這樣的俗諺：「見血才能上頭條。」但是華頓商學院教授的研究顯示，人們真正想要的是更多歡樂的報導，所以，這可能會產生一個新的俗諺：「讓人發笑才會被轉寄。」

原來，悲傷和快樂的文字中隱藏了這麼多的資訊。你如何搞懂哪些字詞帶有自由或保守的意味？針對現代新聞媒體，那些字詞向我們透露了什麼？這些問題有點複雜，我們再以先前討論根茲柯和夏皮洛的調查來說明。還記得嗎，這兩位經濟學家看到兩家不同報社，以不同方式報導同志婚姻，他們想知道自己是否可以用語言來找出政治偏見。

這兩位雄心壯志的年輕學者首先做的是，審視《國會記錄》（*Congressional Record*）的謄本。由於這類記錄已經數位化，所以他們可以下載二〇〇五年時，每位民主黨議員和共和黨議員使用的每個字詞。然後，他們可以檢視民主黨議員或共和黨議員是否更可能使用某些字詞。

確實如此。下表是每個類別中的幾個例子。

民主黨議員較常使用的字詞	共和黨議員較常使用的字詞
遺產稅	死亡稅
社會安全制度私有化	改革社會安全制度
羅莎・派克（Rosa Parks，人權鬥士）	薩達姆・海珊（Saddam Hussein，伊拉克前總統）
工作者的權利	私有產權
窮人	政府支出

要怎樣解釋語言上的這些差異？

有時，民主黨議員和共和黨議員用不同措詞形容同樣的概念。二〇〇五年時，共和黨議員試圖削減聯邦繼承稅，他們傾向於將其描述為「死亡稅」（death tax，聽起來像是對剛過世的人課稅）。民主黨議員則稱之為「遺產稅」（estate tax，聽起來像是對富人課稅）。同樣地，共和黨議員也試圖將社會保障納入個人退休帳戶，對共和黨議員來說，這是一場「改革」，對民主黨來說，這種說法根本是更危險的「私有化」。

有時，語言差異是強調重點不同罷了。共和黨議員和民主黨議員可能都非常尊敬人權英雄羅莎．派克，但是民主黨議員更常談到她。同樣地，民主黨議員和共和黨議員可能都認為伊拉克前領導人海珊是邪惡的獨裁者，但是共和黨議員多次提到他，試圖證明伊拉克戰爭的正當性。同樣地，「工作者的權利」和對「窮人」的關心是民主黨議員的核心原則，而「私有產權」和削減「政府支出」則是共和黨議員的核心原則。

而且，使用語言的這些差異是顯著的。舉例來說，二〇〇五年時，共和黨國會議員使用「死亡稅」這個詞共三百六十五次，而使用「遺產稅」只有四十六次。對民主黨議員來說，這種模式剛好相反，他們只使用「死亡稅」三十五次，而「遺產稅」這種說法則是一百九十五次。

學者明白如果這些字詞可以告訴我們國會議員是民主黨或共和黨，那麼字詞數據也可以告訴我們報社是左派還是右派。正如共和黨國會議員更有可能使用「死亡稅」一詞來說服人們反對這項稅賦，保守派報紙也可能這樣做，傾向民主言論的《華盛頓郵報》使用「遺產稅」一詞，比使用「死亡稅」的頻率高出一三．七倍；言論保守的《華盛頓時報》使用「死亡稅」和「遺產稅」的次數相當。

拜網路奇蹟所賜，根茲柯和夏皮洛可以分析大量全國性報紙上使用的語言，這兩位學者利用 newslibrary.com 和 proquest.com 這兩個網站，總共蒐集四百三十三份報紙的數位化數據。然後，他們計算在報紙上使用的一千個政治用語，藉此衡量報紙的政治傾向。依據這個衡量證實，《費城日報》（*Philadephia Daily*）是言論最自由的報紙，而蒙大拿州的《比林斯公報》（*Billings Gazette*）是言論最保守的報紙。

當你首次能針對如此廣泛的新聞媒體，進行媒體偏見的綜合評量時，你就能回答有關新聞界最重要的問題：為什麼有些出版物傾向左派，[28]而其他出版物傾向右派？

經濟學家迅速歸納出一個關鍵因素：跟特定地區的政治風氣有關。如果整體來說，某個地區偏向民主自由，像費城和底特律這樣，那麼當地主要報紙往往偏向民主自由。如果某個地區比較保守，譬如蒙大拿州比林斯和德州阿馬利洛，那麼主要報紙往往會偏向保守言論。換句話說，這些證據強烈暗示，報紙傾向於提供讀者想要之物。

你可能會認為報社老闆對其報導傾向有一定的影響，但是一般來說，報社老闆對於報紙政治偏見的影響力，遠比我們所想的要小。注意，當同一個人或公司在不同市場擁有報社時會發生什麼事，以紐約時報公司為例，它擁有根茲柯和夏皮洛發現偏自由言論的《紐約時報》，該報位於紐約市，而紐約市大概有七〇%的人口是民主黨人。在進行這項研究時，紐約時報公司還在南卡羅來納州斯帕坦堡擁有保守傾向的《斯帕坦堡先驅報》（*Spartanburg Herald-Journal*），當地約有七〇%的人口是共和黨人。當然也有例外存在：魯伯特・梅鐸（Rupert Murdoch）[29]的新聞集團（News Corporation）旗下的《紐約郵報》（*New York Post*），就是眾所周知的保守派。但是整體來說，調查結果顯示，市場決定報紙的傾向，遠超過報社老闆的主導力。

這項研究對我們如何看待新聞媒體，產生一個深遠的影響。許多人，特別是馬克思主義者，認為美國新聞是由富人或企業掌控，目的是要影響群眾，也許是促使人們認同他們的政治觀點。然而根茲柯和夏皮洛的論文指出，這並不是媒體業主的首要動機。相反地，美國新聞界的業主們主要是提供群眾所需之物，這樣媒體才能有錢賺，業主才能變得更有錢。

對了，還有一個問題，一個有爭議性，甚至更具挑釁性的大問題。平均來說，美國新聞媒體是傾向左派或右派？平均來說，媒體言論傾向自由或保守？

根茲柯和夏皮洛發現，報紙傾向左派。平均來說，報紙措詞跟民主黨國會議員的措詞更為相似，而跟共和黨國會議員的措詞較不相似。

「原來是這樣啊！」保守派讀者可能已經準備好要尖叫了，「我早就這麼說！」許多保守派人士長久以來一直懷疑，報紙言論有偏見，試圖操縱群眾支持左派觀點。

不是這樣的，根茲柯和夏皮洛表示，事實上，言論偏向自由是依據報紙讀者要求進行調

---

28 這項研究詳見Matthew Gentzkow and Jesse M. Shapiro, "What Drives Media Slant? Evidence from U.S. Daily Newspapers," *Econometrica* 78, no. 1 (2010)。雖然剛開始進行這項計畫時，兩人只是博士班學生，但現在根茲柯和夏皮洛已經是明星級經濟學家。根茲柯現為史丹佛大學教授，在二〇一四年獲得約翰．貝茲．克拉克獎（John Bates Clark Medal，此獎頒給四十歲以下頂尖經濟學家）。夏皮洛現任教於布朗大學（Brown University），並在盛名卓著的《政治經濟學期刊》（*Journal of Political Economy*）擔任編輯。兩人針對媒體傾向發表的共同論文，是各自最常被引用的論文之一。

29 梅鐸擁有保守傾向的《紐約郵報》，因為紐約那麼大，足以支持多重觀點的報紙。不過，《紐約郵報》顯然連年虧損，詳見Joe Pom-peo, "How Much Does the 'New York Post' Actually Lose?" *Politico*, August 30, 2013, http://www.politico.com/media/story/2013/08/how-much-does-the-new-york-post-actually-lose-001176。

整。平均來說，報紙讀者比較偏向左派（他們有數據佐證）。平均而言，報紙言論會稍微偏向左派，以便為讀者提供他們想要的觀點。

因此，沒有大陰謀，只有資本主義。

根茲柯和夏皮洛的研究結果暗示，新聞媒體的運作往往跟地球上其他行業一樣。就像超市知道人們想要哪種冰淇淋，並在貨架上堆滿這類冰淇淋，報紙弄清楚人們想要的觀點，也在版面上刊登那種觀點。「這只是一門生意」夏皮洛跟我說。[30]這就是你將新聞、分析和意見等內容，加以分解並量化為本身組成部分的「字詞」時，所能學到的事情。

從照片了解開發中國家的景氣？

傳統上，當學者或企業人士想要數據時，就進行調查。這類數據格式整齊劃一，以調查問卷中的數字或複選答案為主。但現在，情況已不再是這樣，以結構化、明確簡單的調查式數據為主的那種日子已經結束。在這個新時代，我們在生活中留下的雜亂痕跡，正成為數據的主要來源。

誠如我們所見，字詞是數據，點擊是數據，連結是數據，拼寫錯誤是數據，夢到香蕉是數據，語調是數據，喘息聲是數據，心跳是數據，脾臟大小是數據。我認為，搜尋是最有啟發性的數據。

事實證明，照片也是數據。

就像字詞以前侷限於滿佈灰塵架上的書籍和期刊，現在已經數位化，照片也從相簿和紙箱中解放出來，被轉換成位元並儲存於雲端。而且正如文本可以讓我們更了解歷史，譬如向我們展示人們的說話方式如何改變，照片也具有同樣的效力，比方說，照片顯現人們拍照姿態的改變。

以布朗大學和加州大學柏克萊分校四名科學家進行的一項別出新裁的研究為例，他們利用數位時代一項很棒的發展：許多高中都將歷屆畢業紀念冊掃描存檔，並放到網路上供人查詢。研究人員從網路找到九百四十九本美國高中畢業紀念冊，[31]年分從一九〇五年到二〇一三

30 我在二〇一五年八月十六日於波士頓皇家索尼斯塔酒店（Royal Sonesta）訪問根茲柯和夏皮洛。

31 Kate Rakelly, Sarah Sachs, Brian Yin, and Alexei A. Efros, "A Century of Portraits: A Visual Historical Record of American High School Yearbooks," paper presented at International Conference on Computer Vision。照片經過作者授權轉載。

年，其中包括成千上萬的老舊肖像。利用電腦軟體就能依據每十年的照片，建構一個「平均」長相。換句話說，他們可以找出人們的鼻子、眼睛、嘴唇和頭髮的平均位置和結構。上圖為上個世紀以來，依據性別區分的平均長相。

有發現什麼嗎？美國人，尤其是女性，在拍照時開始面帶微笑。從二十世紀初期幾乎面無表情，到近年來拍照露出燦爛笑容。

為什麼會出現這種變化？美國人愈來愈開心嗎？不是的。其他學者幫忙回答這個問題，原因其實很迷人，至少對我而言是這樣。在攝影技術剛發明時，人們將攝影當成繪畫。由於沒有其他可比較之物，因此照片主題就會效法畫作主題。[32]而且，由於人們進行坐姿肖像畫時，都要坐上好幾個小時，不可能一直面帶微笑，所以表情都比較嚴肅。而人們模仿畫作主題拍照時，就採取同樣嚴肅的表情。

最後是什麼原因，讓人們改變表情呢？當然是企業、利潤和行銷。在二十世紀中期，底片和照相機公司柯達（Kodak）對人們拍攝的照片數量有限感到沮喪，因此制定一項策略讓人們拍更多照片。柯達的廣告開始將照片跟快樂聯繫在一起，目的是讓人們養成拍照的習慣，每當想要向別人展示自己度過美好時光就拍照留念。畢業紀念冊上那些面帶微笑的照片，就是這項成功宣傳的結果（你今天在臉書和Instagram上看到的大部分照片亦然）。

但是，以照片作為數據可以告訴我們的事情，遠超過高中畢業生何時開始面帶微笑拍照。令人驚訝的是，圖像或許能夠告訴我們，目前的景氣狀況。

以〈從外太空衡量經濟成長〉（Measuring Economic Growth from Outer Space）這篇充滿挑釁意味的學術論文為例，看到這種標題的論文，我一定不會錯過。這篇論文的作者J・維農・韓德森（J. Vernon Henderson）、亞當・史托瑞亞德（Adam Storeygard）和大衛・韋

32 另見Christina Kotchemidova, “Why We Say ‘Cheese’: Producing the Smile in Snapshot Photography,” *Critical Studies in Media Communication* 22, no. 1 (2005)。

爾（David N. Weil）開宗明義地指出，在許多發展中國家，對國內生產總值（GDP）的現有評量效率不彰。這是因為大部分經濟活動的發生沒有官方記載，而衡量經濟產出的政府機構資源有限。

這篇論文作者提出相當反傳統的構想嗎？他們可以根據這些國家的夜間照明，協助衡量國內生產總值。[33]他們從美國空軍衛星每天繞行地球十四次所拍攝的照片中，得到這些資訊。為什麼夜間照明是衡量國內生產總值的好方法？這個嘛，在地球上非常貧窮的地區，人們連電費都付不起。結果，景氣不好時，家庭和村莊將大幅減少夜間照明用量。

一九九八年亞洲金融危機時，印尼的夜間照明大幅下降。在南韓，夜間照明從一九九二年到二〇〇八年，增幅達到七二%，跟這段時期南韓經濟的強勁表現相呼應。北韓在同一時期，夜間照明量驟減，也呼應這段時期北韓經濟的慘淡表現。

一九九八年時，馬達加斯加南部發現大量紅寶石和藍寶石，伊拉卡卡鎮從原本小小的卡車站，發展成主要交易中心。在一九九八年以前，伊拉卡卡幾乎沒有夜間照明，一九九八年發現寶石的五年內，夜間照明激增。

論文作者承認，夜間照明數據並非衡量經濟產出的理想做法，你無法光憑衛星拍下夜間有多少燈光，確切知道景氣現況。論文作者不建議對已開發國家（如美國）採用這種做法，因為現有經濟數據反而更加準確。持平地說，即使在開發中國家，他們發現夜間照明在衡量國內生產總值時，效用只是跟官方評量的結果一樣。但是，將有缺陷的官方數據跟不完美的夜間照明數據相結合，就能比個別來源的估計還更為準確。換句話說，你可以使用外太空拍攝的照片，提高對開發中經濟體的了解。

電腦科學博士約瑟夫・雷辛格（Joseph Reisinger）以輕柔的聲音，分享夜間照明論文作者們對開發中國家經濟現有數據集的沮喪。雷辛格於二〇一四年四月指出，奈及利亞更新其國內生產總值估計，將先前忽略的新行業列入考量，更新後的國內生產總值預估值，比先前高出九〇%。[34]

「奈及利亞是非洲最大經濟體」雷辛格說，[35]他的聲音緩緩上揚。「我們甚至不知道，我

33 J. Vernon Henderson, Adam Storeygard, and David N. Weil, "Measuring Economic Growth from Outer Space," *American Economic Review* 102, no. 2 (2012).

34 Kathleen Caulder-wood, "Nigerian GDP Jumps 89% as Economists Add in Telecoms, Nollywood," *IBTimes*, April 7, 2014, http://www.ibtimes.com/nigerian-gdp-jumps-89-economists-add-telecoms-nollywood-1568219.

35 我在二〇一五年六月十日電話採訪雷辛格。

們想要了解這個國家的最基本狀況，究竟該從何處著手」。

雷辛格想找一個更精明的方式來檢視經濟表現，他的解決方案就是一個實例，說明如何重新定義數據由什麼組成和這樣做有何價值。

雷辛格創立Premise這家公司，在開發中國家雇用一批有智慧型手機的工作者。這些員工的工作在做什麼呢？將可能顯示進口活動的有趣景象拍照留存。

員工可能迅速拍下加油站外或超市水果箱的照片，他們一遍又一遍地拍攝相同的地點。這些照片被送回Premise公司，由第二組員工（電腦科學家）將照片轉換成數據。該公司的分析師可以將拍到的所有物品加以編碼分類，從加油站排隊加油的長度，到超市銷售的蘋果數量、蘋果成熟度、蘋果箱上所列的價格都包含在內。依據各種活動的照片，Premise公司可以開始彙總估計經濟產出和通貨膨脹。在開發中國家，加油站大排長龍是景氣出狀況的主要指標，超市銷售的蘋果數量很少或大多為未成熟的蘋果，也是景氣不好的徵兆。Premise蒐集的中國現場照片，協助他們早在官方數據公布前，就提早發現二〇一一年的食品通貨膨脹和二〇一二年的食品通貨緊縮。

Premise將這些資訊賣給銀行或避險基金，並與世界銀行合作。

跟許多好構想一樣，Premise是一種不斷給予的禮物。世界銀行最近對菲律賓香菸黑市的經濟規模感興趣，特別想知道政府近期的努力，包括隨機突襲、打擊生產香菸卻不繳稅的廠商，成效究竟如何。Premise對此提出什麼聰明的主意呢？他們請當地員工拍下街上看到的菸盒，看看其中有多少菸盒貼有合法香菸的菸稅貼紙。他們發現，雖然這部分地下經濟在二〇一五年大幅成長，但在二〇一六年卻大幅減少。政府的努力奏效了，只不過要觀察這種通常很隱密的香菸黑市，就需要新型數據。

誠如我們所見，在數位時代裡，我們重新想像數據由什麼構成，在這些新資訊中，許多精闢見解不斷被發現。我們得知媒體偏見的成因、怎樣讓初次約會圓滿成功，以及開發中經濟體的景氣現況。這一切都只是開始罷了。

這種新型數據也能賺大錢，Google創辦人布林和佩吉就有數百億美元的身價，這一點並非偶然。Premise創辦人雷辛格也做得很不錯，觀察家估計，Premise現在每年年營收達數千萬美元。投資者最近又加碼五千萬美元[36]投資該公司。這意味著有些投資者認為，Premise是世界上

36 Leena Rao, "SpaceX and Tesla Backer Just Invested $50 Million in This Startup," *Fortune*, September 24, 2015.

附圖一

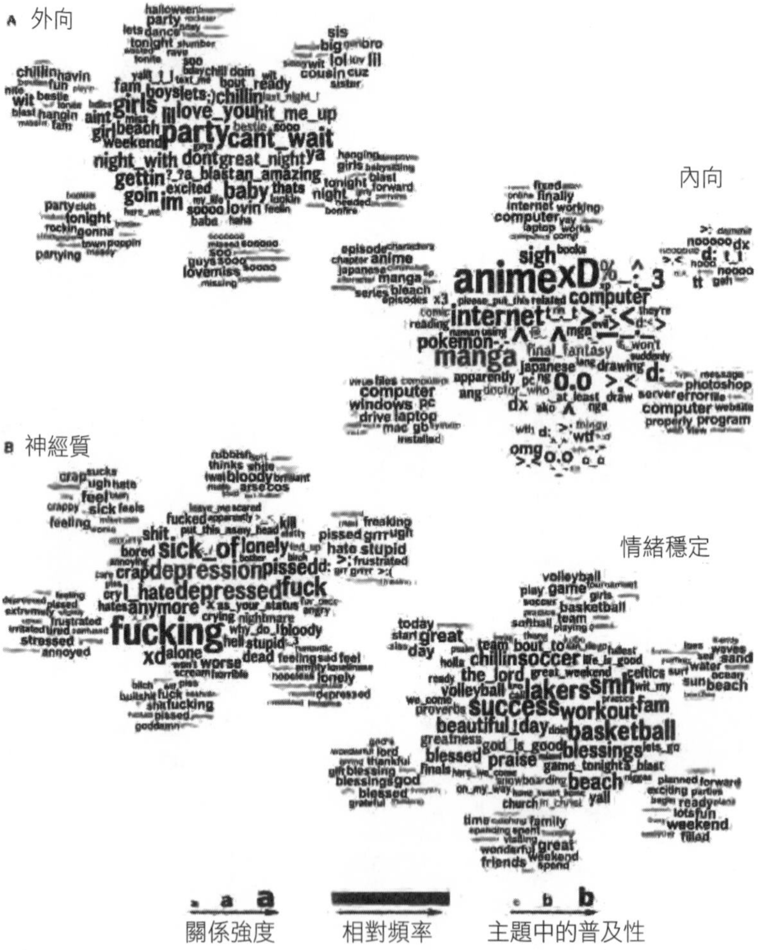
A 外向
內向
B 神經質
情緒穩定
關係強度
相對頻率
主題中的普及性

最有價值的企業之一，主要業務是拍照和銷售相片，跟《花花公子》（*Playboy*）的業務相同。

換句話說，對於學者和企業家而言，利用目前可取得的所有新型數據，廣泛思考什麼可以當成數據使用，就會發現超大的價值。如今，數據科學家不能將自己侷限在狹隘或傳統的數據觀點中。現在，超市結帳隊伍的照片是有價值的數據，超市商品數量充足與否是數據，蘋果成熟度也是數據，從外太空拍攝的照片是數據，嘴唇的彎曲度是數據，一切都是數據！

而且，利用這些新型數據，我們終於可以揭穿人們的謊言。

第四章

躲在線上的真相

——你永遠問不出來的同志比例、仇恨言論、性隱私和顧客的腦袋

每個人都在說謊。

人們謊報在回家途中喝了多少酒，謊稱自己多常上健身房和新鞋子的價格，就連沒看過的書也說自己有看過。沒生病卻打電話請病假。說再聯絡卻不再聯絡。人們說事情跟你無關，但其實就跟你有關。明明不愛你，卻騙你說愛你。心情不好時卻說自己很開心。明明喜歡男人，卻說自己喜歡女人。

人們對朋友說謊、對老闆說謊、對子女說謊、對父母說謊、對醫生說謊、對老公說謊、對老婆說謊、也對自己說謊。

而且，他們確實對調查說謊。

請回答下面這個簡短調查：

你在考試時作過弊嗎？
你幻想過殺人嗎？

你是否試圖說謊？許多人在問卷調查問及令自己困窘的行為和想法時，都會說謊。即使大多數調查都是匿名，但人們還是希望保持自己的良好形象。這就是所謂的「社會期許偏誤」（social desirability bias）。

一九五〇年的一篇重要論文[1]提供有力證據，說明調查如何成為這種偏誤的受害者。研究人員從官方消息來源，蒐集有關丹佛居民的數據：他們的投票率、捐助慈善機構的比率、擁有圖書證的比率。然後，他們對居民進行調查，看看調查結果是否與官方數據百分比相符。當時的調查結果令人十分驚訝。居民接受調查時的回答，跟研究人員蒐集到的數據截然不同（見下頁表）。即使這項調查以匿名方式進行，許多人還是誇大自己的選民登記狀況、投票

1 Hugh J. Parry and Helen M. Crossley, "Validity of Responses to Survey Questions," *Public Opinion Quarterly* 14, 1 (1950).

行為和慈善捐款。

六十五年來，情況有什麼改變嗎？在這個網路時代，沒有圖書證不再令人尷尬。但是，雖然讓人尷尬或期許的事情可能已經改變，人們欺騙民調的傾向依然強烈。

最近有一項調查請馬里蘭大學（University of Maryland）畢業生回答有關個人大學經驗的種種問題，[2]研究人員再將調查答案跟官方記錄進行比較。結果，研究人員發現人們一直提供錯誤資訊，以維護自己美好的形象。不到二%的人表示，自己畢業時學業平均成績低於二·五（實際上大約有一一%的人是這樣）。四四%的人表示，過去一年裡曾經捐款給大學（實際上只有二八%的人這樣做）。

而且，說謊肯定是民調無法預測出川普二〇一六年會勝選的原因之一。[3]平均而言，民調將川普支持率低估了二個百分點，有些人可能覺得尷尬不想表明自己打算支持川普，有些人可能聲稱自己還沒有決定要投誰，但心裡其實力挺川普到底。

	調查結果	官方統計
登記投票	83%	69%
上次總統大選有投票	73%	61%
上次市長選舉有投票	63%	36%
有圖書證	20%	13%
最近捐款贊助社區福利基金	67%	33%

為什麼匿名調查時，人們會提供錯誤資訊？我問密西根大學（University of Michigan）榮譽研究教授羅傑．托蘭格（Roger Tourangeau），他也許是世界上最頂尖的社會期許偏誤專家。他解釋說，我們「習慣撒小謊」的弱點，就是這個問題的重要部分。「人們在現實生活中約有三分之一的時間在說謊」他表示，「這種習慣在接受調查時當然也會出現」。

另外，有時我們會有那種對自己說謊的奇怪習慣，托蘭格說：「我們不願意向自己承認，比方說，我們不願意承認自己是笨學生。」[4]

跟自己說謊這種行為或許可以解釋，為什麼這麼多人說自己比一般人好。[5]這個問題有多麼嚴重？公司裡有超過四〇%的工程師表示，自己的表現在前五%。超過九〇%的大學教

---

2 Frauke Kreuter, Stanley Presser, and Roger Tourangeau, "Social Desirability Bias in CATI, IVR, and Web Surveys," *Public Opinion Quarterly* 72(5), 2008.

3 主張說謊可能是預測川普支持度的一個問題，相關文章詳見Thomas B. Edsall, "How Many People Support Trump but Don't Want to Admit It?" *New York Times*, May 15, 2016, SR2。但是主張這不是重要因素的相關論述參見Andrew Gelman, "Explanations for That Shocking 2% Shift," *Statistical Modeling, Causal Inference, and Social Science,* November 9, 2016, http://andrewgelman.com/2016/11/09/explanations-shocking-2-shift/。

4 我在二〇一五年五月五日電話採訪托蘭格。

5 相關討論詳見Adam Grant, *Originals: How Non-Conformists Move the World* (New York: Viking, 2016)。原始來源為David Dunning, Chip Heath, and Jerry M. Suls, "Flawed Self-Assessment: Implications for Health, Education, and the Workplace," *Psychological Science in the Public Interest* 5 (2004)。

授說，自己的研究在平均水準之上。四分之一的高三學生認為，自己與人相處的能力在前一%。如果你欺騙自己，你在問卷調查時就不會誠實以告。

我們在調查時說謊的另一個原因是，如果這種調查是訪談式，我們會很想讓進行訪談的陌生人留下一個好印象。正如托蘭格所言：「一位女士看起來很像你最喜歡的阿姨，她走進來了……你會想告訴自己最喜歡的阿姨，你上個月吸大麻嗎？」[6]你會承認自己沒有捐錢給母校嗎？

因此，問題跟個人愈無關，人們就可能愈誠實。為了獲得誠實的答案，網路調查比電話調查更好，前兩者又比面對面調查更好。以面對面調查來說，人們在單獨受訪時會比跟大家一起受訪時，更願意說實話。

然而，針對敏感話題，每種調查方法都會引起大量誤報。對此，托蘭格用了經濟學家常說的一個字詞：「誘因」（incentive）。人們沒有誘因跟調查說真話。

因此，我們怎樣才能了解和我們同樣身為人類的人們真正在想什麼和做什麼呢？

在某些情況下，我們可以參考官方數據來源取得真相，例如，即使人們謊報自己的慈善捐款，我們可以從慈善機構本身取得特定地區捐款金額的實際數據。但是，當我們試著了解不包含在官方記錄中的行為，或嘗試得知人們在想什麼，譬如：人們真正的看法、感受和慾望，除非人們願意跟調查說實話，否則我們沒有其他資訊來源。但現在，情況改觀了。

這是大數據擁有的第三種力量：某些線上來源讓人們承認自己在其他地方不願承認的事情。這類數據的作用就像數位誠實豆沙包，以Google搜尋為例，記得讓人們更誠實的條件嗎？是上網嗎？答對了。獨自一人？答對了。沒有人進行調查？答對了。

Google搜尋還有另一個巨大優勢，讓人們願意說出真相：誘因。如果你喜歡種族主義的笑話，你沒有誘因在調查時分享一個政治不正確的事實，但是你上網時卻有誘因搜尋最新又最好笑的種族主義笑話。如果你認為你可能飽受憂鬱症所苦，但你沒有誘因在調查時承認這

---

6 說謊的另一個原因只是想玩弄調查。*對於有關青少年的任何研究來說，這是一個很大的問題。青少年愛說謊，讓我們從根本上就更難以了解這個年齡層。研究人員最初發現被收養的青少年跟各種負面行為（如使用毒品、飲酒和逃學）之間存在相關性。但在後續研究中，他們發現這種相關性完全是由一九%未被收養卻自稱被收養的青少年謊報而來。追蹤研究發現，有相當比例的青少年告訴調查自己身高超過七呎，體重超過四百磅或有三個小孩。一項調查發現，跟學術研究人員說自己有義肢的學生，有九九%的學生是在開玩笑。

*說謊只是想玩弄調查，詳見Anya Kamenetz, "'Mischievous Responders' Confound Research on Teens," *nprED*, May 22, 2014, http://www.npr.org/sections/ed/2014/05/22/313166161/mischievous-responders-confound-research-on-teens。這篇文章討論的原始研究為Joseph P. Robinson-Cimpian, "Inaccurate Estimation of Disparities Due to Mischievous Responders," *Educational Researcher* 43, no. 4 (2014)。

件事，不過，你確實有誘因以Google搜尋憂鬱症的症狀和可能的治療方式。

即使你對自己說謊，Google還是會知道真相。在選舉前幾天，你和你的一些鄰居可能認為你們會開車到投票站投票。但是，如果你和他們沒有搜尋如何投票或去哪裡投票的相關資訊，那麼像我這種數據科學家就會知道，你所在地區的投票率其實會很低。同樣地，也許你沒有對自己承認你可能罹患憂鬱症，即使你正在Google上搜尋經常狂哭和睡眠困難，然而你的搜尋就會出現在某個地區與憂鬱症有關的搜尋中，如同我在本書稍早所做的分析。

想想你自己使用Google的經驗。我猜你有時會在搜尋欄裡輸入一些字詞，透露你在正式場合不會承認的某種行為或想法。事實上，有壓倒性的證據顯示，絕大多數美國人告訴Google一些非常個人的事情，比方說，美國人搜尋「色情」多過搜尋「天氣」。[7]附帶一提，調查數據很難揭穿這個真相，因為只有約二五%的男性和八%的女性承認自己看色情片。[8]

當你研究Google這個搜尋引擎如何自動完成你的查詢時，你可能也注意到Google搜尋具有某種程度的誠實。Google的建議是，以其他人最常進行的搜尋為基礎，所以「自動完成」（auto-complete）功能提供我們線索，讓我們知道人們在Google上搜尋了什麼。事實上，「自動完成」可能會有點誤導。Google不會建議本身認為不適當的字詞，如「陰莖」、「他媽的」

和「色情」。[9]這表示著「自動完成」告訴我們，人們搜尋的想法比實際上更不辛辣，但即使如此，有些敏感的東西還是經常出現。

如果你輸入「為什麼……」（Why is...），目前Google自動完成功能會帶出「為什麼天空是藍色？」（Why is the sky blue?）和「為什麼有閏日？」（Why is there a leap day?）表示這兩種說法是完成此搜尋最常見的方式。第三種常見說法是：「為什麼我的便便是綠色？」（Why is my poop green?）。有時，Google自動完成可能有點煩人，現在如果你輸入「想要……正常嗎」（Is it normal to want to...），Google自動完成功能的第一個建議是「殺死」（kill）。如果你輸入「想要殺死……正常嗎」（Is it normal to want to kill...），它的第一個建議是「我的家人」（my family）。

7 https://www.google.com/trends/explore?date=all&geo=US&q=porn,weather.

8 Amanda Hess, "How Many Women Are Not Admitting to Pew That They Watch Porn?" *Slate*, October 11, 2013, http://www.slate.com/blogs/xx_factor/2013/10/11/pew_online_viewing_study_percentage_of_women_who_watch_online_porn_is_growing.html.

9 Nicholas Diakopoulus, "Sex, Violence, and Autocomplete Algorithms," *Slate*, August 2, 2013, http://www.slate.com/articles/technology/future_tense/2013/08/words_banned_from_bing_and_google_s_autocomplete_algorithms.html.

需要更多證據表明Google搜尋可以提供不同看法，有別於我們平常對世界的認識嗎？以後悔決定是否有小孩的相關搜尋為例，在決定是否有小孩前，有些人擔心自己可能會做出錯誤的選擇，而且人們幾乎總是提出這樣的問題：他們會不會後悔**沒有**孩子。人們在Google上搜尋沒有小孩是否會後悔，是搜尋有小孩是否會後悔的七倍。

在做出決定後，不管是自己生（或收養）或沒有小孩，有時還是會跟Google坦承自己後悔做這樣的選擇。讓人驚訝的是，決定後的搜尋數字剛好跟決定前的搜尋數字相反。有小孩的成年人比沒有小孩的成年人更有可能告訴Google，他們後悔自己的決定，前者說後悔的比率是後者的三·六倍。[10]

閱讀本章時請牢記這一點：Google可能對「人們覺得他們不能與任何人討論」的想法產生偏誤。儘管如此，如果我們試圖發現人們隱藏在心裡的想法，Google搜出這些想法的能力，可能挺有用的。後悔有小孩和沒有小孩之間的巨大差異，似乎在告訴我們，在這種情況下，人們內心隱藏的想法相當明顯。

讓我們停下來想想，進行「我後悔有小孩」這種搜尋有什麼含意。Google將自己當成一個讓人們直接尋求資訊的來源，讓人們可以搜尋天氣、昨晚的比賽誰贏了，或自由女神是誰設立的。但有時候，我們將自己未經思索的想法輸入Google搜尋欄，並沒有抱太多希望認為Google能幫我們什麼，在這種情況下，搜尋窗口只是作為某種告解。

舉例來說，每年都有數千個這類搜尋：「我討厭寒冷的天氣」、「人們很討厭」、「我很傷心」。當然，這幾千個「我很傷心」的Google搜尋，只是那一年幾百萬名傷心難過者中的極小部分。根據我的研究發現，人們透過搜尋來表達想法，而不是尋找資訊，只能作為有類似想法者的一個小樣本。同樣地，我的研究顯示，美國人每年針對「我後悔有小孩」的七千次搜尋，也只代表那些有這種想法者的一個小樣本。

對許多人、也許是大多數人來說，有小孩顯然是一大喜悅。而且，儘管我媽媽擔心「我跟我那愚蠢的數據分析」可能縮減了她的孫兒女人數，但這項研究並沒有改變我對有小孩的渴望。只是這種令人難以啟齒的後悔很有意思，也是我們在傳統數據集中往往看不到的另一

10 我以包含各種字詞的搜尋做估計，以美國來說，每個月約有一千七百三十個Google搜尋，清楚表明自己後悔有小孩。只有五十個Google搜尋說自己後悔沒有小孩。依照實際統計數字，四十五歲以上、沒有小孩的美國人，約有一千五百九十萬人，有小孩者約有一億五千二百萬人。這表示在合法人口中，有小孩者在Google上表示後悔的可能性，是沒小孩者的三．六倍。如同內文所述，但值得再次強調，顯然這些在Google上坦承後悔的人只占人口的一小部分，想必那些覺得很後悔的人，一時忘了跟Google告解其實也沒什麼用。

個人性層面。我們的文化持續充斥著美好幸福的家庭形象，大多數人永遠不會認為有小孩可能讓自己後悔。人們不會跟任何人坦承此事，除了Google之外。

大數據揭露人們難以啟齒的性問題

美國有多少男性是同志？這是性傾向研究中一個赫赫有名的問題。然而對社會科學家來說，這一直是難以回答的最棘手問題之一。心理學家不再相信性學家阿弗瑞德．金賽（Alfred Kinsey）的知名估計。金賽依據對囚犯和妓女的抽樣調查，估計有一〇％的美國男性是同志。現在，具有代表性的調查告訴我們，約有二％到三％的美國男性是同志。但長久以來，性傾向一直是人們往往會謊報的主題之一。我想我可以利用大數據，針對這個問題提出前所未有的更佳答案。

首先，我再詳述那項調查數據。調查告訴我們，跟不贊成同志的州相比，贊成同志的州，同志人數就比較多，例如，根據蓋洛普的一項調查，以同志人口比例來說，最支持同性戀婚姻的羅德島州[11]是最不支持同性婚姻的密西西比州的兩倍。

有兩個可能的解釋可以說明此事。首先，出生州不贊成同性戀的同志可能會搬到贊成同性戀的州居住。其次，居住在不贊成同性戀州的同志可能不會透露自己是同志，他們更有可能說謊。

解釋同志移動性的一些深入見解，可以從另一個大數據來源「臉書」取得。臉書允許用戶列出他們感興趣的性別。約二・五%的臉書男性用戶列出自己對男性感興趣，[12]這個數字跟調查顯示大致相符。而臉書也顯示出，贊成同性戀的州與不贊成同性戀的州，兩者的同志人口出現龐大差異：羅德島州同志臉書用戶是密西西比州同志臉書用戶的兩倍以上。

臉書也提供有關人們移動的相關資訊。我可以針對公開自己是同志的臉書用戶，對其出生地加以編碼分類，這樣我就能直接估計有多少男同志從不贊成同性戀的州，搬到比較贊成同性戀的地區。答案呢？數據顯示確實有一些遷移，譬如從奧克拉荷馬市搬到舊金山。但我

---

11 這些估計引述自Nate Silver, "How Opinion on Same-Sex Marriage Is Changing, and What It Means," FiveThirtyEight, March 26, 2013, http://fivethirtyeight.blogs.nytimes.com/2013/03/26/how-opinion-on-same-sex-marriage-is-changing-and-what-it-means/?_r=0。

12 作者針對臉書廣告數據所做的分析。我沒有將列出對「男性和女性」都有興趣的臉書用戶包括在內。我的分析暗示出，有不少比例的用戶表示自己對男性和女性都有興趣，表示這些用戶把這個問題當成詢問交友興趣，而不是交往興趣。

判斷，男同志將同志偶像歌手茱蒂・嘉蘭（Judy Garland）的CD打包好，搬到民風更開放的地方，這能解釋贊成同性戀州和不贊成同性戀州的同志人口為何有差異。[13]

另外，臉書讓我們可以聚焦在高中生這個特殊團體上，因為高中男生很少能選擇自己要住在哪裡。如果移動性說明出櫃同志人口的州別差異，那麼這些差異不應該出現在高中學生當中。那麼，高中數據怎麼說呢？在不贊成同性戀的州，公開自己是同志的高中男生少之又少。在密西西比州，每一千名高中男生，只有二位公開自己是同志。所以不僅僅是移動性，還有其他影響因素。

如果每個州出生的男同志人數差不多，移動性無法完全解釋為何有些州有這麼多人願意公開自己是男同志，另一個原因肯定是，同志認為同性戀是不可告人的祕密。這讓我們回到Google搜尋，因為這麼多人已經證實，願意跟Google分享這麼多祕密。

有沒有可能有一種利用色情搜尋來測試在不同州究竟有多少同志的方法？確實有這種方法。我利用Google搜尋和Google關鍵字廣告的數據，推估出全美約有五％的男性色情搜尋跟同性戀色情片有關[14]〔這些包括搜尋Rocket Tube（熱門的同志色情網站）和「同志色情片」這類字詞〕）。

另外，在全美不同地區，這項數字有何變化？整體來說，跟不贊成同性戀的州相比，贊成同性戀的州有更多搜尋是跟同志色情片有關。這一點很有道理，因為有些同志離開不贊成同性戀的州，搬到贊成同性戀的地方居住，但是這項差異並不如調查或臉書顯示的差異那麼大。我估計同志色情片占男性色情搜尋的比例，密西西比州是四．八％，這項數字遠高於調查或臉書的數據，而且相當接近羅德島州的五．二％搜尋比例。

那麼，美國有多少男性是同志？針對男性所做的色情搜尋來看，約有五％的比例是搜尋同志色情片，那麼這個方法應該是對美國同志人口實際規模的合理估計。還有另一種以間接方式取得這項數字的方法，需要用到一些數據科學，我們可以利用贊同程度和公開出櫃人口

13 有些人可能覺得被冒犯，認為我將茱蒂．嘉蘭的男歌迷跟男同志相提並論，甚至像在開玩笑。但我並不是說，所有或大多數男同志都迷戀嘉蘭。只不過搜尋數據證實，有這種刻板印象存在。我估計搜尋有關嘉蘭的資訊又搜尋同志色情片的可能性，會比搜尋異性戀色情片的可能性高出三倍。大數據告訴我們有些刻板印象確實無誤。

14 同前所述，Google搜尋趨勢並未依據性別分類搜尋。Google關鍵字廣告依據性別將網頁瀏覽數分成各種類別，不過，這項數據比較不準確。為了依據性別利用搜尋數據進行估計，我先利用搜尋數據取得各州同志色情片搜尋的百分比。然後，我依據Google關鍵字廣告的性別資料，將這個數據常態化。取得特定性別數據的另一種做法是，利用色情網站PornHub的數據。不過，PornHub可能是一個高度選擇的樣本，因為許多同志反而只造訪以同志色情為主的網站。PornHub的數據顯示，男性搜尋同志色情片的比例，反而比Google搜尋顯示的比例要低。不過，PornHub的數據證實，贊成同性戀和男性觀看同志色情片之間並無強烈相關。這些數據和進一步說明詳見作者官網sethsd.com，點選Research/Data，標題為「Sex」的資料區。

之間的關係。容我在此說明。

我的初步研究顯示，在某個特定州，同性婚姻支持率每提高二十個百分點，表示在臉書上公開自己是同志的該州男性人數就增加一．五倍。依照這種說法，我們可以估計在假設一〇〇%贊成同性戀的地方出生之男性，有多少人會公開承認自己是同志。我的估計是五%左右，這跟色情搜尋的數據相當一致。加州舊金山灣區的高中男生是在最能接受同志的環境中長大，他們當中約有四%的人在臉書上公開自己是同志，[15]這似乎跟我的計算相符。

我應該注意到，我還沒有針對女同志人數進行估計。在這方面，色情片的數字比較派不上用場，因為女性觀看色情片的人數少得多，所以這種樣本比較不具代表性，而且就算觀看女同志色情片的女性，也不一定是女同志。在現實生活中主要被男性吸引的女性，似乎也喜歡看女同志色情片。女性在PornHub上觀看的影片中，有二〇%是女同志影片。

美國男性中有五%是同志，這當然是一種估計。有些男性是雙性戀，有些男性，特別是年輕男性不清楚自己的性向。顯然，你不能像計算投票人數或計算看電影人數那樣，準確地計算這個數字。

但我的估計有一個明確的結果是：美國有許多男性，尤其是在不贊成同性戀州的男性，都還沒有出櫃。他們不會在臉書上透露自己的性偏好，也不會在調查中坦承此事，而且在許多情況下，他們甚至可能跟女性結婚。

事實證明，老婆懷疑老公是同志，這種事經常發生。她們在次數多到驚人的「我老公是同志嗎？」這項搜尋中，表露出自己的懷疑。「我老公……」這類搜尋，就以「我老公是同志嗎？」的次數最高，出現次數比第二高的「我老公有外遇嗎？」多出一〇％，也比「我老公酗酒嗎？」多八倍，比「我老公憂鬱嗎？」多十倍。

最有說服力的是，在最不贊成同性戀的地區，女性對老公性傾向的相關搜尋最為常見。南卡羅來納州和路易斯安那州的女性，提出這個問題的比例最高。事實上，在最常提出這個問題的二十五個州當中，有二十一個州的同性婚姻支持率低於全國平均值。

討論男性性傾向時，Google和色情網站並不是唯一有用的數據來源。大數據中有更多證據說明男性不出櫃的原因。我分析Craigslist網站上尋覓「浪漫邂逅」的男性交友廣告，這些正在尋求與男性邂逅的廣告中，刊登者來自較不贊成同性戀的州所占的比例往往更高，其中

15 作者根據臉書廣告數據的計算：二〇一七年二月八日，舊金山、奧克蘭和聖荷西等地，約有三百名高中男生在臉書上表示自己對男性有興趣，約有七千八百名高中男生表示對女性有興趣。

百分比最高的州是肯塔基州、路易斯安那州和阿拉巴馬州。

為了更深入了解究竟有多少同志沒有公開本身的性傾向，讓我們回到Google搜尋數據，並取得多一點細節。人們在搜尋「同志色情片」的前後，最常立即進行的搜尋之一是「同性戀測試」（這些測試會告訴男性他們是否為同志）。以「同性戀」搜尋次數來說，不贊成同性戀州反而是贊成同性戀州的兩倍。

來回搜尋「同志色情片」和「同性戀測試」，究竟有什麼含意？這大概表示如果不是心靈受折磨，就是相當困惑。我們有理由懷疑這些人當中，有一些人希望確認自己對同志色情片有興趣，其實並不表示他們是同志。

Google搜尋數據無法讓我們隨著時間推移，看到特定用戶的搜尋記錄。然而二〇〇六年時，美國線上公司（AOL）公布本身的用戶搜尋樣本，提供學術研究人員使用。下頁的表格是六天內匿名用戶搜尋的一些內容。

從表裡的這些搜尋記錄來看，搜尋者像是不確定自己性傾向的男人。而Google數據告訴我們，還有很多男人跟這個男人一樣。其實這些人大多住在比較不贊成同性戀的州。

為了更仔細研究這些數字背後的人們，我向密西西比州一名精神科醫生請教，他專門幫助未出櫃男同志。我請他協助詢問，他的病人是否有人可以跟我談談。有一位病人有意願，他跟我說他是一名六十幾歲的退休教授，跟老婆結婚四十多年。

大約十年前，他因為壓力過大開始看精神科醫生，終於承認自己的性傾向。他說，他一直知道自己被男人吸引，但他認為這種事很普遍，只是大家都隱瞞不說。開始治療後不久，他就跟自己二十多歲的學生進行第一次、也是唯一一次同性性交。他形容那次經歷「美妙極了」。

週五 03：49：55	免費同志精選
週五 03：59：37	更衣室同志精選
週五 04：00：14	同志精選
週五 04：00：35	同志性愛精選
週五 05：08：23	詳盡版同性戀測驗
週五 05：10：00	精準同性戀測驗
週五 05：25：07	給困惑男子進行的同性戀測驗
週五 05：26：38	同性戀測驗
週五 05：27：22	「我是同志嗎」測驗
週五 05：29：18	同志精選
週五 05：30：01	裸男精選
週五 05：32：27	免費裸男精選
週五 05：38：19	熱門同志性愛精選
週五 05：41：34	熱門男性肛交
週三 13：37：37	「我是同志嗎」測驗
週三 13：41：20	同性戀測驗
週三 13：47：49	熱門男性肛交
週三 13：50：31	免費同志性愛影片

他和老婆沒有性生活。他說，離婚或公然跟男性約會，會讓他感到內疚。他幾乎對自己人生的每一個主要決定都感到遺憾。

這位退休教授跟他的老婆將在無愛無性的情況下再度過夜。儘管同性戀合法化這方面已有極大的進步，但是反同性戀的聲浪持續存在，將導致其他數百萬名美國人也跟這位退休教授一樣這麼做。

當你得知美國有五%的男性是男同志，而且還有許多男性尚未出櫃，或許你並不感到意外。但是，以往對大多數人來說，這件事還是讓他們很震驚。就連現在，有些地方還是有很多人會感到詫異不已。

二〇〇七年時，當時伊朗總統馬哈茂德．艾哈邁迪內賈德（Mahmoud Ahmadinejad）堅稱：「在伊朗，我們不像你們的國家那樣有同性戀者。[16]在伊朗，我們沒有這種現象。」同樣地，俄羅斯索契市長安納托利．帕科莫夫（Anatoly Pakhomov）在該市於二〇一四年即將舉辦冬季奧運前，提及同性戀者並說：「我們這個城市沒有同性戀者。」[17]然而網路行為披露，在索契和伊朗，人們對同志色情片都相當感興趣。[18]

這倒是引出一個顯而易見的問題：目前美國有沒有任何常見的性趣，還會被認為是駭人聽聞？這就要看你對「常見」的定義以及你多麼容易被嚇到而定。

大多數PornHub上的熱門搜尋並不奇怪，包括男人經常使用「青少年」、「三人性交」、「口交」等措詞，女人常用「激情性愛」、「吮吸乳頭」、「男為女口交」等詞語。

除了這些主流搜尋外，PornHub數據確實告訴我們一些你可能沒想過會存在的戀物癖，有女性搜尋「肛門蘋果」和「絨毛玩具自慰」，有男性搜尋「鼻涕戀物癖」和「裸體十字架」。但這些搜尋很少，每個月只有十個，即使在這個超大色情網站也一樣。

---

16 "'We Don't Have Any Gays in Iran,' Iranian President Tells Ivy League Audience," Daily Mail.com, September 25, 2007, http://www.dailymail.co.uk/news/article-483746/We-dont-gays-Iran-Iranian-president-tells-Ivy-League-audience.html.

17 Brett Logiurato, "Sochi Mayor Claims There Are No Gay People in the City," *Sports Illustrated*, January 27, 2014.

18 根據Google關鍵字廣告，每年有關「гей порно」（俄文，意指同志色情片）的搜尋有幾萬個。同志色情片占色情搜尋的比例，在索契和在美國的比例大致相當。Google關鍵字廣告並未包含伊朗的數據，PornHub也沒有伊朗的數據。不過，另一個色情片網站PornMD研究他們的搜尋數據並指出，在伊朗前十大搜尋用語中，就有五個搜尋用語跟同志色情片有關，包括：「老爹之愛」（daddy love）和「飯店生意人」（hotel businessman），這方面資訊參見Joseph Patrick McCormick, "Survey Reveals Searches for Gay Porn Are Top in Countries Banning Homosexuality," *PinkNews*, http://www.pinknews.co.uk/2013/03/13/survey-reveals-searches-for-gay-porn-are-top-in-countries-banning-homosexuality/。根據Google搜尋趨勢，在伊朗約有二％的色情搜尋跟同志色情片有關，比例較美國低，但仍舊表示很多人對同志色情片感興趣。

在重新查看PornHub數據時，有另一個重點變得十分清楚：每個人都可以在PornHub網站找到自己喜歡的對象。女性經常搜尋「高挑型男」、「黝黑型男」和「帥哥」，這並不令人意外。但她們有時也會搜尋「矮個子男」、「蒼白男」和「醜男」。有女性搜尋「身障男」、「小屌胖男」和「老醜胖男」。男性經常搜尋「瘦美眉」、「大奶妹」和「金髮妞」。但是他們有時也會搜尋「胖女人」、「小奶妹」和「綠髮妞」。有男人搜尋「光頭妹」、「女侏儒」和「無乳頭女」。這些數據可以讓那些長得不高、不黑、不帥、不瘦、胸部不大也沒有金髮的人感到開心。[19]

那麼其他既常見又令人驚訝的搜尋呢？在男性最常見的一百五十個搜尋中，最讓我驚訝的是我在第一章討論佛洛伊德時說過的亂倫。其他引起一些小討論的男性慾望對象是「人妖」（最常見搜尋排名第七十七）和「老奶奶」（最常見搜尋排名第一百一十）。整體來說，男性在PornHub的搜尋中，約有一．四%的比例是搜尋有陰莖的女性，有〇．六%（三十四歲以下的男子為〇．四%）的比例搜尋老年人。男性在PornHub進行的二萬四千個搜尋中，只有一個搜尋明確提到少年一詞，這可能跟PornHub禁止所有形式的兒童色情片有關，而且持有兒童色情片是違法的。

女性在PornHub進行的最常見搜尋，是某種類型的色情片。以下內容可能會讓許多讀者不安，敬請留意：女性在PornHub進行的最常見搜尋，是對女性施暴的性愛片。女性對於異性戀色情片的搜尋中，就有整整二五％的搜尋強調女性的痛苦和（或）羞辱，譬如：「肛門痛到哭」、「公眾羞辱」和「極殘暴黑幫」。有五％的比例是搜尋非經同意的性行為，譬如：「強暴」或「強迫」性交，即使這類影片在PornHub上是被禁止的，但是女性依舊做此搜尋。而且這類字詞的搜尋率，女性至少是男性的兩倍。根據我的數據分析顯示，對女性施暴的色情片，對女性的吸引總是高到不成比例。

當然，在試圖慢慢接受這種事實時，同樣重要的是，記住幻想和現實生活是有差別的。是的，在造訪PornHub的少數女性中，有一小群人搜尋強暴影像但未能如願。大家都知道，這並不表示女性在現實生活中想被強暴，而且這當然不會讓強暴變成比較不可怕的罪行。色情數據告訴我們的是，有時人們會對自己在現實生活中不想發生的事存有幻想，而且他們可能永遠不會跟別人提及這些事。

19 我認為這個數據也暗示出個人的最佳約會策略。顯然，人們應該勇敢追愛，就算經常被拒絕，也不要放在心上。這個過程最終可以讓你找到最喜歡你這種人的伴侶。而且不管你的長相如何，總會有人喜歡你，相信我。

人們不只有不可告人的幻想，講到性愛，[20]人們總有許多祕密，譬如：性愛次數。

我在「前言」中指出，美國人聲稱使用的保險套數目，比每年保險套實際銷售數目超出許多。你可能認為這表示他們只是說，自己在從事性行為時更常使用保險套，與事實有些出入罷了。但證據顯示，人們從一開始就誇大自己多常進行性行為。十五歲到四十四歲的女性中，約有一一%[21]的女性說自己的性生活活躍，目前並未懷孕，而且不避孕。就算相當保守地估計她們有多少次性行為，科學家認為每個月這些女性中有一〇%的比例可能懷孕。[22]但這項估計已經超過美國懷孕總人數（每一百一十三位育齡婦女，就有一人懷孕[23]）。在我們對性沉迷的文化中，人們很難承認自己沒有那麼頻繁的性生活。

但是，如果你正在尋求理解或建議，你就有誘因向Google吐露心聲。在Google上，人們抱怨配偶不想要性愛比抱怨配偶不願意交談，還多出十六倍。而抱怨情人不想要性愛比抱怨情人收到訊息不回覆，還多出五．五倍。

而且，Google搜尋暗示出這些無性關係的一個驚人元凶。抱怨男友不要性愛，是抱怨女友不要性愛的兩倍。到目前為止，跟抱怨男友有關的首要搜尋就是：「我的男伴不想跟我做愛」（Google 搜尋不按照性別分類，但是由以前的分析顯示，九五％的男性是異性戀。所以我們可以猜測，男性並沒有進行太多有關「男友」的搜尋）。

那麼，我們該如何解釋這件事呢？這是否真的表示，男友比女友更常拒絕性愛？未必見得。同前所述，Google搜尋可能會偏向支持人們焦急談論的事情，男人可能覺得跟朋友談論女友缺乏性趣是很自在的事，而女人就比較不好意思跟朋友說男友性趣缺缺。不過，即使Google的數據並未暗示男友避免性愛的可能性是女友的兩倍，但是Google的數據確實顯示，男友避免性愛這種事，比人們所說的還更普遍。

Google數據也指出，人們如此頻繁地避免性愛的一個原因：巨大的焦慮，而大部分焦慮是庸人自擾。我們先從男人的焦慮開始談起。男人擔心自己的性能力好不好，不是什麼新

20 Stephens-Davidowitz, "Searching for Sex"，這部分的數據詳見作者官網 sethsd.com，點選 Research/Data，標題為「Sex」的資料區。
21 Current Contraceptive Status Among Women Aged 15–44: United States, 2011–2013, Centers for Disease Control and Prevention, http://www.cdc.gov/nchs/data/databriefs/db173_table.pdf#1.
22 David Spiegelhalter, "Sex: What Are the Chances?" BBC News, March 15, 2012, http://www.bbc.com/future/story/20120313-sex-in-the-city-or-elsewhere.
23 每年約有六百六十萬懷孕人次，而十五歲到四十四歲這個年齡層有六千二百萬名婦女。

聞；但是擔心到什麼程度，卻令人相當驚訝。

以身體部位來說，男性最常搜尋跟本身性器官有關的問題，而且這類搜尋的次數超過對肺部、肝臟、腳、耳朵、鼻子、喉嚨和腦部等器官搜尋的總和。男性針對如何使自己的陰莖更大所做的搜尋，多過針對吉他如何調音、如何煎蛋捲或更換輪胎的搜尋。男性針對類固醇的最多搜尋，不是關心類固醇是否有害健康，而是關心服用類固醇是否會導致陰莖縮小。關於身心會隨著年齡如何變化的問題，男性最常搜尋的是，陰莖是否會隨著年齡增長而縮小。

附帶一提，在Google搜尋中，有關男性生殖器更常見的問題之一是：「我的陰莖有多大？」男性不是拿尺量，而是拿這個問題問Google。我認為這就是數位時代的典型表現。[24]

女人關心陰莖的大小嗎？根據Google搜尋，女人很少關心陰莖的大小。女性對男伴生殖器大小跟男性對自己生殖器大小進行的搜尋次數，兩者的比例是一比一七〇。沒錯，在極少數情況下，女性確實表達出對伴侶陰莖的擔憂，這種擔憂往往跟陰莖大小有關，但不一定擔心陰莖過小。跟伴侶陰莖大小有關的抱怨，超過四〇％是抱怨陰莖太大。在以「性交時＿＿」為首的Google搜尋中，「疼痛」是最常見的字詞（加上「流血」、「撒尿」、「哭泣」和「放屁」是前五大常見的字詞）。然而，在男性改變陰莖大小的搜尋中，只有一％的搜尋是尋求如何使陰莖變小的資訊。

男性第二大常見的性問題是，如何使性交時間更長。在這方面，男人的不安全感再次跟女性的關切不一致。女性針對如何讓男友更快達到高潮的搜尋，跟如何讓男友更慢達到高潮的搜尋，兩者數量相當。事實上，關於男友性高潮這件事，女人最關心的不是何時發生，而是為什麼沒有發生。

講到男性，我們通常不會談論體型問題，雖然女性比較在意個人長相，但事實並不像刻板印象所暗示的那樣一面倒。根據我對Google關鍵字廣告（計算人們造訪的網站）的分析，對美容和健身有興趣者中，男性占四二%；對減重有興趣者中，男性占三三%；對整容手術有興趣者中，男性占三九%。在跟「胸部如何……」有關的所有搜尋中，約有二〇%的搜尋問到男性如何縮胸。

但是，就算對自己身體缺乏信心的男性人數比大多數人認為的更多，在講到對本身長相有不安全感時，女性人數仍然超過男性。那麼，這個數位誠實豆沙包可以針對女性缺乏自

24 我本來想以「我的陰莖有多大？關於人性，Google搜尋教了我們什麼」作為這本書的書名，但我的編輯警告說，這樣書會很難賣，人們在機場書店買這本書時可能會很尷尬。你同意這種說法嗎？

信，揭穿什麼真相呢？在美國，每年跟隆乳手術有關的搜尋超過七百萬次，官方統計數據告訴我們，每年約有三十萬名女性接受隆乳手術。

女性也對自己的臀部表現出很大的不安全感，不過許多女性最近對臀部大小的喜好突然改變。

二〇〇四年時，美國某些地區有關臀部整形的最常見搜尋是，如何使臀部縮小。想讓臀部變大的搜尋，絕大多數集中於黑人人口較多的地區。然而從二〇一〇年開始，美國其他地區想要大臀部的搜尋就愈來愈多。如果本身不是事後分配（posterior distribution），那麼這項興趣四年來已經增加三倍。在二〇一四年，美國各州如何使臀部更大的搜尋，次數都多過如何使臀部縮小的搜尋。目前在美國，隆乳手術跟臀部整形的搜尋次數已經是五比一（多拜金．卡達夏（Kim Kardashian）的豐臀影響之賜）。

女性愈來愈喜歡大臀部，是為了投男性所好嗎？有趣的是，確實如此。以前，「肥臀色情片」的搜尋都集中在黑人社區，最近卻迅速受到全美歡迎。

男人還希望女人身上有什麼呢？同前所述，眾所周知男人喜歡大奶妹。約有一二％的非一般色情片搜尋是在尋找大胸部，而且搜尋量幾乎是小胸部色情片搜尋量的二十倍。

也就是說，我們不清楚這是否表示男性希望女性隆乳。不過，有大約三%的大胸部色情片搜尋明確指出，他們想看的是天生美胸。

有關老婆和隆乳的Google搜尋，有一半的搜尋是在詢問如何說服老婆去隆乳，另一半的搜尋則是困惑老婆為何想隆乳。

或者，以有關女友胸部最常見的搜尋為例：「我喜歡我女友的胸部」。我們不清楚男人在進行這類搜尋時，希望從Google找到什麼。

跟男性一樣，女性也對自己的生殖器有疑問。事實上，女性對於陰道的問題，就跟男性對於自己陰莖的問題一樣多。女性對自己生殖器的擔心往往跟健康有關，但至少有三〇%的問題，是對其他方面的關注。女性想知道如何將私處除毛、縮緊陰道、讓陰道的氣味變得更好。同前所述，一個令人驚訝的常見關切點是，如何改善陰道氣味。女性最常擔心的是，她們的陰道聞起來像魚，其次是醋、洋蔥、氨水、大蒜、乳酪、體臭、尿液、麵包、漂白劑、排泄物、汗水、金屬、臭腳丫、垃圾和發臭的肉。

一般來說，男性不會在Google上對伴侶的生殖器進行許多搜尋。男女對伴侶生殖器的搜尋量大致相同。

當男人在Google進行跟伴侶陰道有關的搜尋時，通常會抱怨女人最擔心的事：氣味。在大多數情況下，男人想要知道如何告訴女人那種惡臭，但不會讓女人覺得很受傷。然而有時候，男人對氣味的疑問，會顯示出本身的不安全感。男人偶而會詢問，如何使用氣味來察覺女人是否有外遇，譬如：如果伴侶陰道的氣味聞起來像保險套或其他男人的精液。

我們應該怎樣利用這些隱藏在人們內心的不安全感呢？這裡顯然有一些好消息，Google給我們合理的理由，讓我們不要那麼擔心。我們對自己性伴侶如何看待我們，這種最深切恐懼根本毫無憑據。伴侶獨自一人在電腦前面時，沒有任何動機要說謊，他們透露出自己並非只在意外表，也透露出自己十分寬容。事實上，我們都太忙著在意自己的身材，所以根本沒有精力去在意別人的身材。

在Google的性搜尋中透露出以下這兩個重大關切之間，也可能存在一種關聯：缺乏性愛，以及對個人性吸引力與性能力的不安全感。也許這些都是相關的，也許如果我們對性愛少一點擔心，性生活就會更活躍些。

關於性愛，Google搜尋還能告訴我們什麼？我們可以進行一場性別之戰，看看誰最大方。以尋找方法改善對伴侶口交表現的所有搜尋為例，[25]是男性還是女性進行較多搜尋呢？在性愛方面，是男性還是女性比較大方？當然是女性，這還用說嗎？將所有可能性加總後，我估計這個比例是二比一，女性更常搜尋如何口交取悅伴侶的建議。

當男性尋找如何口交的祕訣時，他們往往不會尋找取悅伴侶的方式。男人尋找方法讓伴侶為他們口交，跟找方法讓女人達到高潮，兩者的搜尋量是一樣的（這是Google搜尋數據中，我最喜歡的事實之一）。

有關「黑鬼」的搜尋，比你想像的多

性與戀情不是難以啟齒的唯一主題，因此也不是人們守口如瓶的唯一話題，很多人有理由不透露自己的偏見。我想你可以說這是一種進步，如今許多人覺得如果承認自己根據種族、性傾向或宗教來判斷別人，就會被別人批判。但是現在，很多美國人還是這樣做（敬請留意，這部分說明包括令人不安的內容）。

25 我說過，我無法知道Google搜尋者的性別。我假設尋找如何用唇或舌刺激女性生殖器的大多數搜尋來自男性，而尋找如何吸吮陽具的大多數搜尋來自女性。這是因為大多數人是異性戀，也因為大多數人可能比較沒有必要了解如何取悅同性伴侶的需求。

你可能在Google上看到這樣的情況，使用者有時會提出問題，例如：「為什麼黑人很粗魯？」或「為什麼猶太人很邪惡？」下表是用於搜尋有關不同群體的前五大負面字詞。[26]

這些刻板印象中，有一些模式很突出，例如，非裔美國人是唯一被冠上「粗魯」這種刻板印象的群體。幾乎每個群體都是「愚蠢」這種刻板印象的受害者，只有猶太人和穆斯林這兩個群體不是。「邪惡」這種刻板印象適用於猶太人、穆斯林和同志，但不適用於非裔美國人、墨西哥人、亞洲人和基督徒。

穆斯林是唯一被定型為恐怖分子的群體。當美國穆斯林被套上這種刻板印象時，反應可能是瞬間且惡毒的。Google搜尋數據可以讓我們分分秒秒窺視這種煽動仇恨的憤怒是如何爆發的。

以二〇一五年十二月二日在加州聖貝納迪諾大規模槍擊案發生後的事情為例。當天早上，里茲萬・法魯克（Rizwan Farook）和塔什菲・馬利克（Tashfeen Malik）手持半自動手槍和半自動步

	1	2	3	4	5
非裔美國人	粗魯	種族主義者	愚蠢	醜陋	懶惰
猶太人	邪惡	種族主義者	醜陋	貪小便宜	貪婪
穆斯林	邪惡	恐怖分子	惡劣	暴力	危險
墨西哥人	種族主義者	愚蠢	醜陋	懶惰	笨蛋
亞洲人	醜陋	種族主義者	煩人	愚蠢	貪小便宜
同志	邪惡	有問題	愚蠢	煩人	自私
基督徒	愚蠢	瘋狂	笨蛋	妄想	有問題

槍，出席跟同事的聚會並殺害十四個人。當天晚上媒體首先報導一名槍手聽起來像是穆斯林的名字。幾分鐘後，許多加州人就決定他們想要怎麼對付穆斯林：殺死他們。[27]

當時，在加州以穆斯林一詞進行的Google搜尋中，最常見的搜尋就是「殺死穆斯林」。而且整體來說，美國人進行「殺死穆斯林」這種搜尋的次數，大概跟他們搜尋「馬丁尼酒譜」、「偏頭痛症狀」和「牛仔隊球員名單」的次數相當。在聖貝納迪諾槍擊案發生後那幾天，對於每一個擔心「伊斯蘭恐懼症」的美國人來說，另一個做法就是搜尋怎樣「殺死穆斯林」。而這次槍擊案發生前，這種仇恨搜尋大約占穆斯林相關搜尋的二〇％。在槍擊案發生後的幾個小時內，仇恨搜尋就占穆斯林相關搜尋的半數以上。

這種依照每分鐘記錄的搜尋數據可以告訴我們，要平息這股憤怒有多麼困難。歐巴馬總統在這次槍擊案發生四天後，於黃金時段發表一場全國演說。他想向美國人保證，政府可以阻止恐怖主義。或許更重要的是，政府想趕緊平息這種危險的伊斯蘭恐懼症。

26 作者對Google關鍵字廣告數據所做的分析。
27 Evan Soltas and Seth Stephens-Davidowitz, "The Rise of Hate Search," *New York Times*, December 13, 2015, SR1。數據和更詳細資料參見作者官網sethsd.com，點選Research/Data，標題為「Islamophobia」的資料區。

歐巴馬訴諸人性善良的一面，談到包容和容忍的重要性。他的措詞既有說服力又令人感動。《洛杉磯時報》（*Los Angeles Times*）讚揚歐巴馬「提醒大家別讓恐懼蒙蔽了我們的判斷力」。《紐約時報》稱頌這場演說既「強悍」又「鎮定民心」。美國新聞網站Think Progress力讚這場演說是「善治的必要工具，旨在挽救美國穆斯林的生命」。換句話說，大家一致認為歐巴馬的演說相當成功。但是，事實真是如此嗎？

Google搜尋數據顯示，事實正好相反。當時我跟在普林斯頓大學攻讀博士學位的伊旺．索爾塔斯（Evan Soltas），一起審視這些數據。歐巴馬總統在演說中提到：「所有美國人，不論宗教信仰為何，都有責任拒絕歧視。」但是在這場演說中和演說不久後，將穆斯林說成「恐怖分子」、「壞人」、「暴力」、「邪惡」的搜尋卻增加一倍。歐巴馬總統還表示：「我們有責任拒絕對我們允許進入這個國家的人，進行信仰測試。」但對大多為穆斯林且急於尋求一個避風港的敘利亞難民的負面搜尋，卻增加六〇%，而詢問如何幫助敘利亞難民的搜尋則減少三五%。歐巴馬要求美國人「不要忘記自由比恐懼更強大」，但在他演說時，「殺死穆斯林」的搜尋量卻增加到三倍。事實上，依照我們所能測試到的每項搜尋，在歐巴馬演說期間和演說後，與穆斯林有關的所有負面搜尋全都大幅激增，而與穆斯林有關的所有正面搜尋全都減少了。

換句話說，歐巴馬說的似乎都對。所有的傳統媒體都頌揚歐巴馬的話有療癒力，但是網路的新數據提供數位誠實豆沙包顯示，這場演說實際上不但沒有達成主要目標，而且還造成反效果。網路數據告訴我們，歐巴馬的演說並沒有像大家以為的那樣安撫了憤怒的暴民，反而讓這股怒火愈燒愈旺。我們認為奏效的事情，可能與我們的預期完全相反。有時我們需要網路數據來修正我們的直覺，才能讚美別人。

那麼，歐巴馬應該怎麼說，才能平息美國目前如此充滿敵意的這種仇恨？我們稍後再來討論這個問題。現在我們先看看美國長久以來存在的一種偏見，這種憎恨形式實際上已經超越其他憎恨形式，也一直最具破壞力。我在本書一開始時就說明過這個研究主題，我利用Google搜尋數據進行研究時，發現網路上跟仇恨有關的一個最顯著的事實就是：「黑鬼」一詞的普及性。

不管是以單數或複數形式搜尋「黑鬼」一詞，在美國每年這類搜尋就多達七百萬次（而且，饒舌歌曲中使用的詞幾乎總是「黑人」，而不是「黑鬼」，所以嘻哈歌曲的歌詞並不會影響黑鬼搜尋次數）。「黑鬼笑話」搜尋的次數，是「猶太人笑話」、「東方佬笑話」、「西班牙裔美國人笑話」、「中國佬笑話」、「同志笑話」等搜尋次數總和的十七倍。[28]

在什麼時候，「黑鬼」或「黑鬼笑話」的搜尋最為常見？每當非裔美國人上新聞時，這類搜尋就最為常見。比方說，卡崔娜颶風來襲後，電視報導和報紙刊出紐奧良的黑人為生存搏鬥的絕望景象時，這類搜尋次數就立即飆高。在歐巴馬第一次選舉期間，這類搜尋次數也激增。而且在馬丁・路德・金恩紀念日當天，[29]「黑鬼笑話」的搜尋平均增加三〇%。

這種可怕的種族誹謗用語無所不在，讓人不禁懷疑目前人們對種族主義的理解。任何種族主義理論都必須解釋美國存在的一個很大謎題。一方面，美國絕大多數的黑人認為自己飽受偏見所苦，他們有充分證據證實在警察局、應徵工作和陪審團決定時受到歧視。另一方面，很少美國白人會承認自己是種族主義者。

最近政治學家的主要解釋是，這大部分是因為人們有**潛在性**偏見。這個理論繼續提到，美國白人可能沒有惡意，但是他們潛意識裡有偏見，這種偏見影響他們對待美國黑人的方式。學者發明一種巧妙方式測試這種偏見，並稱之為內隱聯結測試（implicit-association test）。

這項測試一直顯示，大多數人將黑人的臉跟「好」這類正面字詞聯結所需的時間，會比跟「可怕的」這種負面字詞聯結的時間還多出幾毫秒。同樣的測試以白人的臉來進行，結果剛好相反。聯結所需的額外時間就是人們有潛在性偏見的證據，人們甚至可能不知道自己有這種偏見。

然而，有另一種解釋能說明非裔美國人感受到，但白人卻否認的這種歧視：隱匿卻**明確的**種族主義。假設種族主義相當普遍，人們都心知肚明只是自己不會承認，當然也不會在接受任何形式的調查中透露。那似乎就是搜尋數據告訴我們的狀況，人們在搜尋「黑鬼笑話」時，不需要隱瞞什麼，而且很難想像美國人搜尋「黑鬼」一詞的次數，竟然跟搜尋「偏頭痛」和「經濟學家」的次數一樣多。那麼，這種**明確的**種族主義怎麼可能不會對非裔美國人產生重大影響呢？在有Google數據可用前，我們無法對這種狠毒的敵意，進行一個令人信服的測量。現在我們可以做到了。因此，我們準備好看看數據如何解釋。

同前所述，Google數據說明為什麼歐巴馬在二〇〇八年和二〇一二年的大選中，在許多地區的得票數減少了。數據也說明這跟黑人與白人的工資差距有關，[30]如同經濟學家最近指出

28 作者利用Google搜尋趨勢進行的分析。

29 作者利用Google搜尋趨勢進行的分析。

30 Ashwin Rode and Anand J. Shukla, "Prejudicial Attitudes and Labor Market Outcomes," mimeo, 2013.

的那樣。我發現進行最多種族主義搜尋的地區，就是給黑人工資過低的地區，而且，那就是川普得以成為共和黨候選人參選總統的一種現象。誠如本書「前言」所述，當時民調大師席佛尋找跟強烈支持川普二〇一六年共和黨初選有關的地理變數，他在我設計的種族主義地圖上找到那項變數。那項變數就是：有關「黑鬼」的Google搜尋。

學者們最近將逐州對黑人的潛在性偏見的計算加以彙整，讓我能夠將**明確的**種族主義的影響跟Google搜尋衡量的**潛在性**偏見做一比較。舉例來說，我以此測試歐巴馬的兩次總統大選。我使用迴歸分析預測歐巴馬在哪些地區的得票數不如預期，發現該地區的種族主義Google搜尋就能做出許多解釋。至於一個區域在內隱聯結測試中的表現，則無法說明什麼。

為了鼓勵對這方面進行更多研究，容我大膽挑釁提出以下推測，供各領域學者進行測試。目前歧視非裔美國人的主要解釋不該是人們同意參加實驗室實驗，在潛意識裡將負面字詞與黑人產生聯想這件事。我們應該正視的是，有幾百萬名美國白人繼續在搜尋「黑鬼笑話」這項事實。

在美國，黑人經常遇到歧視似乎是被一股明確的敵意所助長。但是對其他群體的歧視，主要可能是受到潛意識中的偏見影響，例如，我能夠使用Google搜尋找到對另一群人（小女孩）有潛在性偏見的證據。

你可能會問，誰會對小女孩有偏見？

她們的爸媽。[31]

家長經常因為小孩可能天賦異稟而興奮不已，這種事並不奇怪。事實上，「我的二歲小孩……嗎？」這類Google搜尋最常接的字詞就是「有天分」。但奇怪的是，這個問題依據性別的搜尋次數並不相同。父母更常搜尋兒子是否有天分，「我的兒子有天分嗎？」這種搜尋是「我的女兒有天分嗎？」的二・五倍。在使用與智力相關、但可能會不好意思大聲說出的其他措詞時，家長也顯示出類似的偏見，譬如：「我的兒子是天才嗎？」

31 Seth Stephens-Davidowitz, "Google, Tell Me. Is My Son a Genius?" *New York Times*, January 19, 2014, SR6。這些搜尋的數據可使用Google關鍵字廣告找到。估計值可在Google搜尋趨勢，將包含「gifted son」等字詞的搜尋，跟包含「gifted daughter」等字詞的搜尋進行比較，比較範例詳見https://www.google.com/trends/explore?date=all&geo=US&q=gifted%20son,gifted%20daughter，以及https://www.google.com/trends/explore?date=all&geo=US&q=overweight%20son,overweight%20daughter。家長更常搜尋兒子的智力和女兒的長相，這個普遍模式有一個例外就是，家長更常搜尋「胖兒子」，而不是「胖女兒」。這似乎跟稍早討論過的亂倫色情片受歡迎有關。跟「胖」和「兒子」等字詞有關的搜尋中，就有二〇%的搜尋帶有「色情片」一詞。

家長是否注意到女孩和男孩之間的天生差異？也許小男孩比小女孩更有可能說大話，或表現出有天賦的客觀跡象？如果真有區別，那麼事實剛好相反。小時候，女孩一直被認為有較大的詞彙量，也能使用更複雜的句子。在美國學校裡，女孩被選入資優計畫的可能性比男孩多九%，[32]儘管如此，家長在餐桌旁似乎目光更落在男孩比女孩有天賦之處上。[33]事實上，在我測試每一個與智力有關的搜尋字詞中，那些指出缺乏智力的搜尋詞也包含在內，家長更可能針對兒子，而非女兒進行搜尋。而關於「我兒子比別人落後嗎？」或「我兒子比別人笨嗎？」的搜尋，也比「我女兒比別人落後或笨嗎？」的搜尋更多。但是，像「落後」和「笨」這種負面字詞的搜尋，當然不像「有天賦」或「天才」這類正面字詞的搜尋那樣用在兒子身上特別多。

那麼，家長對女兒的首要關切是什麼呢？主要是跟長相有關的任何事情。以小孩的體重問題為例，家長搜尋「我的女兒超重嗎？」大約是搜尋「我的兒子超重嗎？」的兩倍。家長詢問如何讓女兒減肥，大約是詢問如何讓兒子減肥的兩倍。就像天賦一樣，這種性別偏見在現實生活中根本站不住腳，約有二八%的女孩超重，而男孩超重的比例則是三五%。[34]儘管體重計測量出男孩超重的比例多過女孩，但家長對於女兒超重的擔心卻多過對兒子超重的擔心。

另外，家長針對女兒美不美的搜尋，是針對兒子帥不帥的搜尋的一．五倍。而且，他們搜尋女兒醜不醜的可能性，竟然是搜尋兒子醜不醜的三倍（究竟人們為何指望Google知道自己的小孩是美或醜，這一點實在令人匪夷所思）。

一般來說，家長在跟兒子有關的問題上似乎更有可能使用正面字詞。他們更容易詢問兒子是否「開心」，比較不可能詢問兒子是否「憂鬱」。

思想開明的讀者可能認為這些偏見在美國較保守地區更為常見，但我並沒有找到任何這方面的證據。事實上，我沒有發現任何這些偏見與各州政治或文化特性之間有什麼重大關係。我也沒有發現任何證據顯示，這些偏見自二〇〇四年以來（Google搜尋數據可取得的最早年分）有減弱的趨勢。家長對女兒的這種偏見，似乎比我們所相信的更為普遍和根深柢固。

32 "Gender Equity in Education: A Data Snapshot," Office for Civil Rights, U.S. Department of Education, June 2012, http://www2.ed.gov/about/offices/list/ocr/docs/gender-equity-in-education.pdf.

33 為了進一步測試父母以不同方式對待子女這種假設，我正在研究從教養網站取得的數據。跟只進行這些特定明確搜尋的家長相比，這項研究將數量更龐大的家長列入考量。

34 Data Resource Center for Child and Adolescent Health, http://www.childhealthdata.org/browse/survey/results?q=2415&g=455&a=3879&r=1.

我們對偏見的刻板印象，不只出現在性別歧視，也出現在其他地方。

Vikingmaiden88（網站用戶代號）二十六歲，她喜歡閱讀歷史和寫詩，她的簽名引用莎士比亞的一段話。我從她在風暴前線網站的個人檔案和貼文蒐集到這些資訊。風暴前線是美國最受歡迎的線上仇恨網站。我也了解到，Vikingmaiden88喜歡《紐約時報》的內容。她寫了一篇關於《紐約時報》的激情貼文。

最近我分析風暴前線網站幾萬個這類個人檔案，[35]其中註冊會員可以輸入所在地、出生日期、興趣和其他資訊。

風暴前線網站成立於一九九五年，由三K黨前任領袖唐．布萊克（Don Black）創辦。風暴前線網站上最受歡迎的「社群團體」是「國家社會主義聯盟」（Union of National Socialist）和「阿道夫．希特勒的粉絲與支持者」（Fan and Supporters of Adolf Hitler）。根據網路廣告公司Quantcast的說法，過去一年，每個月大約有二十萬到四十萬名美國人造訪風暴前線網站。南方貧困法律中心（Southern Poverty Law Center）最近的一份報告指出，過去五年內有近一百件謀殺案跟風暴前線網站註冊會員有關。

我調查風暴前線會員的個人檔案後發現，他們跟我原先的推測有出入。

他們通常很年輕，至少根據自己陳述的出生日期是這樣沒錯。人們大多在十九歲時加入這個網站。網站會員中，十九歲男性人數是四十多歲男性人數的四倍，網路和社群網路用戶通常比較年輕，但卻沒有那麼年輕。

個人檔案中並沒有性別欄位，但是我查看美國用戶隨機抽樣的所有貼文和完整的個人檔案，其實可以從中找出大部分會員的性別：據我估計，約有三〇%的風暴前線會員是女性。

按照會員人數占該州人口比例來說，會員人數比例最高的州是蒙大拿州、阿拉斯加州和愛達荷州。這些州的居民以白人居多，這是否表示在族群多元化較低的地區長大，會助長仇恨呢？可能不會。相反地，由於這些州的非猶太裔白人人數較多，所以他們有更多潛在會員，參與一個攻擊猶太人和非白人的團體。其實在少數族群人數更多的地區，風暴前線的目標受眾（target audience）加入會員的比例反而較高。當你查看風暴前線網站十八歲以下的會員時，情況會更明顯，因為他們無法選擇自己住在哪裡。

在這個年齡層中，加州是少數族群人口最多的其中一州，加州會員比率就比全國平均比

35 Stephens-Davidowitz, "The Data of Hate"，相關數據可至作者官網下載，詳見 sethsd.com，點選 Research/Data，標題為「Stormfront」的資料區。

率高出二五%。

該網站最受歡迎的社群團體之一是「支持反猶太主義」（In Support of Anti-Semitism），加入這個社群的成員比例與該州猶太人口呈正相關。紐約是猶太人人數最多的州，在這個群體的人均會員數也高出平均值。

Dna88在二〇〇一年加入風暴前線網站，形容自己是一個三十歲「長相好看、有種族意識」的網路開發人員，住在「猶約市」（Jew York City，猶太人很多的紐約市）。在接下來的四個月裡，他寫了二百多篇貼文，如「猶太罪行泯滅人性」和「猶太人賺血腥錢」，並將人們引導到jewwatch.com，該網站聲稱是「猶太復國主義有罪」的「學術圖書館」。

風暴前線網站會員抱怨少數族裔使用不同的語言，也抱怨少數族裔犯下罪行，但我發現最有趣的是，跟約會市場中的競爭有關的抱怨。

加拿大前總理威廉・里昂・麥肯齊・金（William Lyon Mackenzie King）曾表示：「加拿大應該是白人的國家。」風暴前線網站上有一位以此總理姓名自稱的會員在二〇〇三年寫道，他看到一名白人婦女帶著跟「黑人生的醜雜種小黑鬼」時，拚命「遏止」自己的「憤怒」。住在洛杉磯一名四十一歲的學生Whitepride26說：「我不喜歡黑人和拉丁美洲人，有時也不喜歡亞洲人，尤其是當男人發現她們比白人女性更有吸引力時。」

某些政治事態的發展也會產生影響。到目前為止，風暴前線網站會員人數增加最多的一天是二〇〇八年十一月五日，也就是歐巴馬當選總統隔天。然而，在川普以共和黨總統候選人參選期間，[36]風暴前線網站會員人數並沒有增加，在川普當選總統後那段時間，也只有小幅增加。川普善用白人民族主義的優勢，但是並沒有證據顯示他創造一波白人民族主義浪潮。歐巴馬的當選導致白人民族主義運動更如火如荼地進行，川普的當選似乎就是對此事的一項回應。

有一件事似乎跟風暴前線網站會員人數無關：經濟狀況。以個別州每月在該網站的註冊會員人數來看，與該州失業率之間並沒有關係。遭受大衰退影響的州裡，跟風暴前線網站有關的Google搜尋並沒有相對增加。

但最有趣也最令人驚訝的或許是，風暴前線網站會員談論的一些話題。他們談論的話題，

36 有關風暴前線網站的Google搜尋，在二〇一六年十月的搜尋次數跟二〇一五年十月時差不多。這跟歐巴馬第一次參選總統時的情況形成鮮明的對比。跟二〇〇七年十月相比，二〇〇八年十月，和風暴前線網站有關的Google搜尋次數增加六〇%。在歐巴馬當選隔天，和風暴前線網站有關的Google搜尋激增十倍，增幅大約跟小布希總統在二〇〇四年當選隔天的增幅相當，這可能主要反映出政治迷很關注新聞。

就跟我朋友和我談論的話題差不多。也許是我自己很天真，但我本來以為白人民族主義者活在跟我和我朋友不同的世界，然而相反地，他們長久以來一直讚揚影集《冰與火之歌：權力遊戲》（*Game of Thrones*），並討論線上交友網站（如PlentyOfFish和OkCupid）各自的優點。

《紐約時報》在風暴前線網站用戶的受歡迎程度，這項關鍵事實顯示出，風暴前線網站用戶住在像我和我朋友一樣的世界。不只用戶VikingMaiden88經常造訪《紐約時報》的網站，這個網站也受到許多風暴前線網站會員的歡迎。事實上，當你將風暴前線網站用戶跟造訪雅虎新聞網站者做比較時，會發現風暴前線網站用戶造訪紐約時報網站（nytimes.com）的可能性，是造訪雅虎新聞網站的兩倍。

仇恨網站的成員反而很愛上自由派大本營的紐約時報網站？怎麼可能？如果許多風暴前線會員從紐約時報網站獲取新聞，這表示我們對白人民族主義者的普遍看法是錯誤的。這也意味著，我們對於網路如何運作的普遍看法是錯誤的。

網路會隔離政治立場不同的人？

大多數人都同意，網路正在促使美國分裂，導致大多數人躲進跟自己同類的網站。哈佛法學院教授凱斯·桑斯坦（Cass Sunstein）如此描述這種情況：「我們的通訊市場正在迅速往一個方向發展，讓人們侷限在自己的觀點——自由派人士大多只看自由派人士的言論，溫和派就看溫和派，保守派就看保守派，新納粹就只關注新納粹。」

這個觀點是有道理的，畢竟，網路提供我們幾近無限數量的選擇，讓我們可以從中使用新聞。我想看什麼新聞就看什麼新聞，你也是，VikingMaiden88也一樣，而且人們在使用自己的設備上網時，往往會尋求證實自己看法無誤的觀點。因此，網路肯定會造成極端的政治隔離。

這個標準觀點有一個問題。數據告訴我們，事實根本不是這麼一回事。

根茲柯和夏皮洛這兩位經濟學家於二〇一一年的研究，提出證據反駁這項普遍觀點。

根茲柯和夏皮洛蒐集美國人瀏覽行為的大樣本數據。他們的數據集還包括研究對象自我陳述的意識形態：人們認為自己偏向自由派或保守派。他們使用這些數據衡量網路上的政治隔離。[37]

怎麼做呢？他們進行一項有趣的思想實驗。

37 Matthew Gentzkow and Jesse M. Shapiro, "Ideological Segregation Online and Offline," *Quarterly Journal of Economics* 126, no. 4 (2011).

假設你隨機抽樣剛好造訪同一個新聞網站的兩名美國人，其中一人是自由派，另一人是保守派的機率是多少？換句話說，自由派和保守派有多常在新聞網站上「相遇」？

進一步思考這件事，假設網路上的自由派人士和保守派人士從來沒有從同一個地方取得網路新聞。換句話說，自由派人士只造訪自由派網站，保守派人士只造訪保守派網站。如果是這樣的話，政治立場不同的兩名美國人造訪同一個新聞網站的機率就是〇%。網路將會做到完全**隔離**，自由派人士和保守派人士永遠無法融合。

相反地，假設自由派人士和保守派人士在獲取新聞方面並無不同。換句話說，自由派人士和保守派人士同樣可能造訪任何特定新聞網站。如果是這樣的話，政治立場不同的兩名美國人造訪同一個新聞網站的機率大概是五〇%。網路將是完全**去除歧見**，自由派人士跟保守派人士將完全融合。

那麼，數據告訴我們什麼呢？依據根茲柯和夏皮洛的研究，在美國，政治立場不同的兩個人造訪同一個新聞網站的機率大約是四五%（見下頁表）。換句話說，網路比較接近完全去除歧見，而不是完全隔離。自由派人士和保守派人士一直都在網路上「相遇」。

當我們將生活其他層面的隔離，跟網路上的隔離相比較時，就會知道網路反而是比較沒有將人們隔離之處。根茲柯和夏皮洛可以將這種分析，重複套用在各種線下互動。兩名家庭成員政治立場不同的機率是多少？那麼兩名鄰居、兩名同事、兩個朋友政治立場不同的機率又是多少？

使用「綜合社會調查」（General Social Survey）的數據，根茲柯和夏皮洛發現上述所有問題的機率，都低於政治立場不同的兩人出現在同一個新聞網站的機率。

換句話說，你更有可能在網路上，而不是在現實生活中，遇到政治立場不同的人。

為什麼網路不是更有隔離性？有兩個因素限制網路上的政治隔離。

首先，有點令人驚訝的是，網路新聞業是由幾個大型網站主導。我們通常認為網路吸引偏激人士，其實不管你的看法為何，你總會找到自己喜歡的網站。有訴求支持擁槍和反槍鬥士、要求雪茄權和一美元硬幣的活躍分子、無政府主義者和白人民族主義者的各式各樣網站。但這些網站加總起來，只占網路新聞流量的一小部分。事實上，

你遇到某人跟你政治立場不同的機率

在新聞網站上	45.2%
同事	41.6%
鄰居	40.3%
家庭成員	37.0%
朋友	34.7%

二〇〇九年時，雅虎新聞、美國線上新聞（AOL News）、msnbc.com和cnn.com這四個網站，蒐集半數以上的新聞觀點。現在，雅虎新聞依然是最受美國人歡迎的新聞網站，每個月有將近九千萬訪客，訪客人數大約是風暴前線網站的六百倍。像雅虎新聞這類大眾媒體網站吸引了政治立場不同的廣大觀眾。

讓網路不具隔離性的第二個因素是，許多持強烈政治觀點的人會造訪觀點對立的網站，只不過這樣做會讓人生氣和產生爭執。政治迷們不會把自己侷限在同樣立場的網站。造訪thinkprogress.org和moveon.org這兩個極端自由派網站的人，比一般網路用戶更可能造訪foxnews.com這個右派網站。造訪rushlimbaugh.com或glennbeck.com這兩個極端保守派網站的人，比一般網路用戶更可能造訪nytimes.com這個支持自由派的網站。

根茲柯和夏皮洛的研究是依據二〇〇四年到二〇〇九年的數據，算是網路初期時的數據。所以，有沒有可能從二〇〇九年以後，網路變得愈來愈區隔化？社群媒體，尤其是臉書，已經將這兩位經濟學家的結論推翻了嗎？顯然，如果我們的臉書朋友往往跟我們的政治立場相同，那麼社群媒體的興起應該意味著回聲室的興起，對吧？

事實再次證明，故事並沒有那麼簡單。雖然我們在臉書上的朋友[38]更可能跟我們的政治觀點相同，但是由艾坦・巴克許（Eytan Bakshy）、所羅門・梅辛（Solomon Messing）和拉達・阿達米克（Lada Adamic）組成的科學團隊發現，人們在臉書上取得的資訊，有相當驚人的部分是來自跟自己看法對立者。

這怎麼可能？我們的朋友通常不是跟我們有同樣政治立場嗎？的確，他們是這樣沒錯。但是有一個決定性的因素，[39]跟現實生活的社交相比，臉書可能引起更多元化的政治討論。[40]

38 Eytan Bakshy, Solomon Messing, and Lada A. Adamic, "Exposure to Ideologically Diverse News and Opinion on Facebook," *Science* 348, no. 6239 (2015)。他們發現臉書活躍用戶中，有九%的用戶表明自己的意識形態。這群用戶的臉友中也表明個人意識形態且立場剛好相反的比例約占二三%，而在臉書上從意識形態對立者取得消息的人占二八・五%。這些數字並未直接跟有關隔離的其他數字做比較，因為這個樣本太小，只包含表明本身意識形態的臉書用戶。據推測，這些用戶更可能積極參與政治活動，也會跟有同樣意識形態又熱衷政治的用戶聯繫。如果這項推測是正確的，那麼所有用戶之間的多樣性就會更大。

39 讓社群媒體有驚人多樣性的另一個因素是，不管文章內容的政治傾向為何，社群媒體讓極受歡迎且廣為分享的文章曝光率大增。參見Solomon Messing and Sean Westwood, "Selective Exposure in the Age of Social Media: Endorsements Trump Partisan Source Affiliation When Selecting News Online," 2014。

40 參見Ben Quinn, "Social Network Users Have Twice as Many Friends Online as in Real Life," *Guardian*, May 8, 2011。這篇文章討論二〇一一年由Cystic Fibrosis Trust進行的一項研究，該研究發現社群網路用戶在線上平均有一百二十一位朋友，在現實生活中平均有五十五位朋友。根據二〇一四年皮尤（Pew）研究中心的一項調查，臉書用戶平均朋友數超過三百位。參見Aaron Smith, "6 New Facts About Facebook," February 3, 2014, http://www.pewresearch.org/fact-tank/2014/02/03/6-new-facts-about-facebook/。

平均來說，人們在臉書上的朋友人數，比在實際生活中的朋友人數還多，而且由臉書促成的這些薄弱關係，[41]更有可能存在於政治觀點對立者之間。

換句話說，臉書曝露出我們薄弱的社交關係——高中熟識、瘋狂的遠親、你或許有點認識的朋友的朋友的朋友。你可能永遠不會跟這些人去打保齡球或一起烤肉，你可能不會邀請他們參加晚宴，但你確實在臉書上跟他們做朋友，而且你確實點擊他們分享的文章連結，了解你原本可能從未設想過的觀點。

總而言之，網路真的讓不同政治立場的人們聚集在一起。通常，自由派女性早上可能跟政治立場相同的老公和小孩在一起，下午跟政治立場相同的同事共度，下班開車在路上看到的車輛保險桿上都貼著支持自由派的貼紙，晚上則跟同為自由派的瑜伽課同學一起做瑜伽。回家後在cnn.com上細讀一些保守派的言論，或從臉書上支持共和黨的高中熟識那裡取得連結，這可能是她當天跟保守派有最多接觸的時光。

在布魯克林區我最喜愛的咖啡店裡，我可能從沒遇過白人民族主義者，但是白人民族主義者VikingMaiden88和我一樣，都是《紐約時報》網站的常客。

虐童和墮胎數比你知道的還多

網路不僅可以讓我們深入了解令人不安的態度，也可以讓我們深入了解令人不安的行為。事實上，Google的數據可能有效地提醒我們，被所有尋常來源遺漏的危機。畢竟，人們遇到困難時，會向Google求助。

以景氣大衰退期間的虐童情況為例。

二〇〇七年年底，這個重大經濟衰退開始時，許多專家自然會擔心這種情勢可能對孩童有影響。畢竟，很多家長會飽受壓力且心情沮喪，而這些正是造成虐待的主要危險因素。虐童案件可能激增。

後來，官方數據公布，專家的擔心似乎並無根據。兒童保護服務機構指出，他們接獲的虐童案件愈來愈少。此外，在最受經濟衰退重創的那幾州，虐童案件反而減少最多。二〇一一年時，賓州大學（University of Pennsylvania）兒童福利專家理查德·格勒斯（Richard

41 Eytan Bakshy, Itamar Rosenn, Cameron Marlow, and Lada Adamic, "The Role of Social Networks in Information Diffusion," *Proceedings of the 21st International Conference on World Wide Web*, 2012.

Gelles）告訴美聯社（Associated Press）：「悲觀預言並未成真。」[42]是的，這似乎很違反直覺，在經濟衰退期間，虐童案件數似乎暴跌。

但是在這麼多成年人失業，陷入極度沮喪之際，虐童案件真的減少了嗎？[43]這件事讓我很難相信，所以我利用Google數據進行分析。

事實證明，有些孩子在Google進行一些悲慘又揪心的搜尋，譬如：「我媽媽打我」或「我爸爸打我」。而且這些搜尋呈現出這段時間內發生什麼事的不同面向和痛苦之情。在大衰退期間，這樣的搜尋次數就隨著失業率攀升而激增。

我認為真正發生的狀況是：虐童案報案數減少了，但虐童這件事本身並沒有減少。畢竟，根據估計只有很小部分的虐童案會呈報給管理當局。而且在經濟衰退期間，許多傾向於呈報虐童案件的人（例如教師和警察）和處理案件者（兒童保護服務人員），更有可能工作過度或失業。

經濟衰退期間有很多故事跟人們想要報案，卻要面臨漫長等待，最後只好選擇放棄有關。[44]

事實上有更多的證據指出，在經濟衰退期間，虐童事件其實增加了，只是這些證據不是來自Google。當孩童因虐待或忽視而死亡，就必須呈報。在最受經濟衰退重創的那些州，這種死亡人數雖然很少，卻真的增加了。

而Google也有一些證據顯示，有更多人懷疑在經濟受重創地區的虐童狀況。承受最多控制衰退率和全國趨勢之苦的那些州，有關虐童和忽視兒童的搜尋率增加最多。失業率每增加一個百分點，有關「虐童」或「忽視兒童」的搜尋率就增加三％。想必這些人大多無法順利呈報虐童事件，因為這些州的官方數字反而指出虐童案件減少最多。

飽受苦難孩童的搜尋增加了，孩童死亡率也激增。在經濟最受重創的那些州，懷疑虐童的搜尋也大幅增加，但是官方公布的案件數卻下降了。經濟衰退似乎導致更多孩童告訴Google，他們的父母正在毆打他們，也有更多人懷疑自己看到虐童事件。但是，工作過多的主管機構只能處理更少的案件。

我認為可以肯定的是，儘管採用傳統做法的數據調查並未顯示出這種現象，但經濟衰退

42 "Study: Child Abuseon Decline in U.S.," *Associated Press*, December 12, 2011.

43 參見Seth Stephens-Davidowitz, "How Googling Unmasks Child Abuse," *New York Times*, July 14, 2013, SR5，以及Seth Stephens-Davidowitz, "Unreported Victims of an Economic Downturn," mimeo, 2013。

44 "Stopping Child Abuse: It Begins With You," *The Arizona Republic*, March 26, 2016.

確實讓虐童事件更加惡化。

每當我懷疑人們可能正在暗自受苦，我就會利用Google數據進行分析。這個新數據和知道如何解釋新數據的潛在好處之一是，可能幫助那些會被主管當局忽視的弱勢團體。

所以當最高法院最近調查法規讓婦女更難墮胎會有何影響時，我就以Google搜尋數據進行分析。我懷疑受到這種法規影響的婦女可能會尋求非法方式終止懷孕。[45]她們確實這樣做，而且在通過限制墮胎法令的那些州，這類搜尋次數最高。

以下列出的搜尋數據既實用又令人不安。

二〇一五年時，在美國針對自行墮胎的Google搜尋，超過七十萬次，相較之下，當年有關墮胎診所的Google搜尋約有三百四十萬次。這表示考慮墮胎的婦女中，有相當高的比例打算自己做這件事。

婦女針對如何透過非官方管道取得墮胎藥物所做的搜尋約有十六萬次，譬如：「線上購買墮胎藥」和「免費墮胎藥」。她們詢問Google關於透過像歐芹這類藥草或維生素C來墮胎。約有四千多個搜尋是尋找以衣架墮胎的方法，其中有一千三百個搜尋包含「如何以衣架墮胎」

這句話。還有幾百個搜尋詢問如何以漂白水沖子宮和打肚子來墮胎。

是什麼原因驅使女性想要自行墮胎？從進行Google搜尋的地理位置和時間點，找出一個可能的罪魁禍首：在很難進行合法墮胎時，女性就會尋求非法方式墮胎。

二〇〇四年至二〇〇七年期間，自行墮胎的搜尋率並沒有太大變化。二〇〇八年年底，隨著金融危機和隨之而來的景氣衰退，自行墮胎的搜尋率開始上升。到二〇一一年時，則是大幅增加四〇％。主張女性有生育自主權的葛特馬赫協會（Guttmacher Institute）將二〇一一年視為美國最近遏制墮胎的序幕，當年美國有許多州頒布限制墮胎管道的九十二項條款。相較之下，加拿大並沒有做出對生育權的限制，而加拿大在這段時間裡對自行墮胎的搜尋並沒有像美國那樣大幅增加。

Google自行墮胎搜尋率最高的州是密西西比州，密西西比州約有三百萬人口，但目前只有一家墮胎診所。葛特馬赫協會認為，自行墮胎搜尋率最高的十個州當中，有八個州反對或非常反對墮胎。自行墮胎搜尋率最低的十個州，都不反對墮胎。

45 Seth Stephens-Davidowitz, "The Return of the D.I.Y. Abortion," *New York Times*, March 6, 2016, SR2。相關資料可於作者官網下載，詳見sethsd.com，點選Research/Data，標題為「Self-Induced Abortion」的資料區。

當然，我們無法從Google搜尋中了解到有多少女性順利墮胎，但是證據顯示有相當多女性可能順利墮胎。比較墮胎和出生數據，就是說明此事的一個方法。

二〇一一年，也就是有各州墮胎完整數據的最後一年，住在只有少數墮胎診所州的婦女，合法墮胎次數就減少許多。

將人均墮胎診所最多的十個州（包括紐約和加州），跟人均墮胎診所最少的十個州（包括密西西比州和奧克拉荷馬州）進行比較。跟墮胎診所最多州的婦女相比，住在墮胎診所最少州的婦女，其合法墮胎次數減少五四％，等於在十五歲到四十四歲這個年齡層中，每千名婦女的墮胎次數少了十一次。雖然這些州的婦女順利產下更多嬰兒，但數字還是跟較低的墮胎次數有出入，因為每千名育齡婦女只多生了六名嬰兒，而不是十一名嬰兒。

換句話說，在美國最難進行墮胎的地區，似乎有懷孕卻沒生下小孩的狀況。官方來源無法告訴我們，在難以墮胎的州，每千名婦女中有五名懷孕但卻沒生下小孩，究竟是怎麼回事。

Google提供了一些很好的線索。

我們不能盲目相信政府的數據。政府可能告訴我們，發生虐童或墮胎的次數已經減少，政治人物可能為這項成就歡欣鼓舞。但是我們看到的結果，可能是數據蒐集方法有缺失所造成的假象。事實可能不是那樣，有時事實甚至可能更黑暗。

臉書「完美生活」背後的真相

整體來說，這本書跟大數據有關。但是本章主要強調Google搜尋，我認為Google搜尋揭露出一個跟我們認為的世界截然不同的隱密世界。那麼，其他大數據源也是數位誠實豆沙包嗎？事實上，許多大數據源，譬如：臉書，往往與數位誠實豆沙包的功效相反。

在社群媒體上，就跟任何形式的受訪調查一樣，你沒有誘因說實話。在社群媒體上，你比受訪調查時更有誘因讓自己看起來很棒。畢竟，你在網路上的表現並非匿名。你正在向觀眾獻殷勤，告訴你的朋友、家人、同事、熟人和陌生人，你是怎樣的一個人。

要了解社群媒體中的數據可能有多麼偏誤，就以《大西洋雜誌》（*Atlantic*）這個受人推崇的高水準月刊雜誌，跟《國家詢問週刊》（*National Enquirer*）這個以聳動八卦著稱的雜誌，進行兩者的相對普及率比較來做說明。這兩種雜誌的平均流通量差不多，[46]銷量都達數十萬份

46 Alliance for Audited Media, *Consumer Magazines*, http://abcas3.auditedmedia.com/ecirc/magtitle search.asp.

（《國家詢問週刊》是每週出刊一次，所以實際上總銷售量更多）。有關這兩種雜誌的Google搜尋數量也不相上下。

然而在臉書上，大約有一百五十萬人為《大西洋雜誌》按讚或在個人檔案中討論其內容。但是，大約只有五萬人為《國家詢問週刊》按讚或討論其內容。

為了評估雜誌的普及率，流通量數據是實證真相。Google數據很接近，也與流通量數據相符。而臉書的數據對八卦週刊有極大的偏見，這種數據最不適合用於判斷人們真正喜歡什麼。

不管是閱讀偏好或是生活點滴也都一樣。在臉書上，[47]我們展現的是有教養的自己，而不是真正的自己。在本書中，只有這一章使用到臉書數據，但我總會把臉書數據並非事實謹記在心。

為了更深入了解社群媒體遺漏了什麼，我們再以色情片做說明。首先，我們需要處理網路上充斥色情作品這個常見看法。其實，事實根本不

依據不同來源之《大西洋雜誌》與《國家詢問週刊》普及率的對照

流通量	《大西洋雜誌》每賣一本，《國家詢問週刊》大約也賣出一本
Google搜尋	《大西洋雜誌》與《國家詢問週刊》的相關搜尋比率為一比一
臉書按讚數	《大西洋雜誌》與《國家詢問週刊》的按讚數比為二十七比一

是這樣。網路上的大部分內容都跟色情無關，舉例來說，人們最常造訪的十個網站中，[48]沒有一個是色情網站。所以，雖然色情內容普及率高，但不應被誇大。

不過，話說回來，仔細看看我們有多喜歡和分享色情內容，就會更清楚整個狀況。臉書、Instagram和推特只提供一個有限的窗口，讓我們了解網路上真正流行什麼。網路中有大量子集相當受歡迎，但是這些子集在社群媒體中的曝光率卻很低。

在我撰寫這段內文時，最流行的影片是南韓歌手Psy的〈江南Style〉（Gangnam Style），這是一支搞笑諷刺南韓人虛榮心的流行音樂影片。自從二〇一二年首次播出以來，在YouTube上的觀看次數已經高達二十三億次。而且無論你上哪個網站，這支影片都很受歡迎，在不同社群媒體平台上被分享數千萬次。

史上最受歡迎的色情影片可能是〈火辣身材、激情性愛、超爽口交〉（Great Body, Great

47 作者於二〇一六年十月四日利用臉書廣告管理員（Ads Manager）所做的計算。

48 "List of Most Popular Websites," Wikipedia。根據追蹤瀏覽行為的Alexa公司於二〇一六年九月四日的資料，最受歡迎的色情網站是XVideos，該網站在不分類的最受歡迎網站中排名第五十七。根據SimilarWeb於二〇一六年九月四日的資料，XVideos是最受歡迎的色情網站，在不分類的最受歡迎網站中排名第十七。根據Alexa，十大最受歡迎網站為Google、YouTube、臉書、百度（Baidu）、雅虎（Yahoo!）、亞馬遜、維基百科、騰訊QQ、Google India和推特。

Sex, Great Blowjob），觀看次數超過八千萬次。換句話說，〈江南Style〉每被觀看三十次，〈火辣身材、激情性愛、超爽口交〉至少被觀看一次。如果社群媒體提供我們準確了解人們觀看影片的次數，那麼〈火辣身材、激情性愛、超爽口交〉應該被分享上百萬次才對。但這支影片在社群媒體上只被分享幾十次，而且都是由色情明星分享，不是由普通用戶分享。人們顯然不覺得有必要跟他們的朋友宣傳，自己對這支影片有興趣。

臉書不是數位誠實豆沙包，而是跟朋友吹噓自己的生活多麼美好的社群媒體。在臉書的世界裡，一般成年人似乎都過著幸福美滿的婚姻生活，在加勒比地區度假並閱讀《大西洋雜誌》；在現實世界裡，很多人因為生活小事而生氣、在超市排隊等候結帳、偷看《國家詢問週刊》這種八卦雜誌、故意不接配偶的電話、跟配偶也好幾年沒有性行為。在臉書的世界裡，家庭生活似乎很完美；在現實世界中，家庭生活卻一團糟，偶而有一小群人甚至後悔生兒育女。在臉書的世界裡，每位年輕成

數位真相	數位謊言
搜尋	社群媒體貼文
觀看次數	社群媒體按讚數
點擊次數	約會網站個人檔案
滑動次數	

年人似乎都在週末夜開趴狂歡；在現實世界中，大多數人都是獨自一人在家上網飛（Netflix）追劇。在臉書的世界裡，女友張貼二十六張跟男友出遊的恩愛照片；在現實世界中，卻在剛發布貼文後，就在Google搜尋「我男友不跟我上床」，也許在同一時間，男友正在觀看〈火辣身材、激情性愛、超爽口交〉呢。

人們為什麼愛上臉書？

臉書在二〇〇六年九月五日凌晨，[49]針對首頁進行一項重大更新。臉書早期版本只允許用戶點擊自己朋友的個人檔案，來得知朋友的近況。這個被認為相當成功的網站，當時有九百四十萬名用戶。

但是經過幾個月的努力，工程師們設計出所謂的「動態消息」（News Feed），通知用戶所有朋友的近況更新。

用戶立即反應說他們討厭動態消息。西北大學的一位大學生班．帕爾（Ben Parr）成立

49 這個故事詳見David Kirkpatrick, *The Facebook Effect: The Inside Story of the Company That Is Connecting the World* (New York: Simon & Schuster, 2010)。中譯本《臉書效應》由天下雜誌出版。

「學生反對臉書動態消息」社群。他說：「動態消息根本太令人毛骨悚然，太像跟蹤狂，是必須移除的一項功能。」幾天內，這個社群就獲得七十萬名臉書用戶呼應帕爾的看法。密西根大學一名大三學生告訴《密西根日報》（*Michigan Daily*）記者：「新版臉書真讓我起雞皮疙瘩，這讓我感覺自己像跟蹤狂。」

大衛·柯克帕特里克（David Kirkpatrick）在其經過授權講述臉書發展史的著作《臉書效應：從0到7億的串連》（*The Facebook Effect: The Inside Story of the Company That Is Connecting the World*），提到這個故事。他戲稱引進動態消息這項功能，是「臉書有史以來面臨的最大危機」。但是柯克帕特里克指出，當他採訪這家迅速成長公司的共同創辦人暨領導人馬克·祖克柏（Mark Zuckerberg）時，這位執行長卻不擔心這項危機。

為什麼？祖克柏從人們的點擊次數和造訪臉書的次數得知，其實大家喜歡動態消息這項功能。如同柯克帕特里克寫道：

> 祖克柏其實知道人們喜歡動態消息，不管人們在社團裡怎麼說，他有數據證明此事。跟動態消息功能推出前相比，現在人們平均花更多時間在臉書上，而且人們在臉書上做更多事

——多到驚人。八月時，用戶在這個服務平台上瀏覽一百二十億個網頁，但是十月時，隨著動態消息的推出，人們瀏覽了二百二十億個網頁。

這並不是祖克柏掌握的所有證據。就連反對動態消息的大肆流行，也是說明動態消息魅力驚人的證據。這個社團能夠如此迅速成長，正是因為許多人聽說自己的朋友加入所以跟著加入，而他們就是透過動態消息得知此事。

換句話說，當人們一片譁然抗議自己不爽看到朋友在臉書上的生活細節時，私底下卻還上臉書窺探朋友生活的所有細節。後來，動態消息這項功能繼續存在，現在臉書有超過十億的活躍用戶，天天上臉書。

臉書初期投資人彼得．提爾（Peter Thiel）在其著作《從0到1》（*Zero to One*）中提到，偉大的企業是建立在祕密之上，[50]也就是關於自然的祕密或人們的祕密。正如第三章所討論

---

50 Peter Thiel and Blake Masters, *Zero to One: Notes on Startups, or How to Build the Future* (New York: The Crown Publishing Group, 2014)。中譯本《從0到1：打開世界運作的未知祕密，在意想不到之處發現價值》由天下雜誌出版。

的，塞德發現左心室大小可以預測賽馬表現這項自然的祕密，Google發現連結中的資訊可能多麼強大這項自然的祕密。

提爾將「人們的祕密」定義為「跟自己有關但自己卻不知道的事，或不想讓別人知道而隱瞞的事」。換句話說，這類企業是建立在人們的謊言上。

你可以認為臉書是建立在祖克柏在哈佛大學求學時，得知的一項令人不悅的祕密。大二剛開始時，他跟同學一起架構一個名為Facemash的網站。這個網站模仿「我紅不紅？」（Am I Hot or Not?）網站，網頁會出現兩名哈佛學生的照片，然後其他學生就票選這兩名學生誰比較好看。

這個大二生網站引發眾怒。哈佛大學校報《*Harvard Crimison*》在一篇社論中，指責年輕小伙子祖克柏「迎合人性最醜陋的一面」。西班牙裔學生社群和非裔學生社群指責祖克柏有性別歧視和種族主義。但是，在哈佛大學網站管理員關閉祖克柏的網路存取前，這個網站在創立幾個小時內，就有四百五十人看過，並在不同照片上進行二萬二千次的票選。祖克柏從中得知一個重要祕密：人們可能聲稱自己很憤怒，並對一些令人厭惡的事加以譴責，但是人們還是會點擊。

而且，祖克柏還學到另一件事：雖然大家都認真看待並尊重他人的隱私，但就連哈佛學生也對評價人們的外表十分感興趣。人們的意見和踴躍投票告訴他這一點。後來，由於事實證明Facemash爭議性太高，他遂把對「人們對自己有點認識者的長相很感興趣」這項了解，加以發揮運用，發展成他的世代中最為成功的一家公司。

網飛在它盛衰週期初期學到類似的教訓：不要相信人們告訴你什麼，要相信他們做了什麼。

網飛原本允許用戶設置一個日後想看，但目前還沒有時間看的影片清單。這樣，當用戶更有空時，網飛可以提醒他們看看這些影片。

不過，網飛注意到數據有些奇怪。用戶將許多電影列入想看影片清單。但是幾天後，系統提醒他們可以看這些電影時，他們卻很少點擊進去看。

究竟出了什麼問題？網飛詢問用戶他們打算在幾天內觀看哪些電影，用戶會列出一些很嚮往又高格調的電影，譬如：二次大戰黑白紀錄片或很正經八百的外國電影。但是幾天後，用戶會想看自己平常想看的那種電影：沒什麼格調的喜劇片或愛情片。原來，人們一直在對自己說謊。

面對這種懸殊差異，網飛不再要求人們告訴他們以後想看什麼片，而是開始依據類似顧客的數百萬次點擊和觀看次數建立一個模型。該公司開始依據數據顯示用戶可能觀看什麼影片，而不是依據用戶聲稱想看什麼影片，來向用戶提出建議影片清單。結果：用戶更頻繁地造訪網飛，也觀看更多影片。

網飛前數據科學家澤維爾・艾瑪特里安（Xavier Amatriain）說：「演算法比你更了解你自己。」[51]

我們有辦法應付真相嗎？

你可能發現本章部分內容令人沮喪。

別管人們告訴你什麼，這樣才可能賺大錢

人們說什麼	事實	根據這項事實
他們不想追蹤朋友近況。	這種人很少見。世人大多想知道朋友在幹麼並加以評論。	臉書共同創辦人祖克柏身價達五百五十二億美元。
他們不想買血汗工廠生產的產品。	他們買「價格合理」的好產品。	耐吉（Nike）共同創辦人菲爾・奈特（Phil Knight）身價達二百五十四億美元。
他們想收聽晨間新聞。	他們早上想收聽侏儒跟色情片明星有一腿的八卦。	廣播名嘴霍華・史登（Howard Stern）身價為五億美元。
他們沒有興趣閱讀有關皮繩愉虐的書籍。	他們想要看看年輕大學畢業生跟企業巨擘之間的皮繩愉虐。	情色小說《格雷的五十道陰影》（*50 Shades of Gray*）狂銷一億二千五百萬冊。
他們想要概述本身政策立場的政治人物。	他們想要不講細節，看起來強悍又有自信的政治人物。	唐納德・川普當選美國總統。

數位誠實豆沙包透露出人們始終以貌取人；數百萬名男同志還不敢出櫃；有相當比例的女性幻想著自己被強暴；社會上充斥對非裔美國人的敵意；虐童和自行墮胎的危機蠢蠢欲動；當總統呼籲大家互相包容時，引爆伊斯蘭恐懼症的狀況卻更加惡化。這些事情都不是什麼好事。在針對我的研究發表演說後，人們往往會來跟我說：「賽斯，這一切都很有意思，但卻很令人沮喪。」

我不能假裝這種數據中沒有黑暗面。如果人們總是告訴我們那些他們認為我們想聽的話，那麼我們聽到的事情往往比真相更令人欣慰。平均來說，數位誠實豆沙包將顯示出，世界比我們所想的還更糟糕。

我們需要知道這件事嗎？了解Google搜尋、色情數據，以及誰點擊什麼，可能不會讓你想到：「這實在太棒了，我們可以了解我們究竟是怎樣的人。」你反而可能這麼想：「這實在好可怕，我們可以了解我們究竟是怎樣的人。」

但事實是有幫助的，而且不只對祖克柏或者其他想要吸引點擊或顧客的人有幫助，這種

51 我於二〇一五年五月五日電話採訪艾瑪特里安。

知識至少從三方面來說，可以改善我們的生活。

首先，知道自己並不孤單，原來大家都有不安全感和難以啟齒的行為，其實挺讓人安慰的。知道大家都對自己的身材沒信心，也讓人開心。對許多人來說，尤其是那些性生活乏善可陳的人，知道世人並非像兔子那樣性慾高漲。對密西西比州的一名迷戀四分衛球員的高中男生來說，儘管周圍男同志人數很少，但知道還有許多人一樣感受到同性的吸引力，這項事實就很重要。

還有另一方面，這部分我還沒討論到，Google搜尋可以幫助你，讓你知道自己並不孤單。你年輕時，老師可能告訴過你，有問題應該舉手發問，因為如果你感到困惑，別人也是這樣。如果你跟我一樣，那你可能把老師的忠告當耳邊風，默默坐在那裡，害怕張開嘴巴。你心想，自己的問題太蠢了，別人問的問題都很深奧。Google彙總的匿名數據可以告訴我們，老師的忠告有多麼正確，其他人腦子裡也潛藏許多沒那麼深奧的基本問題。

以美國人在歐巴馬二〇一四年發表國情咨文期間，當時Google搜尋的最常見問題為例（見下頁表及書末的彩色照片）。[52]

現在，你看到這些問題可能認為，人們根本沒有說出民主的現況。大家竟然更關心某人的領帶或膚色，而不是總統演說的內容，根本沒有如實反映我們的想法。大家竟然不知道當時眾議院議長貝納是誰，也並未說明我們對政治的參與程度。

我寧可將這類問題視為是用來證明了老師的睿智忠告。由於這些類型的問題聽起來很蠢，所以人們通常不會提出來，但是很多人都有這些疑問，所以就在Google上搜尋。

事實上，我認為大數據可以針對以下這句自我成長名言，進行二十一世紀更新版：「永遠不要拿你的內在和別人的外在做比較。」

大數據的更新版可能是：「永遠不要拿你的Google搜尋，跟別人的社群媒體貼文做比較。」

舉例來說，比較人們在社群媒體和匿名搜尋中形容老公的方式（見下頁表）。

不是只有你在納悶這些問題：國情咨文期間最常見的Google搜尋

歐巴馬幾歲？
誰坐在副總統約瑟夫・拜登（Joseph Biden）的旁邊？
眾議院議長約翰・貝納（John Boehner）幹麼繫一條綠領帶？
貝納的膚色為什麼是橘色的？

52 作者利用Google搜尋趨勢所做的分析。

由於我們只看到其他人在社群媒體上的貼文，但看不到他們的搜尋，所以我們往往誇大有多少女性一直認為自己老公「最棒」、「最了不起」和「超可愛」。[53]我們往往低估有多少女性認為自己老公「笨蛋」、「煩死人」和「卑鄙」。透過分析匿名和彙總的數據，我們全都明白自己不是唯一發現婚姻和生活都很煎熬的人，或許我們就能學會，停止拿自己的搜尋，跟他人的社群媒體貼文做比較。

數位誠實豆沙包的第二個好處是，提醒我們注意人們正在受苦。人權戰線（Human Rights Campaign）請我跟他們合作，一起協助教育某些州的男同志勇敢出櫃。他們正在尋求使用匿名和彙總的Google搜尋數據，幫助他們確定把資源放在哪裡能發揮最大效益。同樣地，兒童保護服務機構已經跟我聯繫，他們想知道美國哪些地方的虐童狀況可能比官方記錄還要嚴重許多。

我也觸碰到一個令人驚訝的話題：陰道氣味。我在《紐約時報》上首次寫到這一點時，都是用一種挖苦的語氣。這部分讓我和

人們最常如此形容自己的老公

社群媒體貼文	搜尋
最棒	同志
我最好的朋友	笨蛋
很驚人	很嚇人
最了不起	煩死人
超可愛	卑鄙

其他人都暗自竊笑。

然而，當我稍後探討出現這些搜尋的一些留言板，發現包括來自年輕女孩的許多貼文，她們相信自己的生活因為擔心陰道氣味而被搞得一團糟，這可不是開玩笑的。現在，性教育專家已經與我聯繫，詢問如何善用一些網路數據，減少年輕女孩的妄想。

雖然我對這所有問題感到有點力不從心，但這些問題是嚴肅的，而且我相信數據科學可以幫上忙。

最後，我認為這個數位誠實豆沙包中最強大的價值其實是，它有能力將我們從問題引導到解決方案。有了更多的了解，我們可能會找到方法，減少人們以惡劣態度對待他人。

我們回到歐巴馬關於伊斯蘭恐懼症的演說。回想一下，每當歐巴馬認為人們應該給予穆斯林更多尊重時，他想要安撫的那群人卻變得更加憤怒。

然而Google搜尋顯示，有一句話確實引發當時歐巴馬總統想要的回應類型。他說：「美

53 我分析推特數據。感謝Emma Pierson協助下載這部分數據。我沒有將對於「老公正在做什麼」的描述列入分析，這類描述在社交媒體上很流行，但是這類搜尋沒有意義，即使這些描述多半是讚美之詞。目前在社群媒體上，人們最常形容老公正在「工作」和「下廚」。

國穆斯林是我們的朋友和鄰居，是我們的同事、我們的體育英雄，而且他們是願意為了捍衛國家而死的軍人。」

在講完這句話後，Google搜尋「穆斯林」一詞後面最常接的關鍵字，在一年多來首次出現改變。這類搜尋後面最常接的字詞不再是「恐怖分子」、「極端主義者」或「難民」，而是「運動員」，再來是「軍人」。事實上，「穆斯林 運動員」還一整天都保持在這項搜尋的第一位。

當我們跟原本就很生氣的人說教時，搜尋數據透露出他們的憤怒會因此升高。但是，巧妙地引起人們的好奇心，提供引起人們憤怒者的新資訊並為其塑造新的形象，就可能引導人們的想法往不同和更正面的方向前進。

這場演說發表兩個月後，這次歐巴馬在清真寺舉行跟伊斯蘭恐懼症有關的另一場電視談話。[54]也許總統辦公室裡有人看過索爾塔斯和我在《紐約時報》專欄裡，討論怎樣講奏效、怎樣講不奏效的那篇文章，因為這次演講的內容明顯不同。

歐巴馬花很少時間去堅持寬容的價值，相反地，他把重點放在激起人們對美國穆斯林的好奇，以及改變人們對美國穆斯林的看法。歐巴馬告訴我們，美國前總統湯瑪斯・傑弗遜

（Thomas Jefferson）和約翰・亞當斯都有自己的可蘭經；北達科他州有美國第一座清真寺；一名美國穆斯林在芝加哥設計了幾棟摩天大樓。歐巴馬再次談到穆斯林運動員和武裝部隊人員，還談到穆斯林警察和消防隊員、老師和醫生。

我以Google搜尋所做的分析顯示，這場演說比上一場更成功，在總統演說完的幾個小時內，有關穆斯林的仇恨與憤慨的許多搜尋都減少了。[55]

還有其他可行的方法，讓我們使用搜尋數據了解是什麼原因引起仇恨或減少仇恨。例如，我們可以檢視一下，某個城市的足球隊選出黑人四分衛後，種族主義的相關搜尋有何變化，或者一位女性當選市長後，性別歧視的搜尋如何變化。我們可能會看到種族主義對社區取締的反應，或性別歧視對新的性騷擾法做何反應。

知道我們的潛意識偏見也是有用的。舉例來說，我們可能會額外努力去喜歡小女孩的內在，減少對小女孩外表的關注。Google搜尋數據和網路上其他真相來源，使我們能夠以前所

54 二〇一六年二月三日上傳YouTube的影片“The President Speaks at the Islamic Society of Baltimore”，網址為https://www.youtube.com/watch?v=LRRVdVqAjdw。

55 作者利用Google搜尋趨勢的數據所做的分析。「殺死穆斯林」的搜尋比一週前同一時間減少，而且包含「穆斯林」和跟此族群有關最常見的五個負面字詞的搜尋也減少了。

未有的眼光看待人類心靈的最黑暗角落。我承認，有時這種情況確實讓人難以面對，但它也可以賦予我們權力，讓我們能以數據打擊黑暗勢力。蒐集跟世界問題有關的豐富數據，就是開始解決這些問題的第一步。

第五章

我們周遭發生了什麼事？

——逃稅最嚴重的城市

我弟弟諾亞（Noah）比我小四歲。許多人第一次見到我們時，發現我們長得異常相像。我們兩人講話都很大聲，頭禿的方向也一樣，也都很難保持住處的整潔。

但是我們兩人還是有差異：我習慣精打細算，諾亞喜歡買上等貨。我喜歡李歐納·柯恩（Leonard Cohen）和巴布·狄倫（Bob Dylan），但諾亞喜歡糕餅合唱團（Cake）和歌手貝克·漢森（Beck Hansen）。

也許我們之間最顯著的區別是我們對棒球的態度：我是棒球迷，特別是我對紐約大都會棒球隊的熱愛，一直是我個人的顯著特徵之一。諾亞覺得棒球無聊至極，他對這項運動的厭惡一直是他個人的顯著特徵之一。[1]

1 真相大公開：我為這本書查證事實時，諾亞否認他對美國這項休閒活動的厭惡是他個人的顯著特徵。他承認自己厭惡棒球，但他相信他的善良、他對孩童的愛和他的過人機智，才是他個人的顯著特徵，而他對棒球的態度根本不在他個人十大特徵之中。但我認為，有時我們很難客觀認清自己。身為旁觀者，不管諾亞承不承認，我能看出厭惡棒球其實就是他的根本特質。所以，我在書中保留這個事實。

諾亞·史蒂芬斯－大衛德維茲
厭惡棒球者

賽斯·史蒂芬斯－大衛德維茲
愛好棒球者

有類似基因、在同一個城鎮、由同一對父母撫養大的兩個傢伙，怎麼可能對棒球有如此截然不同的感受？是什麼原因決定我們長大後會變成怎樣的人？更確切地說，諾亞**怎麼了**？在發展心理學中有一個不斷擴大的領域，研究龐大的成人數據庫，並將其與兒童時期的關鍵事件產生聯結。這樣做可以幫助我們解決這個問題和相關問題。我們可以將這種日漸利用大數據回答心理問題的做法，稱為大數據心理學（Big Psych）。

要了解大數據心理學如何運作，就以我進行的一項研究作為說明實例。這項研究跟童年經歷如何影響你支持哪支棒球隊，[2]或你是否支持任何一個團隊有關。我在這項研究中，使用臉書上棒球隊按讚數的數據（我在前一章指出，臉書數據可能在敏感主題上有誤導之嫌。利用這項研究，我假設誰都不想在臉書上坦承自己支持哪支特定球隊，即便是費城人隊的球迷也一樣）。

依據出生年分，喜歡大都會球隊占男子棒球迷的百分比

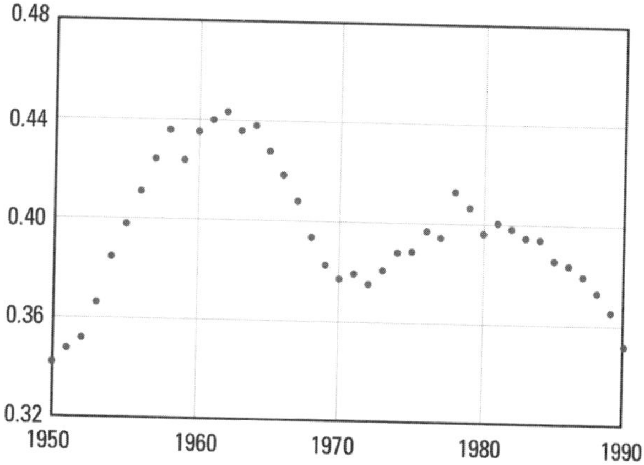

首先，我下載紐約兩支棒球隊依年齡別的男性按讚者人數。上圖是依據出生年分，大都會球隊球迷占總球迷的百分比。

百分比愈高，表示大都會球隊的球迷愈多。這支球隊的受歡迎程度先上升再下降，然後再次上升和下降。而且，在一九六二年和一九七八年出生的這群人中，大都會球隊非常受歡迎。我猜棒球迷可能會納悶，那段時間發生什麼事。原來，在那段期間，大都會球隊分別於一九六九年和一九八六年贏得兩次世界大賽。在大都會球隊贏得這兩項殊榮時，先前提到那群大都會球隊球迷的年紀大約是七、八歲。因此，預估男孩是否

2 Seth Stephens-Davidowitz, "They Hook You When You're Young," *New York Times*, April 20, 2014, SR5。這項研究的數據與編碼參見作者官網 sethsd.com，點選 Research/Data，標題為「Baseball」的資料區。

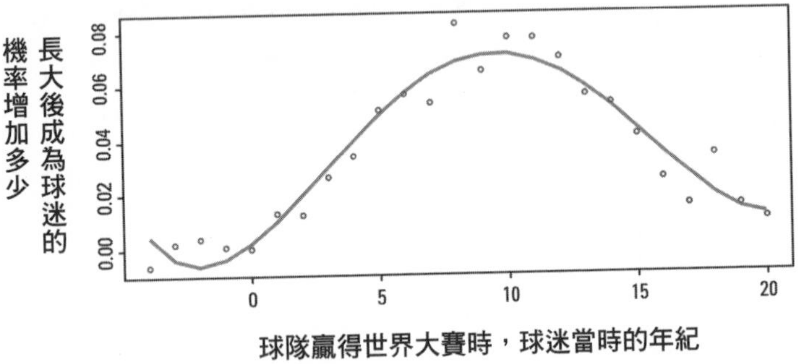

為大都會球隊球迷的一項重要指標就是：檢視男孩在七、八歲時，大都會球隊是否贏得世界大賽。

其實，我們可以擴大這項分析。我在臉書上下載各年齡層粉絲針對大聯盟各球隊的按讚資訊。

我發現還有一個男性粉絲人數異常高的現象，分別是：一九六二年出生的巴爾的摩金鶯隊球迷，以及一九六三年出生的匹茲堡海盜隊球迷。這些人在八歲時，他們支持的球隊分別奪下冠軍。事實上，計算我研究的所有球隊最受哪個出生年分的粉絲歡迎，然後弄清楚在所支持球隊贏得世界大賽時，這些球迷當時的年紀，讓我得出上面這張圖表。

我們再次看到，讓男性從小到大死忠支持某支棒球隊的最關鍵年紀，大概就發生在八歲那段時間。整體來說，五到十五歲是讓男孩成為球隊粉絲的關鍵時期。等到男性步入十九歲或二十歲時，要成為球隊死忠粉絲的機率，就是八歲時的八分之一。而且在那個時候，男性已經決心這輩子只支持某支球隊，要不然就是對棒球興趣缺缺。

你可能會問，那女棒球迷呢？模式不太明顯，但高峰期似乎出現在二十二歲。

這是我最喜歡的研究。它牽涉到我最愛的兩個主題：棒球，以及成年後對自己不滿意的根源。我在一九八六年被牢牢吸引，此後就成為支持大都會球隊的死忠粉絲。諾亞是四年後出生，所以不必為此終生受苦。

我念博士時指導教授再三提醒我：現在，棒球不是世界上最重要的話題。但這種方法論可能幫助我們解決類似的問題，包括人們如何發展自己的政治偏好、性傾向、音樂品味和理財習慣（我弟異於常人的音樂品味和理財習慣，究竟是怎麼發展出來的，讓我很感興趣）。我的預測是，我們會發現，我們成年後的許多行為和興趣，即使是我們認為能代表我們是誰的行為，也可以藉由個人出生年分和年少時期特定年紀發生的事來加以解釋。

事實上，已經有一些研究調查政治偏好的起源。數據分析公司Catalist的首席科學家亞伊爾・吉扎（Yair Ghitza）和哥倫比亞大學政治學家暨統計學家安德魯・吉爾曼（Andrew Gelman）試圖測試這項傳統觀念：大多數人天生偏好自由民主，隨著年歲增長卻變得愈來愈保守。這是依據溫斯頓．邱吉爾（Winston Churchill）這句名言所表達的觀點：「三十歲以前不支持左派的人，就沒有人性；三十歲以後還支持左派的人，就沒有腦子。」

吉扎和吉爾曼鑽研六十多年的調查數據，利用超過三十萬的投票偏好觀察資料。他們發現事實跟邱吉爾的說法正好相反，青少年有時傾向左派，有時傾向右派。中年人和老年人也一樣。

這些研究人員發現，政治觀點形成的方式其實跟我們的運動團隊偏好形成方式並無不同，都有一個關鍵時期，在人們生活中留下印記。許多美國人在十四歲到二十四歲這個關鍵時期，依據當時總統的受歡迎程度，形成個人政治觀點。受歡迎的共和黨或不受歡迎的民主黨，將影響許多年輕人成為共和黨人。不受歡迎的共和黨或受歡迎的民主黨，將讓這個易受影響的群體加入民主黨的行列。

而且平均來說，這些關鍵時期形成的觀點將會持續一輩子。

比較一九四一年出生的美國人和十年後出生的美國人。第一群人在德懷特．艾森豪（Dwight D. Eisenhower）這位受歡迎的共和黨總統在任時成年。一九六〇年代初期，儘管這個世代尚未邁入三十歲，卻強烈傾向支持共和黨。而這個世代成員隨著年歲增長，還是傾向支持共和黨。

十年後出生的美國人，意即嬰兒潮世代在十四歲到二十四歲這段關鍵時期，歷經極受歡迎的民主黨總統約翰·甘迺迪（John F. Kennedy）和起初飽受愛戴的民主黨總統林登·詹森（Lyndon B. Johnson），以及最後因水門事件引咎辭職的共和黨總統理查·尼克森（Richard M. Nixon）等人的執政。因此，這世代成員終其一生都傾向於支持民主黨。

利用這些數據，吉扎和吉爾曼能夠確定，發展政治觀點的最重要年紀[3]就是：十八歲。

而且他們發現這些印記效應相當重要。他們的模型估計，艾森豪的經驗導致共和黨支持度在一九四一年出生的美國人當中，提高十個百分點。甘迺迪、詹森和尼克森的經驗，讓民主黨在一九五二年出生的美國人當中，爭取到多出七個百分點的優勢。

我清楚表明對此調查數據抱持懷疑態度，但這項研究檢視的大量回應確實讓我印象深刻。事實上，這項研究若只是進行小規模調查就不可能有什麼發現。研究人員需要彙整從許多調查取得的數十萬個觀察結果，才能看出人們隨著年歲增長，個人偏好產生怎樣的變

3 Yair Ghitza and Andrew Gelman, “The Great Society, Reagan’s Revolution, and Generations of Presidential Voting,” unpublished manuscript.

化。

數據大小對我的棒球研究也相當重要。我不僅必須放大檢視每個球隊的球迷，也必須檢視每個年齡的球迷人數。要做到這樣，需要數百萬次觀察，還好臉書和其他數據源定期提供這類數字。

這是大數據真正發揮作用的地方。為了將照片的一小部分放大後還能清楚檢視，照片需要有很高的畫素。同樣地，為了能夠清楚放大檢視數據的小子集，數據集中需要進行大量的觀察，例如：大都會球隊多受一九七八年出生的男性的歡迎。只對幾千人進行的小調查，樣本根本不夠大，一九七八年出生的男性人數肯定不夠多。

這是大數據擁有的第三大力量：大數據允許我們有意義地放大檢視數據集的細部，獲取關於我們是誰的新見解。除了年齡以外，我們還可以放大其他面向。如果我們有足夠的數據，我們可以觀察特定城鎮居民的行為。而且我們可以觀察人們每小時，甚至每分鐘都做了什麼。

這一章就是人類行為的特寫。

究竟我們的鄉里城鎮正在發生什麼事？

事後看來，這件事真的出人意料之外。但是當哈佛大學教授拉吉．切提（Raj Chetty）和一個小型研究團隊率先取得一個龐大數據集時，也就是從一九九六年以來所有美國人的稅收記錄，他們不確定會發現什麼。國稅局願意交出這些數據，是因為他們認為研究人員或許可以利用這些數據，協助釐清稅收政策的影響。

切提和他的團隊使用這個大數據進行初步嘗試時，都遇到死胡同。他們針對各州和聯邦稅收政策引發的結果所做的調查，跟大多數人藉由問卷調查得出的結論大致相同。也許切提使用國稅局數百萬個數據點得到的答案更加精確，但是得到跟其他人一樣的答案，只是更精準一些，並不是社會科學的一大成就。這不是頂尖期刊渴望發表的研究類型。

此外，彙整和分析國稅局的所有數據相當耗時，切提和他的團隊埋首於巨量數據中，比大家投入更多時間卻只是找到跟別人一樣的答案。

這種情況開始讓人覺得大數據懷疑論是對的。你不需要幾億美國人的數據，才能了解稅收政策，進行一項一萬人的調查就綽綽有餘。可想而知，當時切提和他的團隊有多麼氣餒。

後來，研究人員終於明白自己做錯什麼。「大數據不只是以更多數據做到問卷調查能做的事」切提解釋。[4]他們錯在蒐集到龐大數據，卻還像面對小樣本數據時那樣，提出小格局的問題。「其實，大數據允許你使用與問卷調查截然不同的設計」切提補充說，「比方說，你可以放大檢視地理位置」。

換句話說，有了幾億人的數據，切提和他的團隊可以在大大小小不同的城市之間、城鎮之間、社區之間找出模式。

切提簡報利用美國每位納稅人的記錄取得初步結果時，我正在哈佛大學攻讀博士學位，在一間研討室裡專心聆聽這場簡報。社會科學家會在自己的研究中提到觀察，意即掌握多少數據點。如果社會科學家正在對八百人進行調查，他會說：「我們有八百個觀察。」如果是針對七十人進行一項實驗室調查，就會說：「我們有七十個觀察。」

「我們有十二億個觀察」切提面無表情地說。觀眾緊張地笑了起來。

切提的研究團隊開始在那個研討室和後續一系列論文中，提供我們重要的新見解，了解美國如何運作。

以這個問題為例：美國是一個機會之地嗎？如果你爸媽不富有，你有機會白手起家，成為有錢人嗎？

回答這個問題的傳統方式是，研究具有代表性的美國人樣本，再將這個樣本跟其他國家的類似數據做比較。

下表是各國關於機會均等的數據。這項研究詢問的問題是：父母所得分配在最後二〇％者，其個人所得分配達到前二〇％的機會是多少？

誠如你所見，美國的得分**不**佳。

但這個簡單分析並沒有找出實際狀況。切提的團隊放大檢視各個地區，他們發現實際狀況會因為你在美國哪個地方出生，而有極大的不同。

在美國某些地區，貧困兒童變有錢人的可能

個人出身貧窮卻能致富的可能性（選擇特定國家進行比較）

美國	7.5
英國	9.0
丹麥	11.7
加拿大	13.5

個人出身貧窮卻能致富的可能性（選擇美國特定地區進行比較）

加州聖荷西	12.9
華盛頓特區	10.5
美國一般地區	**7.5**
伊利諾州芝加哥	6.5
北卡羅來納州夏洛特	4.4

4 我於二〇一五年七月三十日電話採訪切提。

性，跟在任何已發開國家貧童致富的可能性一樣高。但在美國其他地區，貧困兒童變有錢人的可能性，卻比任何已開發國家貧童致富可能性來得低。

小型調查永遠察覺不到這些模式，因為小型調查可能只包括夏洛特和聖荷西的一些人，讓你無法像切提以大數據進行這種放大檢視。

事實上，切提的團隊可以進一步放大檢視，是因為他們握有將每個美國人包含在內、規模如此龐大的數據。他們甚至可以放大檢視從甲城市搬到乙城市的一小群人，看看搬到不同城市是否對個人前景有影響，譬如：從紐約市搬到洛杉磯、從密爾瓦基搬到亞特蘭大、從聖荷西搬到夏洛特。這允許他們測試因果關係，而不僅僅是相關性（我會在下一章討論這個區別）。而且，是的，在個人個性形成時期搬到適當的城市，確實對個人前景產生重大差異。

所以，美國是「機會之地」嗎？

答案是，不一定，某些地區是，某些地區不是。

正如切提的研究團隊寫道：「美國其實是一些社會的融合，其中一些是『機會之地』，所得的跨代流動率都居高不下，但還有一些地區的孩童則是一直無法擺脫貧困。」

那麼，美國哪些地方所得流動性高呢？什麼原因讓某些地方的競爭環境機會更加均等，讓貧童有機會出人頭地？在教育方面花費更多的地區，就讓貧童更有機會出人頭地。教徒人數較多和犯罪率較低的地方，也對貧童更為有利。黑人較多的地方，對貧童較不利。有趣的是，這不僅是對黑人孩童有影響，對居住在那裡的白人孩童也有影響。單親媽媽人口多的地方，狀況也比較差。這種影響不僅適用於單親媽媽的孩童，也適用於居住在許多單身媽媽地區的雙親家庭孩童。其中一些研究結果認為，貧童的同伴很重要。如果他的朋友都很窮，出人頭地的機會就很小，必須更努力才能擺脫貧困。

數據告訴我們，美國某些地方更能讓孩童有機會擺脫貧困。那麼，什麼地方最能讓人們有機會擺脫死神呢？[5]

我們喜歡說，死亡是一種偉大的平等。畢竟，人難免一死。不管是窮人、國王、遊民或祖克柏，大家都會死。

但如果富人無法避免死亡，數據告訴我們，他們現在可以延緩死亡。平均來說，所得

5 Raj Chetty et al., "The Association Between Income and Life Expectancy in the United States, 2001–2014," *JAMA* 315, no. 16 (2016).

在前一%的美國女性比所得在最後一%的美國女性多活十年。對美國男性來說，這項差距是十五年。

這些模式在美國不同地區有何不同呢？你的預期壽命會依據你的居住地而有所不同嗎？這個變化對於富人和窮人來說會不一樣嗎？切提的團隊再次藉由放大檢視地理位置，找到了答案。

有趣的是，對於最有錢的美國人來說，預期壽命幾乎不受居住地點影響。如果你有很多錢，女性大概活到八十九歲，男性活到八十七歲。平均而言，有錢人往往會養成更健康的習慣，他們更常運動、吃得更好、菸抽得少，也不會過胖。有錢人買得起跑步機、吃得起有機酪梨、有錢上瑜伽課。而且，他們可以在美國任何地方買到這些東西。

對於窮人來說，情況可不一樣。對於最貧窮的美國人來說，預期壽命依居住地不同而出現極大的差異。事實上，住對地方可以讓窮人的預期壽命延長五年。

那麼，為什麼有些地方似乎能讓窮人活得更久？窮人活最久的城市具有哪些共同特質？下頁的表為一個城市的四項特質，其中三項特質跟窮人預期壽命無關，僅一項特質跟窮人預期壽命有關。看看你能否猜出哪一個特質是有關的。

什麼特質讓城市貧民更長壽？

該城的信教人口較多。
該城的汙染程度較低。
該城有醫療保險的居民比例較高。
很多有錢人都住在這個城市。

前三個特質——宗教、環境和醫療保險——跟窮人更長壽無關。那麼，根據切提和從事這項研究其他人的說法，真正有關的變數是什麼？就是：有多少富人住在那個城市。一個城市的有錢人更多，表示這個城市窮人更長壽，比方說，紐約市的窮人比底特律的窮人活得更久。

為什麼富人的存在，是預測窮人預期壽命的強效指標呢？據推測，有一個假設是由這項研究的作者之一大衛．卡特勒（David Cutler）提出，卡特勒也是我的指導教授之一。他假設具有感染力的行為，可能是促成這種現象的原因之一。[6]

有大量研究顯示，習慣具有感染力，所以，生活在富人附近的窮人，可能學習富人的許多習慣。其中一些習慣，譬如：炫耀的詞彙，不可能影響個人健康。其他習慣，譬如：運動，一定會對健康產生正面影響。確實，生活在富人附近的窮人更常運動、菸抽得更少，也不太可能

6 Julia Belluz, "Income Inequality Is Chipping Away at Americans' Life Expectancy," vox.com, April 11, 2016.

過胖。

切提團隊利用國稅局蒐集的大數據進行的研究中，我個人最喜歡的一項是，他們調查為何有些人不誠實報稅，[7]有些人卻誠實報稅。這項研究解釋起來有點複雜。

這些人不誠實報稅的關鍵在於，知道有一個簡單的方法，讓育有一名子女的自雇者能繳最少的稅。假設你在某年申報的課稅所得為九千美元，政府會給你一張退稅支票，金額為一千三百七十七美元，這個金額表示政府給低收入工作者的補貼（勞動所得稅額扣抵），扣除個人薪資稅。課稅所得超過九千美元，薪資稅就會增加。課稅所得低於九千美元，勞動所得稅額扣抵就會減少。所以，課稅所得為九千美元，就是能拿到最多退稅的申報金額。

而且，你不知道九千美元是育有一名子女的自雇者最常申報的課稅所得吧？

這些美國人是否調整自己的工作計畫，以確保自己的課稅所得剛好達到九千美元？不是的。當這些工作者的申報記錄被隨機抽查到，大多發現他們的所得根本不是九千美元，他們的所得不是低很多，就是超過很多，只不過被抽查到的機率微乎其微。

換句話說，他們沒有誠實報稅。他們謊報自己的課稅所得為九千美元，這樣就能從政府那裡拿到金額最高的退稅支票。

那麼，這種類型的稅務詐欺有多麼常見？在育有一名子女的自雇者中，誰最有可能犯下這種詐欺案？切提跟同事們指出，事實證明這種稅務詐欺有多麼常見，在美國各地的情況差異頗大。在邁阿密這個類別的人口中，竟然有高達三〇%的人申報自己課稅所得為九千美元。在費城，這種比例只有二%。

怎樣預測誰會不誠實報稅？這類案件在哪些地方最多，哪些地方最少，這些地方各自的特質為何？我們可以找出不誠實報稅率與城市其他人口統計數據之間的相關性。結果顯示有兩個很有效的預測因素：該地區有相當多人口有資格申請勞動所得稅額扣抵，以及當地稅務專業人員高度集中。

這些因素表明什麼？切提和共同研究人員提出一項解釋：以這種方式在報稅上動手腳的關鍵動機是「資訊」。

大多數育有一名子女的自雇納稅人根本不知道申報九千美元的課稅所得，就能從政府那

7 Raj Chetty, John Friedman, and Emmanuel Saez, "Using Differences in Knowledge Across Neighborhoods to Uncover the Impacts of the EITC on Earnings," *American Economic Review* 103, no. 7 (2013).

裡拿到最多金額的退稅支票。但如果鄰居是稅務助理或周遭有人認識稅務助理，就大大增加得知這項資訊的可能性。

事實上，切提的團隊發現更多證據顯示，知識促使這種作弊行為。當美國人從這種稅務詐欺發生率較低的地區，搬到這種稅務詐欺發生率較高的地區，他們學習並採取這種技倆。隨著時間演變，這種欺騙行為就遍及美國各個地區。像病毒一樣，稅務詐欺也是有傳染性的。

現在，我們停下來想想，這項研究多麼有啟發性。這項研究證明，在談到弄清楚誰謊報所得稅時，關鍵不在於確定誰誠實，誰不誠實，而在於確定誰知道如何謊報，誰不知道如何謊報。

所以當有人告訴你，他們永遠不會謊報所得稅，你可以猜測他們很有可能在說謊。切提的研究顯示，如果知道怎樣謊報稅，許多人都會這樣做。

如果你不想誠實報稅（我當然**不**推薦你這麼做），你應該住在稅務專業人員附近，或者跟謊報稅者住近一點，這樣他們可以教你怎麼做。如果你希望你的小孩以後成為世界名人，你應該住在哪裡呢？這種放大檢視數據並獲得準確細節的能力，也可以幫助你回答這個問題。

我很好奇，最成功的美國人都來自哪裡，所以有一天我決定下載維基百科的資料[8]（現在你也可以做這種事）。

利用一些編碼，我蒐集到一個由維基百科編輯公認、人數超過十五萬的美國名人數據集。這個數據集包括名人的出生郡、出生日期、職業和性別。我將其與國家衛生統計中心（National Center for Health Statistics）蒐集的郡級出生數據相結合。針對美國的每個郡，我計算如果你出生在那裡會被列入維基百科的可能性。

被列入維基百科條目介紹，就是有顯著成就的一種有意義標幟嗎？當然有限制。維基百科的編輯偏好將年輕者與男性列入維基百科，這可能會讓樣本出現偏誤。而且某些類型的知名度並不特別值得考量，例如：泰德・邦迪（Ted Bundy）也被列入維基百科，因為他殺死數十名年輕女性。也就是說，我能夠在不太影響結果的情況下，將這種知名罪犯從我的數據集

8 Seth Stephens-Davidowitz, "The Geography of Fame," *New York Times*, March 23, 2014, SR6。相關資料可於作者官網下載，詳見sethsd.com，點選Research/Data，標題為「Wikipedia Birth Rate, by County」的資料區。感謝我弟弟諾亞幫忙下載和編碼維基百科每位美國名人的出生日期和出生地。

中剔除掉。

我將這項研究侷限於嬰兒潮世代（在一九四六年到一九六四年間出生者），因為他們已經有將近一輩子的時間，讓自己成為名人。在嬰兒潮世代中，大約有二千零五十八名在美國出生者被認為有名到可列入維基百科。其中約有三〇%因為藝術或娛樂成就家喻戶曉，二九%是以體育成就聞名，九%透過政治獲得聲望，三%以學術成就或科學成就享有盛名。

我在數據中注意到第一個令人震驚的事實是，至少以維基百科的條目來說，地理差異對於成為名人的可能性影響甚鉅。你成為名人的可能性，跟你在哪裡出生高度相關。

以加州出生的嬰兒潮世代來說，每一千二百零九人中，大約有一人列入維基百科。在西維吉尼亞出生的嬰兒潮世代，每四千四百九十六人中，只有一人列入維基百科。放大檢視郡級資料，結果變得更有說服力。出生在麻州波士頓所屬的沙福克郡的嬰兒潮世代，每七百四十八人中大約有一人列入維基百科。在其他一些郡出生的嬰兒潮世代，列入維基百科的機率則比沙福克郡低二十倍。

為什麼美國某些地區似乎更能大量培育出權威人士和有影響力的人物？我仔細檢查培育出最多名人的那些郡。事實證明，這些郡幾乎都符合以下這兩種類別中的一種。

首先也讓我感到驚訝的類別是，這些郡當中，有許多郡都有相當大的大學城。每次我看到一個沒有聽說過的郡出現在名單頂端，譬如：密西根州瓦許藤郡（Washtenaw），我發現這些郡都是由一個典型的大學城主導，比方說：瓦許藤郡是密西根大學安亞伯分校的所在地。這些郡還包括威斯康辛州麥迪遜郡（Madison）、喬治亞州雅典郡（Athens）、密蘇里州哥倫比亞郡（Columbia）、加州柏克萊郡（Berkeley）、北卡羅來納州教堂山郡（Chapel Hill）、佛羅里達州蓋恩斯維爾郡（Gainesville）、肯塔基州萊辛頓郡（Lexington），以及紐約州伊薩卡郡（Ithaca）都在前三％。

為什麼會這樣？其中一些原因可能是基因庫使然：教授和研究生的子女往往都很聰明（在成為名人這場競賽中，這項特質可能非常有用）。而且事實上，一個地區擁有更多大學畢業生，是預測那裡出生者日後獲得成功的強有力指標。

但是，在這種地方最有可能發生的事情是：很早就接觸到創新。大學城最成功產出頂尖人物的領域之一就是音樂。大學城裡的小孩會接觸到獨特的音樂會、收聽奇特電台的節目，甚至還有充滿個性的獨立唱片行可逛。這種情況當然不只發生在藝術領域，大學城也培養出人數超出預期的知名商人。也許早期接觸尖端藝術和想法，也對日後成為紅頂商人有幫助。

大學城的成功不僅僅是跨越地區，也跨越種族。維基百科上的非裔美國人在體育競技場以外的領域，特別是商業和科學領域的表現就比較不出色，這無疑是跟歧視有很大的關係。但是在一九五〇年八四%人口為黑人的小郡，當地嬰兒潮世代成為名人的機率，也直逼機率最高的那些郡。

在阿拉巴馬州梅肯郡（Macon）出生、為數不到一萬三千人的嬰兒潮世代中，有十五人被列入維基百科，也就是每八百五十二人中，就有一位名人。而且這十五位名人都是黑人，其中十四人來自塔斯克基鎮（Tuskegee），是塔斯克基大學（Tuskegee University）所在地，這是由布克·華盛頓（Booker T. Washington）創立、具有悠久歷史的黑人學院。這些名人包括法官、作家和科學家。事實上，在塔斯克基出生的黑人小孩在體育運動以外的領域成為名人的機率，就跟出生在成名機率最高的那些郡的白人小孩一樣多。

最可能讓一個郡的居民成名的第二項特質是，該郡是大城市的所在地。[9]舊金山郡、洛杉磯郡或紐約市全都提供居民成為維基百科名人的最高機率（我將紐約市的五個郡合併在一起，因為許多維基百科條目並未明確列出出生地區）。

城市地區往往提供充分的成功模式。為了解年輕時接近某領域成功人士的重要性，我以紐約市、波士頓和洛杉磯做比較。在這三個城市當中，紐約市培育出最多知名記者，波士頓培育出最多著名科學家，洛杉磯則是培育出最多家喻戶曉的演員。記住，我們正在談論在那裡出生的人，不是搬到那裡的人。而且，即使將父母為該領域名人的人士排除在外，情況還是一樣。

在這方面，郊區郡除非包含大學城，否則表現就比城市差得多。我爸媽跟許多嬰兒潮世代一樣，離開人潮擁擠的市區，搬到綠蔭盎然的郊區，他們從曼哈頓搬到紐澤西州博根郡，在此地撫養三名子女。現在看來，這可能是一個錯誤，至少從想讓小孩出人頭地的角度來看是這樣。在紐約市出生的孩童被列入維基百科的機率，比在博根郡出生的孩童多出八〇％。這些只是相關性，但卻暗示出成長環境中愈容易接觸到擁有重大構想者，會比在寬敞後院玩耍長大者來得更有成就。

因為許多人不是一直只居住在出生地，而是在成長過程中會陸續搬到不同的郡，所以如果我有更好的數據，知道人們在童年時期住過哪些地方，那麼這裡找出的明顯影響可能會更

9 有關城市重要性的更多證據，詳見Ed Glaeser, *Triumph of the City* (New York: Penguin, 2011)（Glaeser是我念研究所時的指導教授）。中譯本《城市的勝利》由時報出版。

強烈。

當你研究這些數據時，大學城和大城市造就名人的機率實在很驚人。但我也深入鑽研，進行更為複雜的實證分析。

這個實證分析顯示出，還有另一個變數是預測個人被列入維基百科的強力指標：個人出生郡的移民比例。一個地區的外國出生人口比例愈高，出生在那裡的孩童日後赫赫有名的比例就愈高（川普就是這方面的實例）。如果兩個地方有類似的城市和大學人口，那麼有更多移民的地方就會培養出更多美國名人。這要怎麼解釋呢？

大多是跟移民子女直接相關。根據麻省理工學院（Massachusetts Institute of Technology）同樣研究維基百科數據的萬神殿計畫（Pantheon project），我針對一百位最知名白人嬰兒潮世代的傳記，進行一場詳盡的搜尋。他們大多是藝人，其中至少有十三人的母親在外國出生，包括奧利佛·史東（Oliver Stone）、珊卓·布拉克（Sandra Bullock）和茱莉安·摩爾（Julianne Moore）。這個比例是同時期全國平均值的三倍以上（許多名人的父親是移民，包括史蒂夫·賈伯斯（Steve Jobs）和約翰·貝魯西（John Belushi），但這項數據很難跟全國平均值做比較，因為有關父親的資訊未必包括出生證明）。

那麼，哪些變數不會影響孩童是否出人頭地？我發現一個讓我有點驚訝的變數是，該州花費多少資金投入教育。在城市地區移民人口比例差不多的州，教育支出與該州培養知名作家、藝術家或商業領袖的比例並無相關。

比較我的維基百科研究跟先前討論過切提團隊的一項研究，就會發現真的很有意思。回想一下，切提的團隊試圖找出哪些地區最能讓人們晉升中上階級，我的研究則是設法找出哪些地方擅長讓人們成名。兩項研究的結果有顯著的不同。

花大錢投入教育，確實能幫助下一代晉升中產階級，但是對於讓下一代成為知名作家、藝術家或商業領袖則沒有什麼幫助。這些有大成就的名人有很多都憎恨學校，有些還被退學。

切提的團隊發現，如果你想確保兒女晉升中上階級，紐約市就不是一個教養小孩的好地方。但我的研究發現，如果你希望小孩有機會成名，那麼紐約市可是教養小孩的絕佳地點。

當你檢視驅動成功的因素時，不同郡之間的重大差異開始變得合理。許多郡結合成功的所有關鍵要素，我再以波士頓為例，波士頓有許多大學正在醞釀創新構想。這座城市有許多非常成功的人士，為青少年提供如何出人頭地的實例。而且這座城市吸引大量移民，督促子女要學習這些成功榜樣。

如果一個地區沒有這些要素該怎麼辦？那就注定只能培養出為數不多的超級巨星嗎？不一定。還有另一條路可走：極度專業化。明尼蘇達州羅索郡（Roseau）這個外國人很少、沒有主要大學的鄉下小郡，就是很好的例子。在這裡出生的人，大約每七百四十人中，就有一人列入維基百科條目。他們有什麼祕訣？列入維基百科的九個名人都是專業曲棍球球員，都受到該郡世界級青年和高中曲棍球計畫的協助。

所以重點是，如果你沒有興趣培養曲棍球明星，你希望小孩未來有最大的優勢，那就搬去波士頓或塔斯克基嗎？這樣做當然沒什麼不好，但這裡還有更重要的課題。通常，經濟學家和社會學家會著重於如何避免貧困和犯罪等不良後果。然而，偉大社會的目標不僅僅讓大家都能一起進步並盡量減少有人落後，還要盡可能協助更多人真正脫穎而出。也許放大檢視數十萬美國名人出生地的這種努力，可以提供我們一些初步策略：鼓勵移民、資助大學和支持藝術。

我通常研究美國的數據，所以當我想到依據地理位置放大檢視時，我想到放大檢視美國的城市和城鎮，觀察像阿拉巴馬州梅肯郡和明尼蘇達州羅索郡這種地方。但網路數據具有另一個巨大且仍在增長的優勢是，可以輕鬆蒐集來自世界各地的數據。然後，我們可以觀察各國的情況有何不同。因此，數據科學家得到一個涉足人類學的機會。

我最近隨意探討一個話題：懷孕這件事在不同國家所處的情況？我檢查孕婦的Google搜尋。我發現的第一件事情是，世界各地的孕婦對於身體症狀的一致抱怨。我測試與「懷孕」一詞結合的各種症狀之搜尋次數，例如「噁心」、「背痛」或「便祕」。結果，加拿大的症狀跟美國非常相近，英國、澳洲和印度等國家的症狀也大致相似。

另外，世界各地的孕婦顯然都渴望同樣的東西。在美國，這類別的Google搜尋以「懷孕時很想吃冰」居冠。接下來想吃的是鹹食、甜點、水果和辛辣食物。在澳洲，孕婦想吃的東西跟美國沒有什麼不同，孕婦最想吃鹹食、甜點、巧克力、冰品和水果。印度呢？情況也差不多：辛辣食物、甜點、巧克力、鹹食和冰淇淋。事實上在我檢視的所有國家，孕婦想吃的前五名食物都非常相似。

初步證據顯示，世界上沒有任何一個地方的飲食或環境，大大改變懷孕的體驗。但是有關懷孕的想法，不同國家卻大不相同。

我們從懷孕婦女是否可以安全進行一些事情這類問題開始說起。在美國最常見的問題是：

孕婦可以「吃蝦」、「喝酒」、「喝咖啡」或「服用泰諾（Tylenol，一種常用的感冒藥）」嗎？

在談到這類關切時，其他國家跟美國或各國彼此之間並沒有太多共同之處。孕婦是否可以「喝酒」，不在加拿大、澳洲或英國的十大問題之列。澳洲的關切主要與懷孕期間吃乳製品有關，特別是奶油奶酪。在有三〇％人口使用網路的奈及利亞，人們在這方面最關切的問題是孕婦是否可以喝冷水。

這些關切是否有依據？看狀況。有強力證據表明，未經高溫消毒的乳酪中含有李氏桿菌，孕婦不宜食用。而飲酒過量對胎兒有害，是人們老早就知道的事。在世界某些角落的人們相信孕婦飲用冷水可能會導致胎兒肺炎，但我不知道有什麼醫學證據證實此事。

世界各地關於懷孕提出的問題有如此大的差異，很可能是因為每個國家資訊來源大不相同所造成的，比方說：資訊來源可能是有合理依據的科學研究、馬馬虎虎的科學研究、無稽之談或鄰里傳聞。懷孕婦女很難知道要關注什麼，或者要上Google搜尋什麼。

當我們檢視「懷孕期間如何……？」的最多搜尋時，我們可以發現另一個明顯區別。在美國、澳洲和加拿大，最熱門的搜尋是「懷孕期間如何預防妊娠紋？」但是迦納、印度和奈及利亞，預防妊娠紋並未排在前五大搜尋中，這些國家往往更關心懷孕期間如何有性行為或

「懷孕期間如何……？」的五大搜尋（由高至低排列）

美國	印度	澳洲	英國	奈及利亞	南非
預防妊娠紋	睡好覺	預防妊娠紋	減重	有性行為	有性行為
減重	做愛	減重	預防妊娠紋	減重	減重
有性行為	有性行為	避免妊娠紋	避免妊娠紋	做愛	預防妊娠紋
避免妊娠紋	性交	睡好覺	睡好覺	保持健康	睡好覺
保持身材	照料	有性行為	有性行為	止吐	止吐

「懷孕的女人可以……？」的五大搜尋

美國	吃蝦	喝酒	喝咖啡	服用泰諾	吃壽司
英國	吃蝦	吃燻魚	吃乳酪蛋糕	吃莫札瑞拉乳酪	吃美乃滋
澳洲	吃奶油乳酪	吃蝦	吃培根	吃酸乳酪	吃菲達乳酪
奈及利亞	喝冷水	喝酒	喝咖啡	有性行為	吃辣木（可食用植物）
新加坡	喝綠茶	吃冰淇淋	吃榴槤	喝咖啡	吃鳳梨
西班牙	吃肉抹醬	吃西班牙火腿	吃普拿疼（止痛藥）	吃鮪魚	做日光浴
德國	搭飛機	吃薩拉米香腸	三溫暖	吃蜂蜜	吃莫札瑞拉乳酪
巴西	染髮	吃安乃近（Dipirona，止痛藥）	吃普拿疼	騎自行車	搭飛機

如何睡好覺。

無疑地，放大檢視世界不同角落的健康和文化，這方面我們還能從中學到很多。但我的初步分析顯示，大數據將會告訴我們，講到超越生物這件事，人類並不像我們所了解的那樣強大。不過，針對這一切究竟意味著什麼，我們會提出相當不同的解釋。

我們如何打發空閒時間

「一位熱愛貝多芬音樂，卻成天想著強姦婦女、欺凌老弱、暴力犯罪的十五歲少年之冒險旅程。」

這就是史丹利・庫柏力克（Stanley Kubrick）具爭議性的電影《發條橘子》（*A Clockwork Orange*）的宣傳詞。在這部電影中，虛構的年輕主角艾歷克斯・德拉爾克（Alex DeLarge）以令人不寒而慄的抽離態度，進行駭人的暴力行為。這部電影最令人印象深刻的情節之一是，男主角強姦一名女子時，配樂卻是輕快的經典歌舞片歌曲〈雨中曲〉（Singin' in the Rain）。

電影上映後，幾乎馬上就有報導指出，發生模仿電影情節的事件。的確，一群男子強暴一名十七歲女孩，還一邊唱起電影中的那首歌。後來，許多歐洲國家禁止這部電影上映，在美國上映的版本則將一些更令人震驚的情節刪除。

事實上，在現實生活裡模仿藝術的實例很多，[10]男人似乎被自己剛剛在螢幕上看到的東西給催眠了。幫派電影《彩色響尾蛇》（*Colors*）上映後，就出現一連串的暴力射擊。而幫派電影《萬惡城市》（*New Jack City*）上映後，就出現一些暴動。

最令人不安的也許是電影《銀線風暴》（*The Money Train*）上映後四天，就有男子使用可燃液體燒地鐵售票口，幾乎完全模仿電影中的場景。虛構縱火和現實世界縱火之間的唯一區別是：在電影中，售票員能從火裡逃生；在現實生活中，售票員卻被燒死了。

還有一些心理學實驗的證據證實，實驗對象表示即使沒有模仿暴力電影的場景，但是看這類電影就會讓他們更憤怒也更充滿敵意。[11]

換句話說，傳聞和實驗都顯示暴力電影可能煽動暴力行為。但是暴力電影的影響究竟有

---

10 David Levinson, ed., *Encyclopedia of Crime and Punishment* (Thousand Oaks, CA: SAGE, 2002).

11 Craig Anderson et al., "The Influence of Media Violence on Youth," *Psychological Science in the Public Interest* 4 (2003).

多大？我們在談論的是每十年有一或兩次謀殺案，或是每年發生幾百次謀殺案？傳聞和實驗無法回答這個問題。

為了探討大數據是否可以回答這個問題，戈登・達爾（Gordon Dahl）和史提法諾・德拉維格納（Stefano DellaVigna）這兩位經濟學家，將三個大數據合併在一起：一九九五年至二〇〇四年聯邦調查局每小時犯罪數據、電影票房數據，以及kids-in-mind.com上每部電影的暴力指數。

他們使用的資訊很完整，包括每一部電影和美國每個城市每小時的犯罪案件。調查結果會證明，這種資訊完整性相當重要。

這項調查的關鍵在於以下的事實：有些週末最受歡迎的電影是暴力電影，譬如：《人魔》（*Hannibal*）或《活人生吃》（*Dawn of the Dead*）；有些週末最受歡迎的電影是非暴力電影，例如：《落跑新娘》（*Runaway Bride*）或《玩具總動員》（*Toy Story*）。

經濟學家可以觀察在超夯暴力電影上映的週末，究竟有多少謀殺、強姦、突擊事件，並將數據跟非暴力電影上映的週末做比較。

那麼，他們發現了什麼呢？暴力電影上映時，犯罪率是否如同實驗顯示確實上升？還是維持不變？

這兩位經濟學家發現，在超夯暴力電影上映的週末，[12]犯罪率下降了。

你沒有看錯。在超夯暴力電影上映的週末，有幾百萬美國人在電影中看到殺人景象時，現實生活中的犯罪率卻明顯下降。

當你得到一個既奇怪又意想不到的結果時，你馬上會想到一定有什麼差錯。這兩名經濟學家都仔細檢查編碼，沒有錯誤。接著，你就會想到有一些其他變數可以解釋這些結果。他們檢查是否因為一年中不同時間而影響結果，經過檢查發現這一點也沒有造成影響。他們蒐集有關天氣的數據，也許這種關係是天氣使然，但檢查發現，也不是天氣的關係。

「我們檢查所有假設和我們所做的一切」達爾告訴我，「就是找不到任何錯誤」。

儘管研究結果跟傳聞、實驗室證據和直覺看法背道而馳，不知何故，看一場暴力電影竟然讓犯罪率大幅下降。怎麼可能？

---

12 Gordon Dahl and Stefano DellaVigna, "Does Movie Violence Increase Violent Crime?" *Quarterly Journal of Economics* 124, no.2 (2009).

達爾和德拉維格納找出答案的關鍵就是，利用本身使用的大數據更進一步地放大檢視。傳統調查數據提供每年或每月的資訊，如果我們真的很幸運，或許可以取得每週的數據。相較之下，隨著我們日漸使用更完整的數據集，而不是小樣本調查，我們已經能夠善用每小時，甚至每分鐘的數據。這讓我們能夠更加了解人類的行為。

有時候，隨著時間推移產生的變化，若非驚天動地，就是有趣至極。EPCOR這家位於加拿大艾德蒙頓的公用事業公司，公布在二〇一〇年美國和加拿大爭奪奧運曲棍球金牌賽（估計當時有八〇%的加拿大人觀看這場比賽）時，當地每分鐘的用水量數據（見下

艾德蒙頓於奧運金牌賽期間的用水量

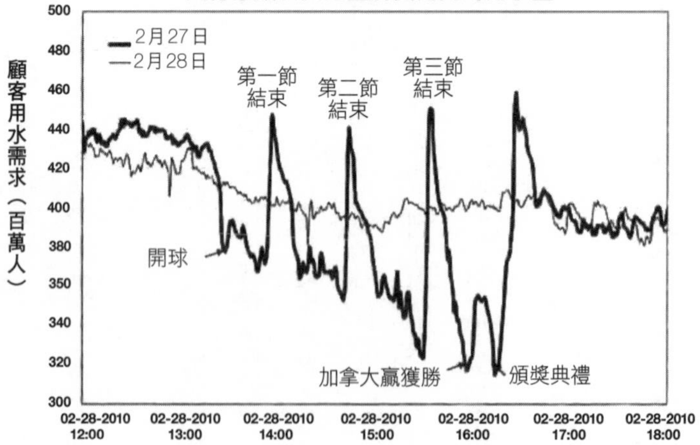

圖）。數據告訴我們，在每節比賽結束休息時，用水量馬上激增，顯然當時艾德蒙頓的廁所馬桶都在沖水。

Google搜尋也可以細分到每分鐘的數據，[13]這可揭露出一些有趣的模式。舉例來說，平日上午八點，有關「未封鎖遊戲」的搜尋激增，而且這類搜尋居高不下直到下午三點，這無疑是因為學校禁止學生在校使用手機玩遊戲才會出現的狀況。

「天氣」、「祈禱」和「新聞」的搜尋高峰出現在早上五點半，數據顯示大多數人比我更早起。凌晨十二點三十六分是搜尋「自殺」的高峰，而在上午九點左右是這類搜尋頻率最低的時段，數據顯示大多數人在早上時不像我這麼悲慘。

數據顯示，在凌晨二點到四點之間是人們提出這些重大問題的黃金時段：意識是什麼意思？自由意志存在嗎？其他星球上有生命嗎？這些問題在深夜如此普及，有部分原因可能出在吸食大麻。在凌晨一點到二點，「如何捲大麻菸」的搜尋率達到高峰。

達爾和德拉維格納從他們使用的大數據集中，依據每小時的數據，觀察放映電影的週末

13 Seth Stephens-Davidowitz, "Days of Our Digital Lives," *New York Times*, July 5, 2015, SR4.

出現什麼變化。他們發現跟其他週末相比，放映超夯暴力電影的那些週末，犯罪率從週末當晚稍早就開始下降。換句話說，在影迷剛走進電影院，甚至還沒開始欣賞電影前，犯罪率就開始下降。

你猜得到為什麼嗎？首先，想想誰可能看暴力片。是年輕人，尤其是耍狠好鬥的年輕男性。

再來，想想犯罪案件通常發生在什麼地方。犯罪案件很少發生在電影院，當然也有例外，尤其是二〇一二年在科羅拉多州一家電影院發生的預謀槍擊案。但是大致來說，男性進電影院看電影都是手無寸鐵、安靜坐著觀賞。

暴力電影《人魔》上映，要狠好鬥的年輕男性會進電影看這部片。但是要他們挑選《落跑新娘》這種片去看，他們通常不會想看，所以就會上酒吧、俱樂部或去打撞球，而這些地方就是暴力犯罪發生率較高之處。

原來，暴力電影讓有潛在暴力者離開街道。

找到答案了，對吧？還不行，數據中還有一件事情很奇怪。這個影響正好從電影開始上映時顯現，但是在電影播完和電影院關門後並未結束。在暴力電影上映的夜晚，一整個晚上的犯罪率下降，並且從午夜延續到隔天早上六點。

就算年輕人在電影院看片時的犯罪率較低，但散場後沒事做了，犯罪率不是應該上升嗎？而且實驗數據顯示，剛看過一部暴力電影，會讓人更加生氣和好鬥。

你能想到任何解釋，為何看完電影後，犯罪率還是下降？兩位經濟學家暨犯罪專家絞盡腦汁後，終於「頓悟」了。他們了解到酒精是犯罪的主因，[14]兩位經濟學家造訪許多家電影院，知道美國電影院都不賣酒。事實上，他們發現在暴力電影散場後，週末深夜那幾個小時跟酒精相關的犯罪案件數量暴跌。

當然，達爾和德拉維格納的調查結果很有限。比方說，他們無法測試這種影響能讓犯罪

14 Anna Richardson and Tracey Budd, "Young Adults, Alcohol, Crime and Disorder," *Criminal Behaviour and Mental Health* 13, no. 1 (2003); Richard A. Scribner, David P. MacKinnon, and James H. Dwyer, "The Risk of Assaultive Violence and Alcohol Availability in Los Angeles County," *American Journal of Public Health* 85, no. 3 (1995); Dennis M. Gorman, Paul W. Speer, Paul J. Gruenewald, and Erich W. Labouvie, "Spatial Dynamics of Alcohol Availability, Neighborhood Structure and Violent Crime," *Journal of Studies on Alcohol* 62, no. 5 (2001); Tony H. Grubesic, William Alex Pridemore, Dominique A. Williams, and Loni Philip-Tabb, "Alcohol Outlet Density and Violence: The Role of Risky Retailers and Alcohol-Related Expenditures," *Alcohol and Alcoholism* 48, no. 5 (2013).

率持續下降幾個月，而且持續觀看暴力電影仍然可能導致更多的暴力行為。不過，他們的研究確實讓人們以正確的角度來思考暴力電影的立即影響，也就是這方面實驗一直以來探討的主題。或許看一部暴力電影確實影響一些人，讓他們異常生氣和更有侵略性。但你知道，什麼事情一定會影響人們出現暴力傾向嗎？那就是，跟其他有暴力傾向的男人一起出去喝酒。[15]

現在，這樣說聽起來有道理。但是在達爾和德拉維格納開始分析成堆的數據前，卻一點道理也沒有。[16]

當我們將數據放大檢視時，就會突顯出一個更重要的重點：世界很複雜。我們今天採取的行動可能在好久以後產生影響，而這些行動大多並非刻意。思想傳播有時很慢，有時卻如病毒那般呈指數成長。人們會以不可預期的方式回應誘因。

這些聯繫和關係，這些激增和波動，是小規模調查或傳統數據方法無法追查出來的。原因很簡單，對於微量的數據來說，這個世界實在太複雜又太豐富多變。

利用大數據尋找我們的分身

二〇〇九年六月，波士頓紅襪隊綽號「老爹」（Big Papi）的大衛・歐提茲（David Ortiz）

看起來好像玩完了。在過去五年間，波士頓愛上這位笑容可掬、牙縫很大的多米尼加裔強打者。

他連續五年參加大聯盟的全明星賽，獲得最有價值球員獎，並幫助波士頓終結八十六年與冠軍無緣的記錄。但是在二〇〇八年球季，三十二歲的歐提茲面臨所有數據都下降的困境。他的打擊率下滑六八%、上壘率為七六%、長打率為一一四%。而在二〇〇九年賽季開

---

15 這個故事說明了，如果可以防止更糟糕的事情發生，那麼原本看似不好的事情或許也是好事。念過史丹佛大學的美式足球隊前外接球手艾德．麥卡弗里（Ed McCaffrey）就用這個觀點證明，讓四個兒子都踢足球是有道理的*：「這些傢伙都精力旺盛，所以如果他們沒有踢足球，就會玩滑板、爬樹、在後院捉迷藏、玩彩彈射擊遊戲。我的意思是說，他們不會乖乖坐在那裡，什麼事都不做。所以，我的看法是，至少玩足球是有規則的……我的小孩一直因為從露天平台跌下來、騎自行車相撞、玩滑板和從樹下掉下來而進出急診室。我的意思是，你說嘛，沒錯，這是一種暴力碰撞運動。但是，我兒子都很有個性，至少玩足球不會讓他們亂蹦亂跳，做一些瘋狂的事。我認為，足球是有組織的侵略。」麥卡弗里在知名脫口秀節目《*The Herd with Coln Cowherd*》接受主持人科林．考赫德（Colin Cowherd）專訪時，提出我從未聽過的這種說法。看完達爾和德拉維格納的文章後，讓我認真看待麥卡弗里的說法。跟實驗室的數據相比，現實世界巨量數據的一項優勢就是，能放大檢視發現這類影響。

*資料來源為二〇一五年十二月三日上傳 YouTube 的影片 "Ed McCaffrey Knew Christian McCaffrey Would Be Good from the Start-'The Herd'"，網址為 https://www.youtube.com/watch?v=boHMmp7DpX0。

16 研究人員從將這種犯罪數據細分成更小的時間區隔中學到更多。舉例來說，城市足球隊在眾人預期會贏的比賽中落敗後，當地暴力事件報案數馬上激增。參見 David Card and Gordon B. Dahl, "Family Violence and Football: The Effect of Unexpected Emotional Cues on Violent Behavior," *Quarterly Journal of Economics* 126, no. 1 (2011)。

始，歐提茲的各項數據更進一步下滑。

運動作家暨波士頓紅襪隊死忠球迷比爾．西蒙斯（Bill Simmons）[17]如此形容二〇〇九年球季最初幾個月發生的事情：「顯然，歐提茲不再擅長棒球……健壯的強打者就像色情明星、摔角手、NBA中鋒和花瓶嫩妻：失去了，挽不回。」精明的球迷相信自己的眼睛，西蒙斯的眼睛告訴他，歐提茲已經玩完了。事實上，西蒙斯預測，歐提茲很快就會變成板凳球員或被釋出。

歐提茲是否真的玩完了？如果你是波士頓紅襪隊經理，那麼在二〇〇九年時，你是否會把歐提茲列入下放名單？更全面來說，我們如何預測棒球球員將來的表現？[18]再擴大範圍來說，我們如何使用大數據來預測未來人們會做什麼？

讓你對數據科學涉入更深的一個理論就是：看看那些使用數據研究棒球的棒球統計學家做了什麼，並期待這種做法擴大到數據科學的其他領域。棒球是率先具備完整數據集的領域之一，而且有一群聰明人士願意投入心力，使用這些數據。現在，幾乎每個領域都已經具備完整數據集。棒球率先開路，其他領域隨後跟上。棒球統計學家獨領風騷。

預測棒球球員未來狀況的最簡單方法是，假設球員會繼續按照目前的狀態表現。如果球員在過去一年半內表現不佳，你可以推測他在未來一年半年內也表現不佳。

藉由這種方法論，波士頓紅襪隊應該把歐提茲列入下放名單。

不過，可能還有更多相關資訊可供參考。在一九八〇年代，比爾・詹姆斯（Bill James）是眾所公認棒球統計學的鼻祖，他強調年齡的重要性。詹姆斯發現，棒球球員早在二十七歲左右，表現就達到高峰。球隊往往忽視隨著年歲增長，球員各項表現的數據下降多少。他們為高齡球員砸下重金，卻沒得到球員應有的表現。

藉由這種更先進的方法，波士頓紅襪隊當然應該下放歐提茲。

但這種年齡調整可能會錯失某個重點：並不是所有球員一生的表現都遵循同一條路線。有些球員可能會在二十三歲達到高峰，有些球員可能在三十二歲達到高峰。身材矮小的球員可能與身材高大的球員在不同年齡達到高峰，身材肥胖的球員跟身材瘦弱的球員也是這樣。棒球統計學家發現，不同類型的球員都依循不同的老化途徑。但是歐提茲的狀況更糟糕：平

17 "It's Hard to Say Goodbye to David Ortiz," ESPN.com, June 2, 2009, http://www.espn.com/espnmag/story?id=4223584.

18 這段內容詳見Nate Silver, *The Signal and the Noise: Why So Many Predictions Fail—But Some Don't* (New York: Penguin, 2012)。中譯本《精準預測》由三采文化出版。

均來說，「健壯的強打者」確實更早達到高峰，[19]而且一過三十歲就表現大不如前。

如果波士頓紅襪隊考慮到歐提茲近期的表現，以及他的年齡和身材，那他們毫無疑問會下放歐提茲。

二〇〇三年時，統計學家奈特・席佛推出一個名為PECOTA的新模型，預測球員的表現。事實證明，PECOTA是最棒也最酷的預測模型。席佛搜尋球員的分身。以下說明這個模型的運作方式。建立一個數據集，將大聯盟有史以來的每位球員，也就是超過一萬八千名球員的資料列入其中。將你所知道關於這些球員的一切通通列入數據集：他們的身高、年齡和擔任的位置，他們職棒生涯中每年的全壘打支數、平均打擊率、四壞球保送一壘次數和三振出局次數。現在，找到二十個跟歐提茲職棒生涯各階段最相似的球員，也就是那些跟歐提茲在二十四歲、二十五歲、二十六歲、二十七歲、二十八歲、二十九歲、三十歲、三十一歲、三十二歲和三十三歲的表現相似者。換句話說，就是找到歐提茲的分身，然後看看歐提茲分身[20]的職棒生涯如何發展。

搜尋分身是放大檢視的另一個例子，這種做法放大檢視跟調查對象最相似的一小群人。而且跟所有放大檢視的做法一樣，數據愈多，效果愈好。事實證明，歐提茲的分身對歐提茲的未來提供相當不同的預測。歐提茲的分身包括荷黑・波沙達（Jorge Posada）和吉姆・索恩（Jim Thome）。這些球員比較晚展開職棒生涯，在二十多歲時有驚人的爆發力，擁有世界一流的實力，然後在三十歲初頭就開始表現大不如前。

然後，席佛依據這些分身後來的職棒生涯發展，預測歐提茲日後的表現。這就是他的發現：這些球員都重振雄風。不過，花瓶嫩妻這件事，西蒙斯可能說對了：失去了，挽不回。但是，對於歐提茲的分身來說，失去的，回來了。

根據分身搜尋這種預測棒球選手表現的最佳方法論，波士頓紅襪隊應該對歐提茲有耐心。而且波士頓確實對這位年歲漸長的強打手很有耐心，二〇一〇年時，歐提茲的平均打擊水準回升到〇・二七〇。他打出三十二支全壘打，並打進全明星賽，為歐提茲連續四場全明星賽揭開序幕。二〇一三年時，他以三十七歲高齡球員之姿，居打擊率排名第三位。在世界大賽與聖路易斯紅雀隊對打、以四比二奪下世界冠軍的比賽中，歐提茲打擊率高達〇・

19 Ryan Campbell, "How Will Prince Fielder Age?" October 28, 2011, http://www.fangraphs.com/blogs/how-will-prince-fielder-age/.

20 感謝棒球資訊網暨雜誌（Baseball Prospectus）的羅伯・麥奎恩（Rob McQuown）好心提供我這項數據。

六八八，並被選為世界大賽最有價值球員。21

我讀完席佛預測球員表現軌跡的方法後，馬上開始考慮我可不可能也有一個分身。我能找到興趣跟我最像的分身搜尋在許多領域都有前途，不僅僅是預測運動員的表現。我能找到興趣跟我最像的人嗎？也許如果我發現跟我最相似的人，我們可以一起出去玩耍。也許他會知道一些我們都會喜歡的餐廳。也許他可以跟我介紹一些我不知道，但我可能有興趣的事情。

分身搜尋放大檢視個人，甚至個人的特質。而且跟所有放大檢視一樣，擁有的數據愈多，結果就會更精準。假設我在約有十個人的數據集中搜尋我的分身，我可能會找到一個跟我一樣對書籍有興趣的人。假設我在一千個人的數據集中搜尋我的分身，我可能會找到一個跟我一樣對大眾物理學書籍有興趣的人。但是，假設我在數億人的數據集中搜尋我的分身。那麼我可能找到一個真正跟我相似的人。

有一天，我在社群媒體上搜尋我的分身。我使用推特個人檔案的整個語料庫，設法找出地球上跟我興趣最相似的人。

你可以從我的推特帳號看到我追蹤誰，就知道我的興趣是什麼。整體來說，我追蹤二百五十多人，展現出我對運動、政治、喜劇、科學和猶太民謠歌手的熱愛。

那麼，宇宙中有沒有人也追蹤這二百五十多個帳號，等於是我在推特的雙胞胎？當然沒有。分身跟我們不是一模一樣，只是有相似之處。也沒有人跟我一樣追蹤二百個相同帳號，就連跟我追蹤一百五十個相同帳號的人也不存在。

不過，我終於找到一個帳號竟然跟我追蹤一百個相同帳號，那個帳號就是：當代鄉村樂電台。咦？事實證明，當代鄉村樂電台是一個機器人（這帳號目前已不存在），追蹤七十五萬個推特個人檔案，希望大家也能夠追蹤它。

我懷疑我的一位前女友要是知道這個結果，肯定會很開心。她曾經告訴我，比起人類，我更像機器人。

撇開所有玩笑不談，我的分身是一個隨機追蹤七十五萬個帳號的機器人，這項初步發現確實是有關分身搜尋的一個重點。要讓分身搜尋做到真正準確，你可不想找到一個只是跟你有同樣喜好的人。你也想找到一個跟你有同樣憎惡的人。

---

21 看到這裡，你可能發現我在這本書裡，往往會對好故事善盡諷之能事。但這次，我希望這是一個令人愉悅的故事，所以我把我的性好譏諷留在註解裡。我懷疑PECOTA只是發現歐提茲使用類固醇，他表現不好是因為停藥，後來再度服藥後就重振雄風。從預測的角度來看，如果PECOTA能夠檢測到這一點，其實是非常酷的，只不過這樣一來故事就變得不那麼感人了。

我的興趣不僅僅可從我追蹤的帳號得知，也可以從我選擇不追蹤的帳號得知。我對運動、政治、喜劇和科學感興趣，對食物、時尚或戲劇不感興趣。我的追蹤記錄顯示，我喜歡民主黨參議員伯尼・桑德斯（Bernie Sanders），但不喜歡民主黨參議員伊麗莎白・沃倫（Elizabeth Warren）；喜歡女星莎拉・席弗曼（Sarah Silverman），但不喜歡女星艾米・舒默（Amy Schumer）；喜歡《紐約客》（*New Yorker*），而不是《大西洋雜誌》；喜歡我朋友諾亞・波普（Noah Popp）、艾蜜莉・沙茲（Emily Sands）和約書亞・戈特列布（Joshua Gottlieb），但不喜歡我朋友山姆・阿瑟（Sam Asher）（山姆，對不起，但你的推文實在沒營養）。

在推特上的二億人當中，誰的個人檔案跟我最相似？結果，我的分身是美國媒體《*Vox*》記者迪倫・馬修斯（Dylan Matthews）。這實在讓我有點失望，這結果並沒有改善我的媒體消費習慣，因為我早就在推特和臉書上追蹤馬修斯，也一定會看他在《*Vox*》的貼文。所以，還得知他是我的分身，對我的生活根本一點改變也沒有，但是知道這世界上誰跟你最相似，還是一件非常酷的事情，尤其是如果你發現你的分身就是你景仰的對象，更會讓你樂翻了。我寫完這本書並結束隱士生活時，也許馬修斯跟我可以出來討論《紐約客》特約撰稿人詹姆斯・

索羅維基（James Surowiecki）的文章。

歐提茲的分身搜尋對棒球迷來說實在棒極了，而我的分身搜尋很有趣，至少我樂在其中。但這些搜尋還能揭發什麼？首先，分身搜尋一直被許多網路巨擘使用，藉此大幅改善本身服務和用戶體驗。亞馬遜使用像分身搜尋這類做法，提供讀者推薦書單。他們看到與你相似的人挑選什麼書，並以此作為推薦書單的依據。

自動化音樂推薦服務業者「潘朵拉媒體公司」（Pandora），在挑選你可能想聽的歌曲時，也是採取同樣的做法。而這就是網飛如何知道你可能喜歡看什麼電影的祕密武器。當亞馬遜工程師葛瑞格・林登（Greg Linden）最初推出分身搜尋，預測讀者的閱讀偏好時，後續帶來的影響相當深遠，這種做法對於推薦書單所做的改進，好到讓亞馬遜創辦人傑夫・貝佐斯（Jeff Bezos）跟林登彎腰鞠躬大聲喊道：「我受之有愧啊！」

但是，考慮到分身搜尋的力量，分身搜尋真正有趣之處不在於這種做法現在多麼普遍，而在於這種做法現在並沒有被頻繁使用。其實，藉由這類搜尋得以做到的個人化，就能大大改善生活的主要領域。在此以健康為例做說明。

哈佛大學電腦科學家暨醫學研究員艾薩克・柯漢（Isaac Kohane）正試圖將這個原理應用

到醫學上。他想彙整和蒐集跟我們健康有關的所有資訊，這樣醫生們可以不必採取一體適用的做法，而是找出跟你類似的病患，然後他們可以採用更個人化、更重點式的診斷與治療。

柯漢認為這是醫學領域的自然延伸，並不是一個特別創新的領域。「診斷是什麼？」柯漢問，[22]「診斷其實是一個聲明，說明你跟先前被研究過的人群有共同的特性。當我診斷你心臟病發作時（希望不會發生這種事），我會跟你說，你出現了我從其他人那裡得知的一種心臟衰竭致病機轉，意思是你心臟病發作。」

就本質上來說，診斷是一種原始的分身搜尋。問題是，醫生用來做出診斷的數據集很小。現在，醫生的診斷是依據本身治療病患的經驗，加上其他研究人員依據一小群人進行研究的學術論文做輔助。不過正如我們先前所見，要讓分身搜尋得到更精準的結果，就必須包含更多的個案。

醫療是大數據可以真正派上用場的領域。那麼，為什麼長久以來都沒有人這樣做呢？為什麼大數據沒有被廣泛使用？問題就出在：數據蒐集。大多數醫療報告還是以書面為主，存在於文件檔案中，至於那些電腦化的醫療報告，通常格式也不相容。柯漢指出，我們擁有的棒球數據往往比健康數據來得好。但光是蒐集身高體重這種簡單測量數據，就有漫長的路要走。柯漢一再提到「做最容易達成的事」。他認為，譬如僅僅建構一個完整數據集，將孩童身高和體重圖表與可能罹患的任何疾病包含在內，對小兒科來說就是一場大變革。然後，醫生就可以比較每個孩子的成長過程，電腦可以找到成長過程相似的孩童，並自動標記任何應該關注的模式。這種做法可能及早檢測到孩童的身高不足，在某些情況下可能指向兩種成因之一：甲狀腺功能減退或腦瘤。在這兩種情況下，早期診斷將是一個大福音。根據柯漢的說法：「這種事相當罕見，機率只有萬分之一，因為孩童一般都很健康。但我認為利用這種做法，我們至少可以提早一年診斷出這類病患，我們百分之百可以做到。」

詹姆斯・海伍德（James Heywood）這位企業家，[23]以一種不同方法處理連結醫療數據遇到的難題。他創立PatientsLikeMe.com這個網站，個人可以在那裡描述自己的資訊，譬如個人病情、治療和副作用。海伍德在這方面已經大有進展，繪製圖表說明疾病可能採取的不同途徑，以及比較個人病情跟我們對該項疾病的共同理解。

22 我在二〇一五年六月十五日電話採訪柯漢。
23 我在二〇一五年八月十七日電話採訪海伍德。

他的目標是招募足夠人數，涵蓋足夠的病情，好讓人們能夠找到跟自己健康狀況類似的分身。海伍德希望你可以找到同年齡、同性別、以往健康狀況相同、陳述症狀也類似的人，看看哪些治療對他們有效，以此作為參考。那確實是一種非常不同的醫療。

數據說故事

從很多方面來看，放大檢視這項動作對我來說，比特定研究的具體發現還更有價值，因為它提供一種新方式讓我們看待生活和談論生活。

當人們知道我是數據科學家和作家時，他們有時會跟我分享一些事實或調查。我經常發現他們提供的數據很無趣——太靜態又乏味，毫無故事性可言。

同樣地，朋友也試圖讓我加入他們，一起閱讀小說和傳記。但是對我來說，這些事情也沒有什麼意思。我總是發現自己在問：「那種事也會發生在其他情況下嗎？更一般的原則是什麼？」我覺得他們的故事太微不足道，也太沒有代表性。

我在這本書中試圖介紹的是，對我而言是獨一無二之物。它是依據數據和數字，是具有說明性且影響深遠。然而，數據如此豐富，讓你可以看見潛藏其下的人們。當我們放大檢視艾德蒙頓每分鐘的用水量時，我**看到**在每節比賽結束時，人們從沙發上起身衝向廁所。當我們放大檢視從費城搬到邁阿密的人們開始不誠實報稅，我**看到**這些人跟他們的鄰居在公寓大樓裡交談，並且得知這個騙稅招術。當我們放大檢視每個年齡層的棒球迷時，我**看到**自己的童年和我弟弟的童年，幾百萬成年男子還在為自己八歲起就支持的球隊打輸球而懊惱。

雖然這樣講可能有浮誇之虞，但我認為本書中提到的經濟學家和數據科學家，不僅創造一種新的工具，也創造一種新的類型。我在本章以及本書大部分內容想要說明的是，數據如此龐大又如此豐富，讓我們不必侷限於任何特定、沒有代表性的人群，讓我們可以如此靠近地放大檢視，還能講述複雜又引發聯想的精彩故事。

第六章

整個世界，都是我的實驗室
——怎樣的頭條標題吸引人？

二〇〇〇年二月二十七日，[1] 在Google山景城總部，忙碌的一天又揭開序幕。陽光普照，自行車騎士使勁地踩著踏板，女按摩師正忙著按摩，員工用黃瓜水保濕。然後，在這個尋常日子裡，幾名Google工程師有一個想法，希望解開目前驅動大多數網路的祕密。工程師們找到最佳方式讓你點擊、回訪並繼續留在他們的網站上。

在描述他們做了什麼之前，我們需要談談相關性（correlation）與因果關係（causality），這是數據分析中一個我們尚未充分解決的大問題。

媒體幾乎每天都用相關性研究來轟炸我們，譬如說我們被告知，適量飲酒有益健康，這就是相關性。

這表示適量飲酒會改善個人健康狀況，是一種因果關係嗎？也許不是。可能是健康狀況良好讓人們適量飲酒。社會科學家將此稱為倒果為因。或者可能是某個獨立因素引發適量飲酒和身體健康。可能是花很多時間跟朋友在一起，就喝一點酒也讓身體健康。社會科學家將此稱為遺漏變數偏誤（omitted-variable bias）。

那麼，我們如何能更準確地建立因果關係？到目前為止最廣受認可的做法就是，利用一種隨機對照實驗。做法如下：你隨機將人分成兩組，一個是要做某件事或服用某種東西的實驗組，另一個是什麼也不必做的對照組。然後你觀察每一組的回應，兩組在結果之間的差異就是你取得的因果關係。

舉例來說，測試適量飲酒是否為身體健康的原因，你可以隨機抽樣一些人，請其在一年內每天都喝一杯葡萄酒，隨機選擇一些人一年內都不喝酒，然後比較兩組受試者的健康狀況。由於人們被隨機分配到這兩個組，我們沒有理由認為其中某一組的健康狀況更好或社交活動更多。你可以相信葡萄酒的影響是有因果關係的。不管在任何領域，隨機對照實驗都是最值得信賴的證據。如果某種藥物可以通過一項隨機對照實驗，就可以讓普通民眾使用，如

1 這個故事的相關討論另見Brian Christian, "The A/B Test: Inside the Technology That's Changing the Rules of Business," *Wired*, April 25, 2012, http://www.wired.com/2012/04/ff_abtesting/。

果不能通過這種實驗測試，就無法在藥房上架販售。

社會科學領域也日漸採用隨機對照實驗。麻省理工學院法裔經濟學家埃絲特・杜弗洛（Esther Duflo）率先提倡在發展經濟學這個領域，要更常使用隨機對照實驗。發展經濟學這個領域試圖找出最佳方式，協助世上最貧困的那群人。以杜弗洛跟同事一起進行如何改善印度農村教育的研究為例，印度農村有半數以上的中學生連簡單句子都看不懂。學生閱讀能力這麼差的一個潛在原因是，老師不一定到校上課。在印度農村某些學校，平日教師缺勤率超過四〇%。

杜弗洛的測試結果呢？她和她的同事隨機將學校老師分為兩組。在實驗組中，除了基本薪資外，老師出席一天就多拿五十盧比，相當於一・一五美元。至於對照組，則沒有額外支付出勤費。結果相當顯著，當老師們額外拿到出勤費時，缺勤率下降一半。[2]學生考試成績也大幅改善，而且對年輕女學生的影響最大。到實驗結束時，老師有到校上課的那些學校的女學生，寫字能力增加七個百分點。

根據《紐約客》的一篇文章，比爾・蓋茲（Bill Gates）獲悉杜弗洛的研究時，[3]留下深刻印象並對杜弗洛說：「我們**必須**資助你。」

A／B測試的基本常識

所以，隨機對照實驗是證明因果關係的黃金標準，而且這種做法已經在社會科學領域廣為普及。這讓我們想到二〇〇〇年二月二十七日，在Google山景城總部，當天Google做了什麼改變網路的創舉？

那天，有幾位工程師決定在Google網站上進行一個實驗。他們將用戶隨機分成兩組。實驗組在每個搜尋結果頁面上，看到二十個連結。對照組則跟平常一樣看到十個連結。工程師隨後根據這兩組人回訪Google的次數，比較兩組的滿意度。

這是一場大變革嗎？看起來好像沒什麼創新啊，我先前指出隨機對照實驗已被製藥公司和社會科學家使用，仿效這種做法，為什麼是了不起的構想呢？

關鍵點就是，相較於現實世界的離線實驗，數位世界的實驗具有龐大的優勢，Google工程師很快就明白這一點。跟離線隨機對照實驗一樣令人信服，但線上隨機對照實驗不像離線

---

2 Esther Duflo, Rema Hanna, and Stephen P. Ryan, "Incentives Work: Getting Teachers to Come to School," *American Economic Review* 102, no. 4 (2012).

3 Ian Parker, "The Poverty Lab," *New Yorker*, May 17, 2010.

實驗那樣需要大量資源。以杜弗洛的研究來說，她必須聯繫學校、安排資金、支付部分教師報酬、所有學生都必須進行考試。離線實驗可能花費數百萬或數十萬美元，並且需要幾個月或幾年的時間進行。

在數位世界裡，隨機對照實驗既省錢又省時。你不需要招募參與者和付錢給參與者，你只要寫一行程式碼，就能將人們隨機指派到同一組。你不需要用戶填寫問卷調查，相反地，你可以測量滑鼠的拖曳動作和點擊次數，不需要人工編碼和分析回應，你可以設計一支程式自動為你做好這些事。你不必跟任何人聯繫，甚至不必告訴用戶，他們是實驗的一部分。

這就是大數據擁有的第四種力量：大數據讓隨機對照實驗，也就是可以找到真正因果關係的方法，變得更容易進行。只要你在線上，幾乎隨時隨地都可以進行。在大數據時代，整個世界就是一間實驗室。

這個精闢見解很快透過Google的傳播，讓矽谷其他公司都知道。現在，隨機對照實驗已經更名為「A／B測試」。二〇一一年，Google工程師就進行七千次A／B測試。[4]而這個數字正在持續攀升，並且只升不降。

如果Google想知道如何讓更多人點擊Google網站上的廣告，他們可能會在廣告中嘗試兩種藍色，一組為A組，另一組為B組，然後就能藉此比較點擊率。當然，這種測試如此容易，可能導致過度使用，由於有些員工覺得測試根本毫不費力，而讓Google曾經過度進行這類實驗。二〇〇九年時，在Google針對四十一種略微不同的藍色進行A／B測試後，一名設計師深感挫敗而選擇離職。[5]但是這名設計師支持藝術、反對仰賴市場研究的立場，並未遏止這種方法論的傳播。

現在，臉書每天進行[6]一千次A／B測試，這表示臉書有一小群工程師開始在平日進行更多隨機對照實驗，次數甚至超過整個製藥業一整年所做的隨機對照實驗。

A／B測試日漸普及，不再侷限於規模最大的科技公司。Google前員工丹・賽洛克（Dan Siroker）將這個方法論運用在歐巴馬第一次總統大選，針對首頁設計、電子郵件和捐款表

4 Christian, "The A/B Test."
5 Douglas Bowman, "Goodbye, Google," stopdesign, March 20, 2009, http://stopdesign.com/archive/2009/03/20/goodbye-google.html.
6 Eytan Bakshy, "Big Experiments: Big Data's Friend for Making Decisions," April 3, 2014, https://www.facebook.com/notes/facebook-data-science/big-experiments-big-datas-friend-for-making-decisions/10152160441298859/。製藥界進行隨機對照實驗的資料來源詳見 "How many clinical trials are started each year?" *Quora post*, https://www.quora.com/How-many-clinical-trials-are-started-each–year。

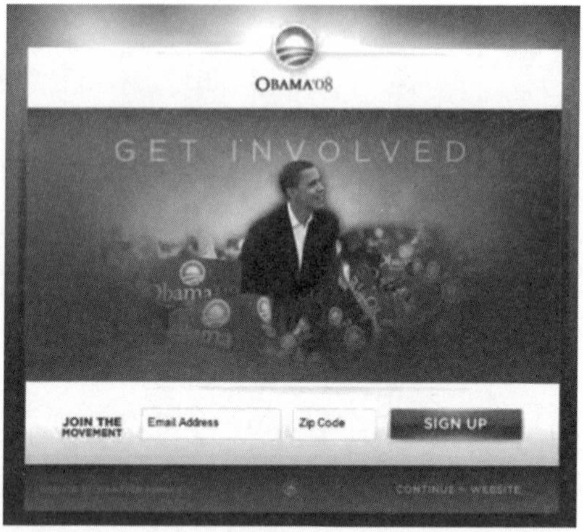

格進行A／B測試。然後，賽洛克創辦Optimizely這家新公司，[7]讓組織快速進行A／B測試。二〇一二年，歐巴馬和他的對手密特・羅姆尼（Mitt Romney）都聘請Optimizely這家公司，協助將參與人數、志工人數和捐款金額最大化。像網飛、TaskRabbit和《紐約》（*New York*）雜誌等不同行業的企業，也都使用Optimizely的服務。

要了解A／B測試多麼有價值，我們可以看看歐巴馬如何利用這種測試，讓更多人參與他的競選活動。歐巴馬的首頁起初放了候選人照片，照片下方有一個按鈕，邀請人們「報名」（Sign Up）。

這是在首頁招呼訪客的最佳方式嗎？在賽洛克的協助下，歐巴馬的團隊可以測試是否不同圖片、不同按鈕可能讓更多人實際採取行動報名。如果主頁用歐巴馬表情較嚴肅的照片，會有更多人點擊嗎？如果按鈕文字改為「現在加入我們」，會有更多人點擊嗎？歐巴馬的團隊讓用戶看到不同的照片和按鈕組合，並衡量多少用戶點擊按鈕。看看你能否預測出獲得最多點擊的照片和按鈕。

測試照片

測試按鈕

現在加入我們

了解更多

報　名

7 我在二〇一五年四月二十九日以電話採訪丹・賽洛克。

點擊次數最高的勝出組合

獲得最多點擊的照片是歐巴馬的家庭照，獲得最多點擊的按鈕是「了解更多」，而且點擊次數多出許多。藉由使用這種組合，歐巴馬的競選團隊估計報名人數增加四〇％，也為選舉活動募款金額額外增加大約六千萬美元。[8]

這種黃金標準測試能如此省錢又輕鬆完成的這項事實，還有另一大好處：它進一步釋放我們對直覺的依賴，這一點我在第一章說過，直覺有其限制。A／B測試如此重要的一個根本原因是：人們是不可預測的。我們的直覺往往無法預測人們會如何回應。

剛才，你的直覺有猜出歐巴馬網站的最佳設計嗎？

接下來你可以對你的直覺進行更多測試。《波士頓環球報》（*Boston Globe*）針對標題進行A／B測試，[9]以確定哪些標題讓最多人點擊該報導。請你試著從下列對照，猜猜哪個標題勝出：

以下兩個標題中，有一個標題獲得更多點擊

	標題A	標題B
1	鼻涕機器人（SnotBot）無人機能拯救鯨魚嗎？	這種無人機能拯救鯨魚嗎？
2	「洩氣足球」當然位居麻州搜尋字詞之冠	麻州搜尋字詞之冠實在讓人超尷尬
3	約炮比賽是聖保羅性侵案審判的重頭戲	貴族學校性醜聞不起訴
4	婦女用稀有棒球卡賺大錢	婦女用稀有棒球卡賺進十七萬九千美元
5	麻州捷運署年度營運赤字到二〇二〇年將倍增	做好準備：麻州捷運署的赤字即將倍增
6	麻州如何協助你取得避孕權	波士頓大學如何協助終結「性犯罪」
7	波士頓第一條地鐵開通時	波士頓第一條地鐵開通的諷刺畫
8	貴族學校性侵審判受害者與其家人譴責有毒文化	貴族學校性侵案審判受害者與其家人發表聲明
9	只有戴著印有「釋放布雷迪」帽子的傢伙識破喬裝打扮的麥莉．希拉（Miley Cyrus）	愛國者隊球迷認出麥莉．希拉而受到矚目

8 Dan Siroker, "How Obama Raised $60 Million by Running a Simple Experiment," Optimizely blog, November 29, 2010, https://blog.optimizely.com/2010/11/29/how-obama-raised-60-million-by-running-a-simple-experiment/.

9《波士頓環球報》A／B測試與結果由該報提供給作者。有關測試的一些細節詳見"The Boston Globe: Discovering and Optimizing a Value Proposition for Content," Marketing Sherpa Video Archive, https://www.marketingsherpa.com/video/boston-globe-optimization-summit2。這包含《波士頓環球報》的彼德．杜塞特（Peter Doucette）與MECLABS的潘蜜拉．馬基（Pamela Markey）之間的一場錄音談話。

你猜完了嗎？答案以楷體字列出如下。

我預測你答對半數以上的標題，也許你是考慮自己會點擊什麼才答對的，但是你可能沒

	標題A	標題B	勝出者？
1	鼻涕機器人無人機能拯救鯨魚嗎？	這種無人機能拯救鯨魚嗎？	標題A多拿到53％的點擊次數
2	「洩氣足球」當然居麻州搜尋字詞之冠	麻州搜尋字詞之冠實在讓人超尷尬	標題B多拿到986％的點擊次數
3	約炮比賽是聖保羅性侵案審判的重頭戲	貴族學校性醜聞不起訴	標題B多拿到108％的點擊次數
4	婦女用稀有棒球卡賺大錢	婦女用稀有棒球卡賺進十七萬九千美元	標題A多拿到38％的點擊次數
5	麻州捷運署年度營運赤字到二〇二〇年將倍增	做好準備：麻州捷運署的赤字即將倍增	標題B多拿到62％的點擊次數
6	麻州如何協助你取得避孕權	波士頓大學如何協助終結「性犯罪」	標題B多拿到188％的點擊次數
7	波士頓第一條地鐵開通時	波士頓第一條地鐵開通的諷刺畫	標題A多拿到33％的點擊次數
8	貴族學校性侵審判受害者與其家人譴責有毒文化	貴族學校性侵案審判受害者與其家人發表聲明	標題B多拿到76％的點擊次數
9	只有戴著印有「釋放布雷迪」帽子的傢伙識破喬裝打扮的麥莉．希拉	愛國者隊球迷認出麥莉．希拉而受到矚目	標題B多拿到67％的點擊次數

有猜對所有標題。

為什麼？你遺漏了什麼？你缺乏對人類行為的哪些精闢見解？你可以從自己的錯誤中學到什麼教訓？

我們通常會在做出不對的預測後，提出上面這些問題。

但是，要從《波士頓環球報》標題中得出一般結論有多麼困難。在第一個標題測試中，改變單一字詞（將「這種」改為「鼻涕機器人」），就能獲得一個大勝利，這或許表示標題有更多細節，就會拿到更多點擊次數。但在第二個標題中，「洩氣足球」這個詳細用語就輸了。在第四個標題中，「賺大錢」反而勝過十七萬九千美元這種詳細數字，這可能暗示俚語獲勝。但在第三個標題中，俚語「約炮比賽」（hookup contest）卻輸了。

就很大的程度來說，我們從A／B測試學到的教訓是：不要亂下結論。ranker.com這個新聞暨娛樂網站嚴重依賴A／B測試來選擇標題和網站設計，其執行長克拉克·班森（Clark Benson）說：「一天結束時，你不能假設任何事，必須針對每件事都進行測試才行。」[10] 由於我們對人性的了解還不夠，測試剛好填補這些差異。這些差異將永遠存在。如果我們了解

---

10 我於二〇一五年七月二十三日電話採訪班森。

Hotels
www.example.com
Special rates until the end of the month. No booking fees, book your room now!
Dublin Hotels
www.example.com
Browse hundreds of hotels in Dublin, sort by price, location and user reviews.
Hotels in Ireland
www.example.com
Compare prices of 1000s of hotels all over Ireland!
AdChoices

人性，根據我們的生活經驗就能判斷答案是什麼，那麼測試就不會有價值。但事實上，我們不了解人性，所以測試才這麼有價值。

A／B測試如此重要的另一個原因是，似乎很小的變化就可能產生很大的影響。正如班森所言：「很小很小的因素在測試中卻有超大的價值，這一點一直讓我相當驚訝。」

二〇一二年十二月，Google更改廣告，在廣告右方添加一個由正方形包圍的向右箭頭（見上圖）。[11]

請注意，這個箭頭有多麼奇怪。它指向右方，但右方根本沒有東西。事實上，當這些箭頭首次出現時，許多Google客戶都大肆批評。[12]為什麼Google在廣告中加入無意義的箭頭，他們很納悶？

Google要保護自家商業機密，所以他們並沒有說明這些箭頭有多重要。但他們確實表明，這些箭頭在A／B測試中勝出。Google添加向右箭頭的原因是，這樣做會有更多人點擊。而這個看似沒有意義的小變化，讓Google和他們的廣告客戶都賺大錢。

那麼，你要怎樣發現這些產生超大利潤的小調整呢？你必須測試很多事情，即使其中許多事情看似微不足道。事實上，Google用戶已經發現無數次這類狀況，大家看到廣告一直出現些微改變，跟原先的形式稍有不同。人們不知不覺中成為A／B測試實驗組的成員，但只能看到這些輕微的變化（見下頁圖）。

上述變化從未展現在大眾眼前。它們輸了，但它們是挑選贏家過程的一部分。要挑選出人們會點擊的箭頭，就要測試許多醜陋的星號、錯誤的位置和花俏的字體。

推測是什麼原因讓人們點擊，可能是一件很有趣的事。如果你是民主黨人，知道A／B

11 "Enhancing Text Ads on the Google Display Network," Inside AdSense, December 3, 2012, https://adsense.googleblog.com/2012/12/enhancing-text-ads-on-google-display.html.

12 實例詳見"Large arrows appearing in google ads—please remove," DoubleClick Publisher Help Forum, https://productforums.google.com/forum/#!topic/dfp/p_TRMqWUF9s。

文字置中實驗（無效）

Best Selling iPad 2 Case
The ZAGGmate™ - Tough Aluminum Case
with build in Bluetooth Keyboard
www.zagg.com

綠色星號實驗（無效）

Foster's Hollywood Restaurant **Reviews**, Madrid, Spain ...
www.tripadvisor.co.uk > ... > Madrid > Madrid Restaurants ▾ TripAdvisor ▾
★★★★★ Rating: 3 - 118 reviews
Foster's Hollywood, Madrid: See 118 unbiased **reviews** of **Foster's Hollywood**, rated 3 of 5 on TripAdvisor and ranked #3647 of 6489 restaurants in Madrid

新字體實驗（無效）

Live Stock Market News
Free Charts, News and Tips from UTVi Experts. Visit us Today!
UTVi.com/Stocks

測試讓歐巴馬募到更多錢，可能讓你很開心。但A／B測試有一個缺點。

亞當・奧特（Adam Alter）在他的精彩著作《不可抗拒》（*Irresistible*）中，就探討當代社會中行為成癮的興起。[13] 許多人正發現網路已深入我們生活的各個層面，要關掉網路就愈來愈難。

從我最喜歡的數據集Google搜尋中，可以找出和人們最容易上癮有關的一些線索。據Google公布，大多數成癮物質還是人們數十年來一直在努力戒除的那些事，譬如：藥物、性行為和酒精。但是，網路已經開始在這個名單上出現，現在「網路色情」和「臉書」一起名列前十名。

二〇一六年Google公布的前幾大成癮物質[14]

藥物	酒精	賭博
性行為	砂糖	臉書
網路色情	愛	

網路之所以讓人如此上癮，A／B測試可能是一大功臣。

《不可抗拒》中引述崔斯坦・哈里斯（Tristan Harris）這位「設計倫理學家」的論點，解釋人們為何如此難以抗拒網路上的某些網站：「螢幕另一頭有一千人，他們的工作就是打破你的自律。」

而且這些人正在使用A／B測試。

藉由測試，臉書可能弄清楚特定按鈕、特定顏色會讓人們更常回訪他們的網站。所以，他們把按鈕改成那種顏色。而且他們可能會發現某種特定字體，會讓人們更頻繁地回訪他們的網站，所以他們將文本更改為那種字體。然後，他們可能發現在特定時段發送電郵給人們，會讓人們更頻繁地回訪他們的網站，所以他們就會在那個時段發送電郵給大家。

臉書很快將自己優化，成為讓人們花最多時間在上面的網站。換句話

13 Adam Alter, *Irresistible: The Rise of Addictive Technology and the Business of Keeping Us Hooked* (New York: Penguin, 2017).

14 作者利用Google搜尋趨勢進行的分析。

說，利用A／B測試找到夠多最有利的因素，你就能打造一個讓人們上癮的網站。這是香菸公司從未取得的回饋類型。

A／B測試日漸成為遊戲業的一大利器，如同奧特討論的那樣，「魔獸世界」（World of Warcraft）將各種遊戲版本進行A／B測試。一個任務可能會要求你殺掉某人，另一個任務可能會要求你拯救某樣東西。遊戲設計師可以提供不同樣本的玩家不同的任務，然後看看哪些任務讓更多人想玩，譬如說，他們可能發現要求你救一個人的任務，讓人們回訪率增加三〇％。如果他們測試更多更多的任務，就開始找出更多更多吸引人們回訪的致勝關鍵。這三〇％的勝利加總起來，最後就產生一個讓許多成年男子窩在爸媽家地下室玩到欲罷不能的遊戲。

如果這件事讓你感到有點不安，別擔心，我也有同感。而且，我們會在書末更詳細介紹大數據在這方面和其他方面的倫理含意。但是無論好壞，實驗現在是數據科學家工具包中的關鍵工具。而工具包裡還有另一種形式的實驗，這類實驗已被用來詢問各種問題，包括電視廣告是否真的有效。

殘酷卻具啟發性的自然實驗

二〇一二年一月二十二日，新英格蘭愛國者球隊在美聯冠軍賽（AFC Championship）跟巴爾的摩烏鴉隊對打。

比賽還剩一分鐘就要結束，烏鴉隊目前比數落後，但他們拿到球，接下來的六十秒將決定哪支球隊能打進超級盃。接下來的六十秒鐘有助於讓球員締造傳奇，同時這場比賽的最後一分鐘會進行一件對經濟學家更意義深遠的事情：最後六十秒鐘有助於告訴我們（僅此一次），廣告有效嗎？

廣告提升銷售這項概念對我們的經濟來說，顯然至關重要。但是，廣告究竟對提升銷售有多大的效力，這一點卻很難證明。事實上，這是區分相關性和因果關係有多麼困難的一個教材實例。

毫無疑問，廣告最多的產品，銷售量也最高。二十世紀福斯影片公司（Twentieth Century Fox）花了一億五千萬美元行銷電影《阿凡達》（*Avatar*），讓這部片成為史上最賣座的電影。但《阿凡達》票房收入二十七億美元中，有多少是因為大打廣告而帶來的收益？二十世紀福斯影片公司花這麼多錢宣傳，有部分原因可能是，他們知道這個產品令人滿意。

企業相信自己知道自家廣告多有效，經濟學家則懷疑，企業是否真的清楚內情。芝加哥大學（University of Chicago）經濟學教授史蒂芬．李維特跟一家電子公司合作，當該公司試著要李維特相信，他們知道自家廣告多有效時，讓李維特簡直難以招架。李維特想知道，他們怎麼這麼有自信？

該公司解釋說，每年父親節前夕，他們增加電視廣告支出。事實證明，每年父親節前夕，他們的銷售量達到高峰。嗯，也許這只是因為很多子女買電子產品送老爸，特別是當成父親節禮物，根本不是因為廣告的關係。

李維特在一次演講中表示：「他們完全倒果為因。」[15]至少，有可能是這樣，但我們不知道。「這是一個非常困難的問題」李維特補充說。

要解決這個問題就要克服這個難題：企業不願意進行嚴謹的實驗。李維特設法說服這家電子公司進行一次隨機對照實驗，以準確了解該公司電視廣告多麼有效。由於電視上還不可能進行A／B測試，所以必須控制某些地方不播出該公司的廣告，才能進行對照。

這家公司如此回應：「你瘋了嗎？我們不可以不在二十個市場做廣告。執行長會殺了我們。」—李維特跟該公司的合作因此結束。

我們回來談談愛國者隊跟烏鴉隊的比賽。這場足球比賽的結果如何能幫助我們確定廣告的因果關係？它不能告訴我們特定公司特定廣告的影響，但它可以證明許多大型廣告的平均效果。

事實證明，這種比賽裡隱藏一個廣告實驗，以下說明這個實驗如何運作。在這些冠軍賽進行時，廣告客戶已經買好時段並製作好自家的超級盃廣告。當企業決定要播放哪些廣告時，他們並不知道播出自家廣告時，是哪些球隊上場比賽。

但決賽結果將對究竟誰會收看超級盃比賽，產生巨大的影響。有資格爭取超級盃的兩支球隊，將為超級盃帶來為數可觀的觀眾。如果在波士頓附近的新英格蘭愛國者隊贏得決賽，那麼跟巴爾的摩相比，波士頓會有更多人收看超級盃，反之亦然。

對於企業來說，這相當於擲硬幣確定究竟是巴爾的摩還是波士頓，會多幾萬人看到他們的廣告。而且，這是在企業買好時段和製作完廣告後才發生的一次翻轉。

---

15 這部分內容詳見Harry Walker Speakers Bureau網站，《蘋果橘子經濟學》（*Freakonomics*）頁面上的一支影片，網址為http://www.harrywalker.com/speakers/authors-of-freakonomics/。

現在，回到這場比賽的現場，CBS體育主播吉姆・南茲（Jim Nantz）宣布這次實驗的最終結果。

> 踢球手比利・康迪夫（Billy Cundiff）上場了，他要盡一切可能將比賽打成延長賽。過去兩年射球得分分數都是十六分。最後三十二碼射門得分的話，就有機會追平比數，而這一踢，小心！小心！情況不妙……愛國者球隊贏了，他們向烏鴉隊回禮致敬，現在就整裝待發前往印第安納波利斯。他們要前進第四十六屆超級盃囉。

兩週後，第四十六屆超級盃在波士頓的收視率為六〇・三%，巴爾的摩的收視率為五〇・二%。在波士頓多出六萬多人看到二〇一二年的廣告。

隔年，兩支隊伍在美聯冠軍賽中再度碰頭。這次，巴爾的摩贏了。二〇一三年超級盃廣告的額外觸及人數就出現在巴爾的摩（見下表）。

我跟Google首席經濟學家哈爾・瓦里安（Hal Varian）、卡內基美隆大

	二〇一二年超級盃收視率（波士頓出賽）	二〇一三年超級盃收視率（巴爾的摩出賽）
波士頓	56.7	48.0
巴爾的摩	47.9	59.6

學（Carnegie Mellon University）經濟學家麥可．史密斯（Michael D. Smith）使用這兩場比賽和從二〇〇四年到二〇一三年超級盃所有比賽的數據，測試超級盃廣告是否奏效，如果有效，那效果是多少。具體來說，我們看看在超級盃打廣告的電影，在較多觀眾收看這個比賽的城市，電影票房是否大幅攀升。

事實確實如此。有資格參加超級盃比賽的球隊所在城市，比錯失超級盃資格球隊所在城市，居民觀看超級盃比賽時廣告的那部電影的比例高出許多。這些城市有更多人看到這支廣告，也有更多人決定去看那部片。

另一種解釋可能是，你喜歡的球隊打進超級盃，讓你更有可能去看電影。然而，我們測試一組預算差不多並在相似時間上映、但沒有在超級盃中打廣告的電影。結果，超級盃球隊所在城市觀看這些電影的人數並沒有增加。

好吧，你可能已經猜到，廣告有效。這並不令人意外。

但廣告不僅僅有效，還有效到讓人難以置信。事實上，當我們第一次看到這些結果時，再三檢查，一共檢查四遍，以確保結果正確無誤，因為透過廣告所賺取的收益大到驚人。我們樣本中的電影商平均支付約三百萬美元，買下超級盃一個廣告時段，讓票房增加八百三十萬美元，投資報酬率為二・八比一。

這個結果得到另外兩位經濟學家韋斯利・哈特曼（Wesley R. Hartmann）和丹尼爾・克拉柏（Daniel Klapper）的證實，他們先前就提出一個類似的想法。這兩位經濟學家研究在超級盃期間播出的啤酒廣告和汽水廣告，[16]同時也利用超級盃球隊所在城市增加的廣告觸及人數。他們發現投資報酬率為二・五比一。這些超級盃時段的廣告費用高得驚人，但我們的結果跟這兩位經濟學家的建議顯示，這類廣告對提高消費者需求來說十分有效。以如此高的投資報酬率來說，其實企業付的廣告費根本就太少了。

對於跟李維特合作的那間電子公司來說，這所有一切意味著什麼？超級盃廣告可能比其他類型的廣告更具成本效益。但至少我們的研究確實表明，在父親節前夕打廣告可能是一個好主意。

超級盃實驗的一個優點是，不需要特意將任何人分配到實驗組或對照組。以足球比賽來說，一個幸運反彈就會讓情況不變。換句話說，這是自然發生的。為什麼這是優勢呢？因為非自然的隨機對照實驗雖然效力超強，也在數位時代中更容易做到，但卻未必總有可能進行。

有時候，我們不能及時採取行動。有時候，就像那家不想在廣告活動中進行實驗的電子公司一樣，我們花太多錢打廣告，以至於不想測試廣告效果。

有時候，實驗是不可能的事。假設你有興趣測試一個國家對於失去領導者會做何反應。會導致戰爭嗎？經濟是否停止運作？一切都沒有什麼改變嗎？顯然，我們不能殺死一大批總統和總理，來看看究竟會發生什麼情況。這樣做不僅不可能也不道德。幾十年來，大學建立機構審查委員會（institutional review boards），確定提出的實驗是否符合道德規範。

所以如果我們想在某種情況下知道因果關係，但進行實驗是不道德或不可行的，那麼我們能做什麼呢？我們可以利用經濟學家所說的自然實驗，經濟學家將自然做廣泛的界定，連足球比賽都包含在內。

不管是好或壞（我知道，情況顯然更糟），生活中有一個巨大構成要素是隨機的。沒有人確切知道宇宙由什麼或由誰主宰。但有一件事是清楚的：不管一切由誰主宰，是量子力學

16 Wesley R. Hartmann and Daniel Klapper, "Super Bowl Ads," unpublished manuscript, 2014.

定律、是上帝或一個長了痘痘穿著內衣的小孩[17]在電腦面前模擬這個宇宙，他們全都**不必**經過機構審查委員會的批准。

自然無時無刻地在我們身上進行實驗。兩人被槍殺，其中一人的子彈停在重要器官之外而倖存，另一人卻不幸身亡。這些惡運讓人生變得不公平，但唯一的安慰是，這些惡運讓經濟學家更容易研究人生。經濟學家使用人生的反覆無常來測試因果關係。

在四十三名美國總統中，[18]有十六人是重大暗殺攻擊的受害者，四人遇害身亡。一些人存活下來的原因，基本上是隨機的。

以甘迺迪跟隆納德・雷根（Ronald Reagan）為例，[19]兩人都是身體最脆弱部位直接遭到槍擊。甘迺迪頭部中彈，腦漿爆裂當場死亡；雷根肺部中彈，子彈距離心臟只有幾公分，讓醫生得以拯救他的性命。雷根活下來了，但甘迺迪死了，毫無道理，純憑運氣。

這些對領導人性命的攻擊，以及領導人是死是活的任意性，在世界各地都會發生。以車臣共和國總統艾哈邁德・卡德洛夫（Akhmad Kadyrov）和德國總理希特勒（Adolf Hitler）為例，兩人都遭到炸彈襲擊，卡德洛夫死了；[20]希特勒因為行程更動[21]要趕搭火車，提早幾分鐘離開佈下詭雷的房間而倖存下來。

而我們可以利用自然殘酷的隨機性，譬如：殺死甘迺迪而不是雷根，來觀察就一般說來，國家領導人被暗殺時會發生什麼事。班傑明・瓊斯（Benjamin F. Jones）和班傑明・奧肯（Benjamin A. Olken）這兩位經濟學家就這樣做。這個實驗的對照組是領導人差一點被暗殺的國家，在暗殺事件後那幾年的情況，例如美國一九八〇年代中期的情況。實驗組則是領導人被暗殺身亡的國家，在暗殺事件後那幾年中的情況，例如美國一九六〇年代中期的情況。

那麼，國家領導人遇害會造成什麼影響呢？[22]瓊斯和奧肯發現，成功的暗殺戲劇性地改變世界史，把國家帶往截然不同的方向。新領導人讓以前講究和平的國家訴諸戰爭，或讓以前爭戰不休的國家落實和平；新領導人讓經濟繁榮的國家開始步入不景氣，或讓經濟不景氣的

---

17 關於我們可能生活在一個電腦模擬的世界裡，這種說法的有力論據詳見Nick Bostrom, "Are We Living in a Computer Simulation?" *Philosophical Quarterly* 53, no. 211 (2003)。

18 *Los Angeles Times* staff, "U.S. Presidential Assassinations and Attempts," *Los Angeles Times*, January 22, 2012, http://timelines.latimes.com/us-presidential-assassinations-and-attempts/.

19 Benjamin F. Jones and Benjamin A. Olken, "Do Assassins Really Change History?" *New York Times*, April 12, 2015, SR12.

20 有關這次攻擊詳見二〇〇九年三月三十一日上傳YouTube的影片"Parade surprise (Chechnya 2004)"，網址為https://www.youtube.com/watch?v=fHWhs5QkfuY。（影片內容會令人不適，請自行斟酌觀賞。）

21 這故事的討論另見Jones and Olken, "Do Assassins Really Change History?"。

22 Benjamin F. Jones and Benjamin A. Olken, "Hit or Miss? The Effect of Assassinations on Institutions and War," *American Economic Journal: Macroeco-nomics* 1, no. 2 (2009).

國家開始蓬勃發展。事實上，這種暗殺是自然實驗的結果，推翻了幾十年來人們對於國家如何運作的普遍看法。許多經濟學家以往傾向於認為國家領導人是由外力掌控的無能傀儡，但根據瓊斯和奧肯對自然實驗的分析，事實並非如此。

許多人不會把世界領導人遭到暗殺攻擊的這種研究，當成大數據的例子，因為研究中被暗殺或幾乎被暗殺的領導人數據確實很少，而且是否因此引發戰爭的數據也很少。描述經濟軌跡特性需要龐大的經濟數據集，而且大部分數據最好已經數位化。

儘管如此，雖然現在這種自然實驗幾乎只由經濟學家採用，但是這種實驗是強大的，在有更多、更好、更大的數據集可用的時代，自然實驗將日益重要。這是數據科學家不會放棄的一項工具。

是的，現在大家應該清楚，經濟學家在數據科學的發展中，扮演相當重要的角色。至少我是這樣想，因為那就是我所受到的訓練。

❖

我們還可以在哪裡找到自然實驗，也就是事件的隨機過程將人們置於實驗組和對照組的情況？

最明顯的例子是彩券，這就是為什麼經濟學家喜歡研究彩券，而不是購買彩券。經濟學家認為彩券不合理，所以研究它們。如果數字三的彩球跳上去，瓊斯先生就發大財了，如果數字六的彩球跳上去，就是詹森先生發大財。

為了測試發橫財的因果關係，經濟學家將買彩券中獎和買彩券沒中獎的人進行比較。這些研究往往發現，中獎並不會讓你在短期內變得快樂，[23]但長遠來說卻會讓人變得快樂。[24]

經濟學家也可以利用彩券的隨機性來看看當鄰居變有錢時，人們的生活會產生怎樣的變化。數據顯示，鄰居中了彩券可能會對你的生活產生影響，比方說，如果你的鄰居中了彩

---

23 這個觀點詳見John Tierney, "How to Win the Lottery (Happily)," *New York Times*, May 27, 2014, D5。約翰・提爾尼（John Tierney）的報導討論下列研究：Bénédicte Apouey and Andrew E. Clark, "Winning Big but Feeling No Better? The Effect of Lottery Prizes on Physical and Mental Health," *Health Economics* 24, no. 5 (2015); Jonathan Gardner and Andrew J. Oswald, "Money and Mental Wellbeing: A Longitudinal Study of Medium-Sized Lottery Wins," *Journal of Health Economics* 26, no. 1 (2007); Anna Hedenus, "At the End of the Rainbow: Post-Winning Life Among Swedish Lottery Winners," unpublished manuscript, 2011。提爾尼的報導也指出，一九七八年發現彩券中獎不會讓人快樂的這項知名研究，所使用的樣本相當小：Philip Brickman, Dan Coates, and Ronnie Janoff-Bulman, "Lottery Winners and Accident Victims: Is Happiness Relative?" *Journal of Personality and Social Psychology* 36, no. 8 (1978)。

24 一九七八年聲稱彩券中獎不讓你快樂的一篇知名論文，真相大多被拆穿了。

券，[25]你更有可能買一輛昂貴汽車，如寶馬（BMW）。為什麼？經濟學家認為幾乎可以肯定的是，原因出在發橫財鄰居買了昂貴汽車後，讓你心生嫉妒。記住，這就是人性。如果詹森先生看到瓊斯先生開著全新的寶馬汽車，詹森先生當然也想要一台寶馬汽車。

不幸的是，詹森先生往往買不起寶馬汽車，這就是經濟學家發現彩券中獎者的鄰居[26]更可能破產的原因。在這種情況下，瓊斯家有什麼，詹森家就要跟進，根本是不可能的事。

但是，自然實驗並不一定要像彩券那樣有明確的隨機性。一旦你開始尋找隨機性，你會看到它隨處可見，並可以用它來了解我們的世界究竟如何運作。

醫生是自然實驗的一部分。每隔一段時間，政府基於任意的理由，改變計算支付醫師醫療費用的公式。有些郡的醫生看到他們進行特定手術拿到的費用增加了；有些郡的醫生看到他們拿到的費用減少了。

傑佛瑞・克萊門斯（Jeffrey Clemens）和曾與我同窗的約書亞・戈特列布這兩位經濟學家，測試了這種任意變化的影響。醫生總是提供病人同樣的照護，意即他們認為這是病人最需要的照護？還是，醫生會被財務誘因驅使？

數據清楚地表明，醫生可能被金錢誘因激勵。[27]在支付給醫生的醫療費用較高的郡，有些醫生就會多多進行可拿到較高費用的手術，例如：進行更多白內障手術、結腸鏡檢查和磁振造影檢查。

那麼，最大的問題是：他們的病人在獲得這些額外照護後，健康狀況有好轉嗎？克萊門斯和戈特列布指出，「對健康狀況只有小幅影響」。這兩位經濟學家發現，以統計數據來看，這樣做對病患死亡率並無太大影響。讓醫生有更多財務誘因進行某些手術，這種自然的實驗顯示，有些醫生會進行更多對病患健康沒有太大影響，似乎也並未延長病患壽命的手術。

自然實驗可以幫助回答生死攸關的問題。它們也可以協助回答對一些年輕人來說，感覺

25 詳見Peter Kuhn, Peter Koore-man, Adriaan Soetevent, and Arie Kapteyn, "The Effects of Lottery Prizes on Winners and Their Neighbors: Evidence from the Dutch Postcode Lottery," *American Economic Review* 101, no. 5 (2011)，以及Sumit Agarwal, Vyacheslav Mikhed, and Barry Scholnick, "Does Inequality Cause Financial Distress? Evidence from Lottery Winners and Neighboring Bankruptcies," working puper, 2016。

26 Agarwal, Mikhed, and Scholnick, "Does Inequality Cause Financial Distress?"

27 Jeffrey Clemens and Joshua D. Gottlieb, "Do Physicians' Financial Incentives Affect Medical Treatment and Patient Health?" *American Economic Review* 104, no. 4 (2014)。請注意，這些結果並不表示醫生很邪惡。事實上，如果當他們領到更多錢，而多多進行的手術真的能救人性命，反倒會讓我們更加擔心。如果情況真是如此，那就表示醫生進行救命治療，必須拿到應得的費用。克萊門斯和戈特列布的研究結果顯示，不管醫生能拿到多少手術費用，只要能救人性命，他們都會做。對於沒太大幫助的手術，醫生則會在取得合理手術費用的情況下才會進行。換句話說，醫生不太關心攸關性命治療的金錢誘因，但卻相當關心不重要手術的金錢誘因。

與生死息息相關的問題。

❖

史蒂文森高中（Stuyvesant High School，簡稱Stuy）位於曼哈頓下城，與世貿中心相隔幾條街，是一棟可以俯瞰哈德遜河河景、價值一億五千美元[28]有十層樓的棕褐色磚砌建築。簡單講，史蒂文森高中令人印象深刻。這間學校提供[29]五十五種大學先修課程、七種語言課程，以及猶太史、科幻小說和亞裔美國人文學等選修課程。該校約有四分之一的畢業生取得[30]常春藤聯盟或同樣名望卓著大學的入學許可。史蒂文森高中培育出的名人包括：[31]哈佛大學物理學教授莉莎・藍道爾（Lisa Randall）、歐巴馬的策士大衛・艾克塞羅德（David Axelrod）、奧斯卡得獎演員提姆・羅賓斯（Tim Robbins）和小說家蓋瑞・史坦恩加特（Gary Shteyngart）。史蒂文森高中畢業典禮的演講嘉賓包括[32]：前美國總統比爾・柯林頓、聯合國祕書長科菲・安南（Kofi Annan）和知名脫口秀主持人康恩・歐布萊恩（Conan O'Brien）。

史蒂文森高中除了課程多樣化和培育優秀人才外，還有一個引人矚目之處就是費用：免學費。這是一所公立高中，也許是全美最好的高中。事實上，最近的一項研究透過訪談三十萬名學生和家長，對美國每所公立高中進行排名調查，在二千七百萬個調查結果中，史蒂文森高中排名第一。[33]難怪紐約雄心壯志的中產階級家長和他們同樣有遠大志向的子女，如此迷戀史蒂文森高中這個品牌。

對於阿邁德．伊馬茲（Ahmed Yilmaz）[34]這個居住皇后區的保險經紀人暨老師之子而言，史蒂文森高中就是他心儀的「那所」高中。

---

28 Robert D. McFadden and Eben Shapiro, "Finally, a Face to Fit Stuyvesant: A High School of High Achievers Gets a High-Priced Home," *New York Times*, September 8, 1992.

29 開設課程詳見史蒂文森高中網站：http://stuy.enschool.org/index.jsp。

30 Anna Bahr, "When the College Admissions Battle Starts at Age 3," *New York Times*, July 29, 2014, http://www.nytimes.com/2014/07/30/upshot/when-the-college-admissions-battle-starts-at-age-3.html.

31 Sewell Chan, "The Obama Team's New York Ties," *New York Times*, November 25, 2008; Evan T. R. Rosenman, "Class of 1984: Lisa Randall," *Harvard Crimson*, June 2, 2009; "Gary Shteyngart on Stuyvesant High School: My New York," YouTube video, posted August 4, 2010, https://www.youtube.com/watch?v=NQ_phGkC-Tk; Candace Amos, "30 Stars Who Attended NYC Public Schools," *New York Daily News*, May 29, 2015.

32 Carl Campanile, "Kids Stuy High Over Bubba: He'll Address Ground Zero School's Graduation," *New York Post*, March 22, 2002; United Nations Press Release, "Stuyvesant High School's 'Multicultural Tapestry' Eloquent Response to Hatred, Says Secretary-General in Graduation Address," June 23, 2004; "Conan O'Brien's Speech at Stuyvesant's Class of 2006 Graduation in Lincoln Center," YouTube video, posted May 6, 2012, https://www.youtube.com/watch?v=zAMkUE9Oxnc。

33 詳見https://k12.niche.com/rankings/public-high-schools/best-overall/。

34 為了尊重隱私，我更動他的名字和一些細節。

伊馬茲解釋：「工人階級和移民家庭將史蒂文森高中視為出路。如果你的小孩能念史蒂文森高中，就表示能擠進前二十大明星大學。家人以後就有好日子可過。」

那麼，怎樣才能念史蒂文森高中呢？你必須住在紐約市的五個行政區之一，並在入學考試中得分超過一定標準，就這樣。無須推薦函、不必提交短篇作文、不採取校友或捐贈者子女優先入學、不會特別優惠少數族裔學生。就是一試定江山，如果你的分數超過一定門檻，你就能念史蒂文森高中。

每年十一月，約有二萬七千名紐約年輕人會參加高中入學考試，競爭相當殘酷。這些考生中能進入史蒂文森高中就讀的比例不到五%。[35]

伊馬茲解釋說，他的母親已經「拼命工作」，把能賺到的一點點錢給他準備這場考試。經過幾個月把平日下午和週末時間都花在準備考試後，伊馬茲相信自己會考上史蒂文森高中。他還記得收到考試成績單那天，他錯了兩題。

我問他是什麼感覺。他回答說：「當你在中學時，讓你的世界分崩離析，那是什麼感覺？」

他後來念的布朗克斯科學高中（Bronx Science high School）一點也不差，是另一所排名很前面的公立學校，但卻不是史蒂文森高中。而伊馬茲認為，布朗克斯科學高中偏向專門為技術人士而設的專門學校。四年後，他從布朗克斯科學高中畢業後，申請普林斯頓大學遭拒。後來他念塔夫茨大學（Tufts University），畢業後換過幾個工作，現在是科技公司一名相當成功的員工，儘管他表示自己的工作「枯燥乏味」，而且薪水也不如所願。

十多年後，伊馬茲承認，他有時很納悶當初如果考上史蒂文森高中，他的人生會如何演變。「一切都會有所不同」他說，「說實在的，我認識的人都會不樣」。他納悶當初要是念了史蒂文森高中，是否會讓他的大學入學考試分數更高，讓他能申請到普林斯頓大學或哈佛大學（他認為這兩所大學都比塔夫茨大學更好），或許讓他畢業後能找到更高薪或更滿意的工作。

對於人類而言，「假設」可能是好玩或自我折磨。如果當初我對那個女孩或那個男孩採取行動，我的人生會變成怎樣？如果當初我接受這份工作？如果當初我念那所學校？但是，這些假設似乎都無法回答。人生不是一種電玩遊戲，你無法在不同情境下再玩一次，直到獲得你想要的結果。

35 Pamela Wheaton, "8th-Graders Get High School Admissions Results," *Insideschools*, March 4, 2016, http://insideschools.org/blog/item/1001064-8th-graders-get-high-school-admissions-results.

捷克出生的作家米蘭・昆德拉（Milan Kundera）在他的小說《生命中不能承受之輕》（*The Unbearable Lightness of Being*）中寫到這句令人感嘆的話：「人的生命只有一次，我們永遠無法檢證哪一個決定是好的，哪一個決定是壞的，因為在所有的處境裡，決定的機會都只有一次，我們沒有第二次、第三次、第四次的生命，可以比較不同的決定。」

伊馬茲永遠不會體驗到當初他在高中入學考試多對兩題的人生。

但也許有一種方式，藉由針對史蒂文森高中的大量學生進行一次調查，可以讓我們了解伊馬茲要是念了史蒂文森高中，他的生活可能會或可能不會有多麼不同。

簡單直接的方法就是，比較念史蒂文森高中的所有學生，以及沒有念史蒂文森高中的學生。我們可以分析他們在大學先修課程（AP）測驗和大學入學考試（SAT）的表現，以及他們申請到什麼學校。如果我們這樣做，我們會發現，史蒂文森高中學生在標準化考試中的得分高出許多，也能申請到相當好的大學。但是正如我們在本章已經看到的情況，這種證據本身沒有說服力。也許史蒂文森高中學生表現這麼好的原因是，該校學生本來就是人中龍鳳。這裡的相關性並不能證明是因果關係。

為了測試史蒂文森高中的**因果**關係，我們需要比較幾近相同的兩組人：一組是念了史蒂文森高中的實驗組，一組是沒念史蒂文森高中的對照組。我們需要一個自然實驗。但是，我們在哪裡可以找到它呢？

答案是：像伊馬茲這樣的學生，他們的成績極為接近史蒂文森高中的入學標準。[36]分數最接近卻沒超過入學標準的學生是對照組，分數剛好超過入學標準的學生是實驗組。

我們沒有理由懷疑，分數剛好落在入學標準兩側的學生在資質或幹勁方面有很大的差異。是什麼原因讓考生在考試中，比別人多對一題或二題呢？也許較低分者睡太少精神不濟或是早餐沒吃飽，才沒考好。也許較高分者是因為三年前跟祖母談話時記住一個特別困難的字詞，而這個字詞剛好出現在考題裡。

事實上，這種使用明確數值作為區分標準的自然實驗非常強大，連經濟學家都幫它取了名字：迴歸的不連續性（regression discontinuity）。每當有一個確切的數字將人們劃分成兩個不同的群體，就會出現一種不連續性，經濟學家可以針對極為接近這個區分標準的人們，

36 在尋找跟伊馬茲一樣分數接近入學標準的人們時，這群二十多歲到五十多歲的人，竟然還有那麼多人記得自己十幾歲的考試經歷，著實嚇壞了我，而且他們還以戲劇性的措詞訴說自己當時差一點就考上史蒂文森高中。這群人包括前國會議員暨紐約市市長候選人安東尼．韋納（Anthony Weiner），他表示自己只差一分就可以考上史蒂文森高中。「他們不想要我」他在接受電話採訪時對我這麼說。

比較或迴歸其結果。

陳凱斯（M. Keith Chen）和傑西．夏皮洛這兩位經濟學家利用美國聯邦監獄的一項明確分數標準，測試監獄惡劣條件對囚犯未來犯罪的影響。根據犯罪的性質及個人犯罪記錄，囚犯有各自的分數。得分決定囚犯的監禁條件，分數夠高者被關進高安全級別的監獄，這表示跟其他人的接觸較少、行動自由較少、警衛或其他囚犯可能有更多暴力行為。

如果將全世界高安全級別監獄的囚犯跟低安全級別監獄的囚犯進行比較就不公平，因為高安全級別監獄有更多凶手和性侵犯，低安全級別監獄則是更多毒品犯和小偷。

但是分數剛好在門檻標準附近的那些人，他們的犯罪記錄和背景基本上都一樣。然而這麼一點點分數差異，就意味著一種截然不同的監獄體驗。

結果呢？經濟學家發現被分配到更嚴格環境的囚犯，[37]出獄後就更有可能再犯罪。監獄環境愈嚴苛，反而沒有阻止他們犯罪，而是讓他們變得更冷酷無情，一旦回到外面世界後就更加暴力。

那麼，以史蒂文森高中來說，這種「迴歸的不連續性」顯示出什麼呢？麻省理工學院和杜克大學（Duke University）組成的一個經濟學家團隊，包括阿蒂拉．阿布杜卡德洛古

（Atila Abdulkadiroğlu）、約書亞・安格瑞斯特（Joshua Angrist）和帕拉格・帕薩克（Parag Pathak）等人，一起進行這項研究。他們比較在入學門檻附近的兩組紐約學生的結果。換句話說，這些經濟學家研究數百名像伊馬茲這樣的學生，因為錯一、二題而**沒考上**史蒂文森高中。他們將這些學生跟數百名多對一、二題，考上史蒂文森高中的學生進行比較。他們評量成功的標準是大學先修課程測驗成績、大學入學考試分數、以及後來所念大學的排名。他們發表的論文清楚說明結果有多麼令人吃驚：「精英的錯覺」（Elite Illusion）。史蒂文森高中的影響？[38]無，沒有，零，一點都沒有。分數剛好落在入學分數兩側的學生，最後的大學先修課程測驗分數和大學入學考試分數都差不多，也都念了同樣聲譽卓著的大學。

這些經濟學家總結說，史蒂文森高中學生的人生比非該校學生更有成就的全部原因是，成績最好的學生當初都念史蒂文森高中。但是，念了這間高中不會讓你在大學先修課程測驗

37 M. Keith Chen and Jesse M. Shapiro, "Do Harsher Prison Conditions Reduce Recidivism? A Discontinuity-Based Approach," *American Law and Economics Review* 9, no. 1 (2007).

38 Atila Abdulkadiroğlu, Joshua Angrist, and Parag Pathak, "The Elite Illusion: Achievement Effects at Boston and New York Exam Schools," *Econometrica* 82, no. 1 (2014)。另一項研究也發現這種對明星高中的錯覺，詳見Will Dobbie and Roland G. Fryer Jr., "The Impact of Attending a School with High-Achieving Peers: Evidence from the New York City Exam Schools," *American Economic Journal: Applied Economics* 6, no. 3 (2014)。

中表現得更好，在大學入學考試考得更好，或是最後念更好的大學，所以這當中並沒有**因果**關係存在。

這些經濟學家寫道：「學校能收的學生名額有限，入學考試競爭激烈，但念明星學校卻沒有讓大多數學生的學習獲得改善，實在沒有道理。」

為什麼你念哪所學校不重要呢？我舉更多故事說明，就能幫助你解答這個問題。以莎拉．考夫曼（Sarah Kaufmann）和潔西卡．英恩（Jessica Eng）這兩名學生為例。這兩位紐約年輕人從小就夢想要念史蒂文森高中。考夫曼多對一題，剛好可以考上，考夫曼回憶說：「我想那是讓我最興奮不過的事了。」英恩多錯一題，差一點就能考上。考夫曼去了她夢寐以求的學校——史蒂文森高中。英恩並沒有如償所願。

那麼她們最後過得怎麼樣呢？兩人都有高報酬又成功的事業生涯，跟測驗成績排名前五%的大多數紐約人一樣。諷刺的是，英恩覺得她很滿意自己的高中生活。她念的布朗克斯科學高中是唯一擁有猶太人大屠殺紀念館的高中。英恩發現自己喜歡策展，後來就在康乃爾大學（Cornell University）修讀人類學。

考夫曼在史蒂文森高中感到有點失落，學生們太注重成績，她覺得大家都太在意考試，不在意教學。她形容自己的高中經驗「絕對五味雜陳」，但這個學習經驗讓她明白，她只會申請更強調教學的文科大學。後來，她申請到自己夢寐以求的學校——衛斯理大學（Wesleyan University）。在那裡，她發現自己很喜歡幫助別人，現在她是一名公益律師。

人們會依據自己的經驗做調適，會成功的人在任何情況下都能找到優勢。讓你成功的因素是你的才能和你的動機，而不是找名人當畢業典禮演講嘉賓或提供你其他優勢的頂尖名校。

這只是一項研究，而差一點就考上史蒂文森高中的學生，後來也念了另一所好學校，這項事實或許弱化念名校與個人成就之間沒有因果關係的說法。但有愈來愈多證據表明，雖然念好學校很重要，但是念最好的學校後來賺的錢並沒有多多少。

以上大學為例。念哈佛這種世界上最頂尖的大學，或是念賓州州立大學（Penn State University）這種實力堅強的學校，真的很重要嗎？

我們再次看到，學校排名跟人們賺多少錢有明顯的相關性。平均來說，哈佛大學畢業生工作十年後，年所得約十二萬三千美元；[39]賓州州立大學畢業生工作十年後，年所得約八萬七千八百美元。但這種相關性並不表示因果關係。史黛西・戴爾（Stacy Dale）和艾倫・克魯

---

39 詳見 http://www.payscale.com/college-salary-report/bachelors。

格（Alan B. Krueger）這兩位經濟學家想到一個巧妙做法，測試精英大學與其畢業生未來所得潛力的因果關係。他們有一個大型數據集追蹤高中生的所有資訊，包括申請哪些大學、申請到哪些大學、後來念了哪所大學、家庭背景和出社會工作後的所得。

為了得到一個實驗組和對照組，戴爾和克魯格比較背景相似，申請到同樣大學，但後來選擇不同大學就讀的學生。有些學生去念哈佛大學，有些學生去讀賓州州立大學，可能因為能跟女友或男友就近相處，或者因為想跟某位教授學習而做出這種決定。換句話說，根據招生委員會的標準，去念賓州州立大學的學生與去讀哈佛大學的學生一樣有才華。但是，他們進入不同大學就有不同的教育經歷。

所以當兩位背景相似的學生都申請到哈佛大學，但其中一位選擇去讀賓州州立大學時，發生了什麼事？研究人員發現的結果，就跟先前考上或沒考上史蒂文森高中的研究同樣驚人，那些學生的事業生涯所得其實差不多。如果以未來所得當成衡量標準，那麼申請到有名望學校卻選擇念不同學校的學生，最後在職場上的成就也跟名校畢業生差不多。[40]

報紙上刊登許多常春藤聯盟學校校友有多麼成功的文章：像微軟創辦人比爾．蓋茲和臉書創辦人祖克柏與達斯汀．莫斯科維奇（Dustin Moskovitz），這些人都念哈佛大學（沒錯，他們都休學了，讓人不禁對於常春藤聯盟學校教育的價值產生質疑）。

還有一些有才華、申請到常春藤聯盟大學、卻選擇去讀不那麼有名望的大學，最後相當成功的故事，譬如：投資鉅子華倫．巴菲特（Warren Buffett）[41]先念了賓州大學華頓商學院這所常春藤聯盟商學院，後來卻轉學到內布拉斯加大學林肯分校（University of Nebraska-Lincoln），因為學費更便宜，加上他討厭費城，也覺得華頓商學院的課程很無趣。數據顯示至少在所得方面，對巴菲特和其他人來說，選念不那麼有名望的學校是一個很好的決定。

這本書取名為《數據、謊言與真相》。取這種書名，主要是指人們對朋友說謊、對調查說謊、對自己說謊，為的是讓自己看起來更好。

但是，世界也呈現給我們造假誤導的數據，來對我們說謊。世界向我們展示大量哈佛大學校友的成功實例，給我們看到賓州州立大學校友的成功實例卻比較少，讓我們認為念哈佛大學有很大的優勢。

---

40 Stacy Berg Dale and Alan B. Krueger, "Estimating the Payoff to Attending a More Selective College: An Application of Selection on Observables and Unobservables," *Quarterly Journal of Economics* 117, no. 4 (2002).

41 Alice Schroeder, *The Snowball: Warren Buffett and the Business of Life* (New York: Bantam, 2008)。中譯本《雪球》由天下文化出版。

藉由巧妙地理解自然實驗，我們可以正確理解這世界的數據，找到真正有用的數據，並區分沒有用的數據。

自然實驗也與前一章有關。我們往往需要放大檢視實驗組和對照組：超級盃實驗中的城市、醫療保險定價實驗中的郡、在史蒂文森高中實驗中接近入學標準分數的學生。而且如同前一章討論的那樣，放大檢視通常需要大量且全面的數據集，隨著世界日漸數位化，這種數據集愈來愈多。由於我們不知道大自然選擇何時進行它的實驗，我們無法設計一個小調查來衡量結果，所以我們需要大量現有數據，才能從中得知這些干預，因此，我們需要大數據。

有關實驗，不管是我們自己進行或是大自然進行的實驗，還有另一個重點要在本章詳述。本書大部分內容以了解世界為主，譬如：種族主義讓歐巴馬付出多少代價、有多少男性是同志、男人和女人對自己的身體有多沒自信。但是，這些受到控制或自然進行的實驗具有一種更實際的傾向。它們的目的是改善我們的決策，幫助我們得知哪些干預有效和哪些干預無效。

企業可以學習如何取得更多顧客，政府可以學習如何以費用報銷來激勵醫生，學生可以了解哪些學校最有價值。這些實驗證明大數據以真正奏效的**因果關係**，取代猜測、普遍看法和虛假相關性的潛力。

第三篇

小心面對大數據！

第七章

大數據，大垃圾？
——大數據看起來很萬能，但別拿它來算明牌！

「賽斯，勞倫斯．桑默斯（Lawrence Summers）想跟你見面」電郵內容這樣寫，感覺有點神祕。這是我的博士班指導教授勞倫斯．卡茲（Lawrence Katz）寄給我的電郵，他沒有告訴我桑默斯為什麼對我的研究感興趣，但我後來發現卡茲從頭到尾都知道原因。

我坐在桑默斯辦公室外面的接待室。時間有些延誤，這位美國前財政部長、前哈佛大學校長及一些經濟學最重要獎項的得獎者，終於叫我進去。

桑默斯拿著祕書為他列印好的論文做開場白。那是我針對種族主義對歐巴馬有何影響所寫的論文。桑默斯是速讀者，他一邊讀，偶而會把舌頭伸到右邊，而他的眼睛迅速左右移動，並往文件下方掃射。桑默斯正在看一篇社會學論文，這個模樣讓我想起偉大的鋼琴家在演奏奏鳴曲，他是如此專注，似乎渾然忘我。在不到五分鐘的時間內，他看完我厚達三十頁的論文。

「你認為Google搜尋『黑鬼』暗示種族主義」桑默斯說，「這似乎有道理。利用這種搜尋，預測歐巴馬在哪些地方的支持度比約翰．凱利低，這太有趣了。我們真的可以把歐巴馬和凱利視為同類嗎？」

「政治學家將他們列為具有類似政治意識形態」我回答，「而且，種族主義跟眾議院投票的變化，兩者之間並沒有任何關聯。即使我們增加人口統計數字、教會出席率和槍枝擁有權等控制變數，結果一樣很有說服力」。經濟學家就是這樣講話，我可是看動畫長大的。

桑默斯停下來盯著我看。他看了一下擺放在辦公室裡的電視，電視正好轉到CNBC這台。然後他盯著我看，再看看電視，最後回過神跟我說：「好，我喜歡這篇論文，你現在還研究什麼？」

接下來的六十分鐘可能是我人生中最長智慧也最興奮的時刻。桑默斯跟我談到利率和通貨膨脹、警務和犯罪、商業和慈善。這就是讓許多人跟桑默斯見面就被深深吸引的原因。我一直很幸運能跟一些聰明人交談，桑默斯令我驚豔，他是這群聰明當中的佼佼者。他最著迷於構想，這似乎常讓他陷入困境。桑默斯提出女性在科學領域為數較少的部分原因可能出在，男女天生在智商上就有差異，此話一出讓他不得不辭去哈佛大學校長職務。桑默斯發現一個有趣想法時，往往會說出來，即使冒犯一些人，他也不在乎。

現在，我們聊著聊著已經比原定結束時間超出半小時。這次對話令人陶醉，但我還是不知道我為什麼在那裡，也不知道我該何時離開，更不知道我如何知道該何時離開。當時我有一種感覺，桑默斯自己可能早就忘記當初為何要找我談。

然後，他問了攸關幾百萬美元，或者說攸關幾十億美元的問題。「你認為你可以用這種數據預測股市嗎？」

啊哈。原來，這就是桑默斯把我叫到他辦公室的原因啊！

桑默斯當然不是第一個問我這個問題的人。家父向來支持我對非傳統研究的興趣，但有一次，他開始提到這個話題，他說：「種族主義、虐待兒童、墮胎。難道你不能善用自己的這種專業知識賺錢嗎？」我朋友和我的家人也提出這個問題，我的同事和網友也一樣。每個人似乎都想知道，我是否可以使用Google搜尋或其他大數據來挑選個股，現在連美國前財政部長都這樣問，這下子可要更認真看待此事了。

所以，新的大數據源**可以**成功預測股票走勢嗎？簡單講就是：不能。

在前幾章中，我們討論大數據擁有的四種力量。本章是跟大數據的侷限性有關，說明我們無法利用大數據做什麼，以及有時我們不應該拿大數據來做什麼。所以，我就從桑默斯跟我自己想要以大數據打敗市場的失敗嘗試開始說起。

在第三章中，我們注意到當特定領域的現有研究薄弱時，新數據最有可能發揮重大價值。關於這世界的一個不幸真相是，你可以更省時省力獲得關於種族主義、虐童或墮胎的新見解，但要獲得企業營運績效如何讓你有利可圖的新見解，可就沒那麼容易。這是因為已經有大量資源投入衡量企業營運績效，即使最小的優勢也不放過。金融界的競爭相當激烈，這對我們而言已是一大打擊。

桑默斯可不是那種一再提及他人睿智的人，他確定避險基金已經領先我們。在我們的談話過程中，我很訝異於他竟然很敬重避險基金，以及他確信我提出的建議中，有多少建議避險基金老早就做到了。我自豪地跟他分享我設計的一種演算法，讓我能夠獲得更完整的Google搜尋趨勢數據。他說，這個演算法很聰明。當我問他文藝復興科技公司（Renaissance）的量化避險基金是否想出這個演算法時，他笑著說：「是啊，他們當然想得出來。」

在桑默斯跟我想使用新的大數據集打敗市場時，跟上避險基金的難題，可不是阻撓我們的唯一根本問題。

維度的詛咒

假設你用這種策略來預測股市：透過謹慎測試找到一枚幸運幣。你的方法是：將一千枚硬幣編號，從一到一千。每天早上你擲每一枚硬幣，記錄投擲結果是正面或反面，然後你記下當天標準普爾指數（Standard & Poor's Idex）是上漲或下跌。你檢查所有數據，瞧！你找到那枚幸運幣啦。結果出爐囉，三九一號硬幣出現正面時，標普指數上漲的機率達七〇・三%。以統計方面來說，兩者高度相關。你找到你的幸運幣了！

只要每天早上擲三九一號硬幣，擲出正面就可以買進股票。穿目標百貨公司（Target Corporation）[1]的運動衫和晚餐以拉麵果腹的日子結束啦。三九一號硬幣是你通往美好人生的入場券！

或者，事實並非如此。

你已經成為最具破壞力「維度的詛咒」（the curse of dimensionality）的另一名受害者。當你有很多變數（或「維度」）時，就會出現這種狀況。以這個例子來說，你有一千個變數

（硬幣），但是觀察數卻不夠多，只有兩年共五百零四個交易日。其中一個維度（三九一號硬幣）成為幸運幣。減少變數的數量，譬如只擲一百枚硬幣，其中一枚硬幣成為幸運幣的可能性就會大幅降低。如果增加觀察次數，設法預測標準普爾指數二十年的漲跌，變數（硬幣）就很難跟上。

維度的詛咒是利用大數據分析會遇到的一個主要問題，因為較新的數據集往往提供我們比傳統數據源更多的變數，每個搜尋字詞、每個推文類別等。許多人聲稱使用一些大數據源預測市場，其實他們只是被維度的詛咒給騙了。他們真正做到的，只是找到跟三九一號硬幣相當之物。

舉例來說，印地安那大學（Indiana Uinversity）和曼徹斯特大學（Manchester Uinversity）的電腦科學家共同組成一個團隊，他們聲稱可以根據人們的推文預測市場走勢。[2]他們設計一種演算法，依據推文將人們的情緒逐日編碼。他們使用與第三章中討論情緒分析類似的技術。

---

1 譯注：是美國僅次於沃爾瑪的第二大零售百貨集團。

2 Johan Bollen, Huina Mao, and Xiaojun Zeng, "Twitter Mood Predicts the Stock Market," *Journal of Computational Science* 2, no. 1 (2011).

然而，他們不僅僅是編碼一種情緒，而是編碼許多情緒，包括：幸福、憤怒、善良等。他們發現，有許多推文寫到自己很平靜，譬如「我感到平靜」，就能預測道瓊工業平均指數（Dow Jones Industrial Average）六天後可能上漲。一支避險基金就此成立，利用這項發現來操盤。

這樣做有什麼問題嗎？

根本的問題是，他們測試太多變數。如果你隨機測試足夠的變數，其中一個將會具有統計意義。但是他們測試許多情緒，他們測試所預測股票漲跌日的前七天中，每天的各種情緒。這些變數全都用來解釋道瓊工業平均指數在幾個月內的漲跌。

六天前的平靜，不是預測股市的合理因素。六天前的平靜只是跟我們利用大數據，假設三九一號硬幣是幸運幣的做法一樣。後來，依據推文預測股市漲跌的那支避險基金，因為投資報酬率不佳，在創立一個月後就草草終止。[3]

想利用推文預測市場的避險基金，不是跟「維度的詛咒」奮戰的唯一一群人。試圖找到基因關鍵了解我們是誰的許多科學家，一樣要對抗「維度的詛咒」。

拜人類基因組計畫（Human Genome Project）所賜，現在我們可以蒐集和分析人類的完整DNA。這項計畫似乎有無窮的潛力。

也許我們可以找到導致精神分裂症的基因。也許我們可以發現導致阿茲海默症、帕金森氏症和漸凍人症的基因。也許我們可以找到讓智力大增的基因。有沒有一種基因可以大幅提高智商？有沒有一種基因能創造天才？

一九九八年時，知名行為學家羅伯特．普洛明（Robert Plomin）聲稱已經找到答案。他收到一個數據集，裡面包含數百名學生的DNA和智商。他將那些智商一六〇以上歸類為「天才」的DNA，跟平均智商者的DNA進行比較。

他發現兩組DNA有一個顯著差異。這項差異位於六號染色體的一個小角落，這是作用於腦部新陳代謝、不起眼卻作用強大的一個基因。這個基因的一個版本稱為IGF2r，在天才中更為常見，出現機率是一般人的兩倍。

《紐約時報》頭條新聞刊出「第一個與高智商有關的基因被發現了」。

你可能想到，普洛明的發現會引發許多倫理問題。法律是否允許家長篩選子女的IGF2r？是否允許家長以低智商變異為由而墮胎？我們應該修正基因，讓人們有高智商嗎？

---

3 James Mackintosh, “Hedge Fund That Traded Based on Social Media Signals Didn’t Work Out,” *Financial Times*, May 25, 2012.

IGF2r跟種族有關嗎？我們想知道這個問題的答案嗎？智商基因的相關研究應該繼續進行嗎？

在生物倫理學者必須解決這些棘手問題前，包括普洛明在內的遺傳學家有一個更基本的問題要處理。這個結果準確嗎？IGF2r真的可以預測智商嗎？天才帶有IGF2r基因的可能性，真的是凡人的兩倍嗎？

事實並非如此。在普洛明發表那篇研究的幾年後，普洛明取得另一個也包括個人DNA與智商分數的樣本。這次研究卻發現，IGF2r跟智商無關。普洛明收回自己的聲明，此舉顯示他果然是一位很優秀的科學家。

實際上，這一直是遺傳學和智商研究的常見模式。首先，科學家指出他們已經發現一種預測智商的遺傳變異。然後科學家得到新的數據，發現他們原先的斷言是錯誤的。

舉例來說，在最近的一篇文章中，由克里斯多弗・查布利斯（Christopher Chabris）帶領的一個科學家團隊，審視與智商相關之基因變異的十二項知名主張。他們檢查一萬人的數據，無法重現這十二項主張提及的相關性。[4]

這些主張有什麼問題？問題就出在維度的詛咒。現在科學家知道，人類基因組的排列組合多達數百萬種，所以，要測試的基因實在太多了。

如果你測試足夠的推文，看看它們是否與股市相關，那麼你會發現一個純屬偶然的關聯。如果你測試足夠的基因變異，來查看它們是否與智商相關，那麼你發現的也只是純屬偶然的相關性。

你如何克服維度的詛咒？你必須對你的研究抱持一些謙卑，不要愛上你的結果。你必須將這些結果進行額外的測試。比方說，在你拿畢生積蓄做賭注，依據三九一號硬幣的投擲結果進場買進個股前，你會想看看個股在未來幾年的績效，社會科學家稱之為「樣本外」（out-of-sample）測試。而且你嘗試的變數愈多，你就必須愈謙卑，你嘗試的變數愈多，樣本外測試就會愈棘手。追蹤你嘗試的每個測試也至關重要。這樣，你可以確切知道自己多麼可能成為維度詛咒的受害者，以及你應該對你的結果抱持多大的懷疑。這將我們拉回桑默斯跟我所要解決的問題，以下是我們如何設法打敗市場。

桑默斯的第一個想法是使用搜尋來預測關鍵產品（如iPhone）的未來銷售情況，這可能跟蘋果公司（Apple）股票的未來表現有關。跟iPhone有關的搜尋和iPhone的銷售額之間，

4 Christopher F. Chabris et al., “Most Reported Genetic Associations with General Intelligence Are Probably False Positives,” *Psychological Science* (2012).

確實存在相關性。當人們以「iPhone」一詞進行許多搜尋時，你可以斷定iPhone手機正在熱賣中。然而，蘋果股價早就反映這些資訊。顯然，當Google搜尋「iPhone」的次數大增，不管避險基金業者是使用搜尋數據或其他來源，他們也知道iPhone手機會熱賣。

桑默斯的下一個想法是，預測投資開發中國家是否有利可圖。如果許多投資人近期打算投資巴西或墨西哥這些國家，那麼這些國家的個股股價肯定會上漲。也許我們可以藉由關鍵的Google搜尋來預測投資增長，例如「投資墨西哥」或「在巴西的投資機會」。事實證明，這是一個死胡同，問題出在哪兒呢？這類搜尋太少了。這種搜尋數據分散各處，根本沒有揭露有意義的模式。

我們嘗試搜尋個別股票。也許如果人們正在搜尋「GOOG」，[5]這表示他們即將購買Google股票。這些搜尋似乎預測了個股交易量可能增加，但卻沒有預測股價是否會上漲或下跌。一個主要的限制是，這些搜尋沒有告訴我們，搜尋者是否有興趣買賣所搜尋的個股。

有一天，我興奮地向桑默斯提出一個新想法：我以前研究過「買黃金」的搜尋，似乎與未來黃金價格的漲幅有相關性。桑默斯告訴我，我應該繼續測試，看看這個相關性是否還準確。結果這個相關性已經不存在，也許是因為一些避險基金發現同樣的關係。

最後，經過幾個月，我們在測試中並未發現任何有用的東西。毫無疑問，如果我們在幾十億個Google搜尋字詞中，尋找與股市漲跌的相關性，我們會找到一個相關性，只是這種相關性很薄弱。但這可能只是我們自己的三九一號硬幣。

過分迷戀大數據將造成盲點

二〇一二年三月，耶魯大學（Yale University）行銷學教授左伊・錢斯（Zoë Chance）[6]在她位於康乃迪克州新天堂鎮的辦公室信箱裡，收到一個白色計步器。她打算研究這個衡量每日步數的設備，如何給你積分，激勵你走更多路。

接下來發生的事，正如她在TEDx演說中所說，就是一場大數據惡夢。錢斯開始對每天走多少步數相當沉迷，為了增加步數，她開始四處走，從廚房走到客廳、走到餐廳、走到

5 譯注：此為Google在美股的個股代號。

6 這個故事的討論詳見TEDx Talks, "How to Make a Behavior Addictive: Zoë Chance at TEDx Mill River," YouTube video, posted May 14, 2013, https://www.youtube.com/watch?v=AHfiKav9fcQ。這個故事的某些細節，譬如：計步器的顏色，則是我在二〇一五年四月二十日電話採訪錢斯，以及二〇一六年七月十一日和二〇一六年九月八日電郵詢問錢斯時得知的細節。

地下室、也在辦公室裡一直走。她早也走、晚也走，幾乎整天都在走，二十四小時內走了二萬步。她每天檢查計步器幾百次，她的人際溝通大多是跟其他計步器用戶在網路上討論增加分數的妙招。她記得把計步器放在正在走路的三歲女兒身上，因為她一心只想讓分數更高。

錢斯變得太瘋數字，而失去理智。她忘記某人想要獲得高分的原因是，為了讓自己多運動，而不是讓女兒走幾步來幫忙增加分數。她當然也沒有完成任何關於計步器的學術研究。最後，在某個晚上，她想多走幾步卻熬夜到身心俱疲時，終於擺脫這個計步器。雖然她是數據導向的研究者，但這次經歷讓她深受影響。「它讓我懷疑取得額外數據是否總是一件好事」錢斯說。

這個故事比較極端，但它指出人們使用數據做決定時，會遇到的一個潛在問題：數字可能誘惑我們。[7]我們可能愈來愈迷戀數據，這樣做就會讓我們忽略更重要的考量。錢斯就因為迷戀數據，而忽略生活中的其他事。

就算不那麼迷戀數字也是有缺點的。以二十一世紀注重考試並以學生成績來評量老師的美國學校為例，雖然更客觀評量教室裡發生什麼事，這種要求是合理的，但是教室裡發生的許多事是無法輕易以數字表示。此外，因為學校注重考試，所以老師不得已只好只教考試內容，有些老師還做出更糟糕的事。就像布萊恩・傑卡伯（Brian Jacob）和史蒂芬・李維特的一篇論文證實，有一小部分老師則是直接在考試時作假。[8]

問題在於：我們可以衡量之物通常未必是我們關心之事。我們可以衡量學生在複選題測驗的成績，卻無法輕易衡量批判性思維、好奇心或個人發展。只是試圖增加一個單一且易於衡量的數字，譬如考試成績或某一天走的步數，未必對我們正努力完成的事情有幫助。

臉書為了努力改善本身的網站，也陷入這種困境。該公司擁有關於人們如何使用臉書網站的龐大數據。在臉書上，很容易看到一則限時動態是否被按讚、被點擊、獲得留言或分享。但是根據臉書數據科學家艾力克斯・派薩科維奇（Alex Peysakhovich）所言（我跟派薩科維奇一起撰寫這些問題），按讚數、點擊數、獲得留言或分享都沒有比這些問題來得重要：使用這個網站有何體驗？這則限時動態讓用戶跟她（他）的朋友產生連結了嗎？這則限時動態有讓用戶了解這世界發生什麼事嗎？這則限時動態讓用戶笑了嗎？

7 這部分內容詳見Alex Peysakhovich and Seth Stephens-Davidowitz, "How Not to Drown in Numbers," *New York Times*, May 3, 2015, SR6。

8 Brian A. Jacob and Steven D. Levitt, "Rotten Apples: An Investigation of the Prevalence and Predictors of Teacher Cheating," *Quarterly Journal of Economics* 118, no. 3 (2003).

或者，以一九九〇年代的棒球數據革命為例，許多團隊開始使用更加複雜的統計數據，而不是依靠傳統球探來作出決定。衡量進攻和投球很容易，衡量守備就不容易，所以一些組織最終低估防守的重要性。事實上，席佛在其著作《精準預測》中估計，《魔球》中介紹以數據導向的奧克蘭運動家隊，因為本身防守太差，在一九九〇年代中期，每年因此錯失八到九次贏球的機會。

解決方案未必是使用更多大數據。要協助大數據發揮最大效用，經常需要一種特定祕方：人類的判斷和小型調查，我們可以稱之為小數據。當時奧克蘭運動家隊總經理比利．比恩曁《魔球》一書主角在接受席佛採訪時表示，其實上他已經開始增加球探的預算。

為了填補巨大數據庫造成的差異，臉書也不得不採取傳統做法：向人們詢問他們的想法。每天，臉書更新他們的動態消息時，數百名臉書用戶就會針對他們看到的動態提出問題。換句話說，臉書自動蒐集的數據集（按讚數、點擊數和留言）由較小的數據做補充（「你想在你的動態消息中看到這則貼文嗎？」「為什麼？」）是的，即使是像臉書這樣極為成功的大數據組織，有時也會利用在本書遭到貶抑的資訊來源：小型調查。事實上，由於需要小數據來補充主要數據（大量的點擊、按讚數和貼文），因此臉書的數據團隊看起來可能跟你猜測的不一樣。臉書雇用社會心理學家、人類學家和社會學家，就是為了找出數字遺漏掉什麼。

一些老師也開始留意大數據的盲點。美國也更加努力用小數據作為大規模考試的補充，學生調查激增，家長調查和教師觀察（讓其他有經驗的老師在課堂上觀察在上課的老師）也激增。

哈佛大學教育學教授湯瑪斯・凱恩（Thomas Kane）表示：「教育局意識到，他們不應該只關心考試成績。」[9]比爾和梅琳達・蓋茲基金會（Bill & Melinda Gates Foundation）進行一項為期三年的研究，證實大數據和小數據對教育的重要性。研究人員分析以考試成績為主的模型、學生調查或教師觀察，是否最能衡量「哪些教師最能改善學生的學習」。當他們將這三種評量合併成一項綜合分數時，獲得最佳成效。報告總結說：「每種評量都增加一些價值。」[10]

事實上，如同我在佛羅里達州奧卡拉跟塞德見面時得知，許多大數據作業都使用小數據

9 我於二〇一五年四月二十二日電話採訪凱恩。

10 Bill and Melinda Gates Foundation, "Ensuring Fair and Reliable Measures of Effective Teaching," http://k12education.gatesfoundation.org/wp-content/uploads/2015/05/MET_Ensuring_Fair_and_Reliable_Measures_Practitioner_Brief.pdf.

來填補漏洞。還記得嗎？塞德是念過哈佛大學的選馬大師，他利用從一個巨大數據集中學到的經驗，預測賽馬名駒美國法老的成功。

塞德在跟我分享所有電腦檔案和數學資料後，承認他有另一項武器：派蒂．莫瑞。莫瑞跟塞德一樣很有智慧又學歷傲人，她從布林莫爾學院（Bryn Mawr College）取得學位。後來，她也離開紐約市過起鄉居生活，「我喜歡馬勝過喜歡人」莫瑞承認。但是，莫瑞評估賽馬的做法更傳統些，她跟許多馬匹經紀人一樣，親自檢查馬匹，看看牠們走路，檢查疤痕和瘀傷，並詢問馬匹的主人。

然後，莫瑞跟塞德合作，一起挑選他們想要推薦哪些馬。莫瑞觀察出馬匹的一些問題，儘管塞德針對賽馬蒐集的數據集很有創意也很重要，但這些數據還是漏掉那些問題。

我預測基於大數據所揭示之物，將引發一場革命，但這並不表示我們可以向數據丟出任何問題。而大數據也無法將人類數千年來為了解世界而發展出的所有其他方式去除掉，大數據與這些傳統做法，兩者其實相輔相成。

第八章

愈多數據，愈多問題？

——我可能因大數據而無法借款？

有時，大數據的力量令人印象深刻到提心吊膽。大數據會引發道德問題。

授權企業的危險

最近，哥倫比亞大學的奧德·奈特澤（Oded Netzer）、艾倫·勒梅爾（Alain Lemaire），以及德拉瓦大學（University of Delaware）的麥可·賀澤斯坦（Michal Herzenstein）這三位經濟學家[1]尋找方法，預測借款人償還貸款的可能性。這些學者利用Prosper這個點對點借貸網站的數據進行分析。在這個借貸網站上，潛在借款人簡短說明為什麼需要貸款、為什麼他

1 Oded Netzer, Alain Lemaire, and Michal Herzenstein, "When Words Sweat: Identifying Signals for Loan Default in the Text of Loan Applications," 2016.

們有可能還清借款，然後潛在放款人決定是否提供資金給潛在借款人。整體來說，約有一三%的借款人[2]沒有依約還清貸款。

結果，潛在借款人使用的措詞，就是預測本身還款機率的強效指標。即使你控制放款人能取得跟潛在借款人相關的資訊（包括信用評級和收入等），潛在借款人使用的措詞還是預測還款機率的一項重要指標。

下表列出的是研究人員發現，借款人在申請貸款時常用的十個措詞。其中五個措詞與償還貸款呈正相關，另外五個措詞則與償還貸款呈負相關。換句話說，有五個措詞常被你可以信任的人使用，五個措詞常被你不能信任的人使用。看看你是否能猜出哪五個可信任，哪五個不可信任。

你可能會認為，或者至少你希望，有禮貌、公開自己信仰的人最有可能還清貸款。但事實並非如此。數據顯示，平均來說，這種人比較不可能還清債務。

下頁表格列出可能還款的措詞。

在討論這項研究的倫理意涵前，讓我們先想想在這些研究人員的協助

上帝	降低利率	稅後
承諾	會還錢	醫院
無負債	畢業	
最低繳款金額	感謝	

下，這項研究針對人們的行為做出什麼揭示。這兩組不同類別的措詞應該讓我們了解什麼？

首先，以比較可能還清貸款者的措詞為例，像「降低利率」或「稅後」這類措詞，顯示出借款人對財務有一定程度的了解，所以這些措詞跟借款人更有可能還清貸款呈正相關，這一點或許並不令人意外。另外，如果借款人談到像大學「畢業」、「無負債」等正面成就，那麼借款人也有可能還清貸款。

現在，我們看看暗示借款人不可能還清貸款的措詞。一般來說，如果有人告訴你，他會還你錢，那就表示他不會還你錢。愈信誓旦旦的承諾，就愈有可能不會兌現。如果有人寫道：「我答應我會還錢，所以幫助我吧，上帝。」這種人就最不可能還你錢。裝可憐，解釋說他需要錢，因為有親人在「醫院」，也表示此人不太可

最有可能還清貸款的貸款申請者使用的措詞

無債務	稅後	畢業
降低利率	最低繳款金額	

最有可能不還清貸款的貸款申請者使用的措詞

上帝	會還錢	醫院
承諾	感謝	

2 Peter Renton, "Another Analysis of Default Rates at Lending Club and Prosper," October 25, 2012, http://www.lendacademy.com/lending-club-prosper-default-rates/.

能還你錢。其實，提到任何一位家庭成員，不管是老公、老婆、兒子、女兒、母親或父親，就是此人不會還錢的一種跡象。另一個暗示不會還錢的措詞是「解釋」，這意味著如果人們試圖解釋他們為什麼能夠償還貸款，那麼他們後來可能不會這麼做。

進行這項研究的經濟學家並沒有說明，為何表達感謝是可能不還錢的證據。總之，根據這些經濟學家所言，借款人提出詳細計畫說明自己如何償還貸款，並提及自己過去實現所做的決定，就是有意願還清貸款的證據。做出承諾並訴求憐憫，則是違約不還錢的一個明確跡象。無論是什麼原因，或者這結果透露出怎樣的人性，做出承諾就是承諾者其實不會兌現承諾的明確跡象。學者們發現，這項測試對預測拖欠還款來說是一個極有價值的資訊。提到上帝者，更可能拖欠還款的比例是二・二倍。這是預測有人可能不還錢的最強效指標之一。

但是這些學者還認為，他們的研究引發道德問題。雖然這只是一項學術研究，一些公司確實指出本身利用線上數據批准貸款。我們可以接受這種事嗎？我們想要生活在企業使用我們寫的話，來預測我們是否還清貸款的世界裡嗎？至少，這是令人毛骨悚然，也讓人提心吊膽的事。

在不久的將來，想申請貸款的消費者不僅要擔心自己以往的財務狀況，還要擔心自己在網路上的活動。放款業者可能以看似荒謬的因素審核申請者的貸款申請案，譬如：申請者是否使用「感謝」一詞或祈求「上帝」。那麼，最近姐姐住院真的需要錢救急，最後肯定會償還貸款的女性該怎麼辦呢？因為事實證明，聲稱需要錢支付醫療費用的人往往在說謊，結果就讓真正需要錢救急但會還錢的人借不到錢，這種懲罰未免也太沒道理。以這種方式運作的世界，開始看起來像是非常反烏托邦。

這裡所說的道德問題就是：企業是否有權利根據與該項服務沒有直接關係的這些抽象統計預測標準，判斷我們是否符合資格使用他們的服務？

撇開金融世界不談，我們看看這種做法產生的更大影響，譬如：雇用實務。現在，雇主在考慮職務人選時，會更常搜尋社群媒體。如果他們搜尋職務人選是否有說前雇主壞話或洩露前雇主祕密的證據，那可能不會引發道德問題。雇主甚至有正當理由，拒絕雇用在臉書或Instagram貼文表示自己飲酒過量的職務人選。但是，要是他們發現一個無傷大雅，卻與他們在意的某件事有關的指標，該怎麼辦？

劍橋大學（Cambridge University）和微軟的研究人員針對美國五萬八千名臉書用戶的個

性與智力進行各種測試。他們發現臉書按讚經常與智商、外向和盡責性有關。[3]舉例來說，在臉書上對莫扎特、大雷雨和捲捲薯條按讚的人，往往智商較高。對哈雷機車、鄉村樂團體懷舊女郎（Lady Antebellum）或「樂在當媽」（I Love Being a Mom）粉絲頁按讚的人，往往智商較低。這些相關性當中，有些可能是由於維度的詛咒所致。如果你測試夠多事情，有些就會產生隨機相關。但有些興趣可能本來就跟智商有關。

儘管如此，如果一個聰明人剛好喜歡哈雷機車，就因為自己不知道大數據會將他歸類於智商低，而不能得到跟他本身技能相稱的工作，這似乎太不公平了。

坦白說，這不是什麼新問題。長久以來，人們在求職時一直受到與工作表現無直接關係的因素所判斷，譬如：握手是否肯定有力、穿著是否整潔乾淨。但數據革命的一種危險在於，隨著生活各個層面日漸被量化，這些代理判斷可能會更深奧也更擾人。更準確的預測可能導致更微妙和更惡毒的歧視。

更精準的數據也可能導致另一種形式的歧視，經濟學家稱之為價格歧視（price discrimination）。企業往往試圖找出該為物品或服務訂出多少收費價格。理想情況下，他們希望向顧客收取顧客願意支付的最高金額。這樣的話，他們就能獲取最大利潤。

大多數企業最後通常選擇每個人都支付得起的一種價格。但有時候，他們知道特定群體成員平均會支付更高金額，這就是為什麼電影院對收入較多的中年顧客制訂較高票價，而學生或年長者則有優惠票價。同樣地，航空公司往往對臨時買票搭機的乘客收取較多費用。他們在價格上做出區別對待。

大數據可能讓企業更了解顧客願意付多少錢，因此他們可以從某些群體取得更多的利潤。最適決策集團（Optimal Decisions Group）是使用數據科學預測消費者願意支付多少保險費的先驅。他們是怎麼做到的？他們使用我們之前在本書討論的一種方法論。他們從以前的顧客數據裡，找出跟正想購買保險的顧客最相似的那群人，並且檢視這群人願意負擔多高的保費。換句話說，他們進行一項分身搜尋。如果分身搜尋幫助我們預測棒球運動員是否能重拾佳績，那麼分身搜尋是有趣的。如果分身搜尋幫助我們治癒某人的疾病，那麼分身搜尋就再棒不過。但是，如果分身搜尋幫助一家公司從你口袋掏走最多錢呢？那可就一點也不酷了。網購同樣的東西，要是我那位揮霍無度的弟弟卻比我這個吝嗇鬼花更多錢，他就有權投

3 Michal Kosinski, David Stillwell, and Thore Graepel, "Private Traits and Attributes Are Predictable from Digital Records of Human Behavior," *PNAS* 110, no. 15 (2013).

訴。

賭博是放大檢視顧客卻有潛在危險的一個領域。大賭場正在使用分身搜尋這類做法，以便更了解自家賭客。他們的目標是什麼？取得最大利潤，以確保從你那裡賺更多錢放進他們的保險櫃。

賭場的做法是這樣。賭場相信每位賭徒都有一個「痛點」（pain point），這個慘賠金額足以讓賭徒驚慌失措，遠離賭場一段時間。舉例來說，假設海倫的「痛點」是三千美元。這表示如果她賠了三千美元，那麼這幾週或這幾個月你就流失掉一個顧客。如果海倫賠了二千九百九十九美元，她會不開心。畢竟，誰喜歡虧錢呢？但她不會沮喪到明天晚上不來賭場。

想像一下，你正在管理一家賭場，想像海倫已經坐在吃角子老虎機前面要開始玩了。什麼是最佳結果？顯然，你希望海倫盡可能接近她的「痛點」，但不要超過痛點。你希望海倫賠掉二千九百九十九美元，足以讓你賺到最大利潤，卻不致於多到讓海倫近期內再也不來賭場。

你如何做到這樣？其實，有一些方法可以讓海倫賠到一定金額就收手，譬如，你可以提供免費餐點，讓餐點夠吸引人，讓她願意為了美食而離開吃角子老虎機。

但這種做法有一個很大的挑戰。你怎麼知道海倫的「痛點」？問題是，人們有不同的「痛點」。對海倫來說是三千美元，對約翰來說可能是二千美元，對班來說可能是二萬六千美元。如果你說服海倫在賠了二千美元時收手，那麼你以後還能賺到她的錢。如果等待太久，她已經賠了三千美元，你這段時間就賺不到她的錢。而且，海倫可能不想告訴你她的痛點。或許連她自己都不知道，自己的痛點是賠掉多少錢。

所以，你要怎麼做？如果這本書你看到這裡，你會猜到答案就是利用數據科學。你盡可能地了解你顧客的一切，從他們的年齡、性別、居住地郵政區號和賭博行為下手。而且，從他們的賺賠金額和到達及離開的時間等賭博行為，你估計他們的「痛點」。

你蒐集你所了解跟海倫有關的所有資訊，並找出或多或少跟海倫相似（意即分身）的賭客，然後你就知道他們能忍受多少痛苦，他們的痛點金額可能和海倫相同。事實上，這就是哈拉斯賭場（Harrah）的做法，他們利用Terabyte這家大數據倉庫公司的服務來協助他們。

Terabyte總經理史考特・格瑙（Scott Gnau）在《什麼都能算，什麼都不奇怪》（*Super Crunchers*）這本精彩著作中解釋了，賭場經理看到一位常客快接近痛點時，他們會做什麼：

「他們出來說：『我看你今天不太順喔。我知道你喜歡我們的牛排館。來吧，現在帶你老婆去牛排館吃晚餐，我們請客。』」

看起來好像很大方：一頓免費的牛排晚餐。說穿了，根本是為了賭場私利。賭場只是不想讓顧客賠太多錢，免得顧客有一陣子不上門光顧。換句話說，管理階層正在使用複雜的數據分析，長久下來盡可能從顧客那裡賺到愈多錢愈好。

我們有權擔心，對於線上數據的善加利用，將提供賭場、保險公司、放款機構和其他企業實體太多權力來掌控我們。

從另一方面來看，大數據也讓消費者能夠對收費不合理或提供劣質產品的企業做出一些抨擊。

像Yelp這種公布餐廳和其他服務評價的網站，就是一個重要武器。哈佛大學經濟學家麥可．盧卡（Michael Luca）最近的一項研究顯示，企業有多麼任由Yelp的評論擺布。[4] 將華盛頓州的這些評論跟銷售數據進行比較，盧卡發現在Yelp網站上的評價少一顆星，將使餐廳收入下降五％到九％。

消費者跟企業之間的搏鬥，也藉由Kayak和繽客（Booking.com）這類比較網站而得到幫助。正如《蘋果橘子經濟學》中所討論的，有網站開始指出不同公司的定期壽險保費不一時，這類保費就會大幅下降。如果保險公司收費過高，顧客會知道並向其他保險公司投保。這樣做讓消費者總共省下多少錢？每年省下高達十億美元。

換句話說，網路上的數據可以告訴企業要避開哪些顧客並剝削哪些顧客。同樣地，這類數據也可以告訴顧客，他們應該避開哪些交易，以及誰正設法剝削他們。到目前為止，在消費者和企業的這場交戰中，大數據對雙方都有幫助。我們必須確保這場交戰能持續保持公平。

授權政府的危險

阿德莉娜・多納托（Adriana Donato）的前男友出現在她的生日派對時，她知道前男友很生氣。她知道他氣炸了，也知道他被憂鬱症困擾許久。當前男友邀她開車兜風時，有一件事是多納托這位二十歲動物學系學生不知道的。她不知道她現年二十二歲的前男友詹姆斯・

4 Michael Luca, "Reviews, Reputation, and Revenue: The Case of Yelp," unpublished maunscript, 2011.

史東漢（James Stoneham）在前三週，搜尋如何殺人和跟謀殺法有關的資訊，而且史東漢偶而也在網路上調查多納托。

要是她知道這件事，那天晚上她大概不會上前男友的車，也就不會被刺傷。在電影《關鍵報告》中，心理學家跟警察部門合作，在發生事件之前，事先阻止犯罪行為。大數據應該提供給警察部門，以便在發生犯罪事件前先行阻止嗎？多納托至少應該被警告說，她前男友事先做了那些搜尋嗎？警方應該事先審問史東漢嗎？

首先必須承認有愈來愈多證據顯示，與犯罪活動有關的Google搜尋，確實跟犯罪活動存在相關性。哈佛大學教授克莉絲汀．馬—凱拉姆斯（Christine Ma-Kellams）、弗蘿拉．歐爾（Flora Or）、白智賢（Ji Hyun Baek）和河內一郎（Ichiro Kawachi）都表示，[5]與自殺有關的Google搜尋跟全美自殺率強烈相關。此外，索爾塔斯和我已經指出，每週進行跟伊斯蘭恐懼症有關的搜尋，例如「我討厭穆斯林」或「殺死穆斯林」，跟當週反穆斯林仇恨犯罪的次數有相關性。如果有更多人在搜尋他們說自己想要做某件事，就表示有更多人會做那件事。

那麼，我們應該如何處理這項資訊？一個簡單又相當不具爭議的想法是：我們可以利用區域級數據來分配資源。如果某個城市跟自殺相關的搜尋量大增，我們可以提高這個城市的自殺覺察力，比方說，市政府或非營利組織可能進行宣導，說明人們可以在哪裡取得協助。同樣地，如果某個城市跟「殺死穆斯林」有關的搜尋大幅增加，警察部門或許最好改變巡邏方式，比方說，警方可能派出更多人力，保護當地清真寺。

但是我們應該非常不願意採取這種步驟：在任何犯罪發生前，就先跟蹤可能犯罪的個人。這樣做似乎開始侵犯個人隱私。從政府擁有數百萬或數十萬人的搜尋數據，到警方擁有個人搜尋數據，這當中要跨越一個很大的道德考驗。從保護當地清真寺到徹底搜索某人住處，這當中也要跨越一個很大的道德考驗。從廣告預防自殺到違反個人意願將人關進精神病院，這當中也要跨越一個很大的道德考驗。

不過，使用個人層級的數據要非常小心的原因，甚至超越道德規範，而是基於數據考量。數據科學從嘗試預測一個城市的行為，發展到嘗試預測個人的行為，本身就是一個跳躍式的巨大發展。

5 Christine Ma-Kellams, Flora Or, Ji Hyun Baek, and Ichiro Kawachi, "Rethinking Suicide Surveillance: Google Search Data and Self-Reported Suicidality Differentially Estimate Completed Suicide Risk," *Clinical Psychological Science* 4, no. 3 (2016).

我們以利用大數據預測自殺為例，在美國，每個月約有三百五十萬次Google搜尋跟自殺有關。[6]其中大多提出自殺意念，譬如，搜尋「自殺」、「想自殺」以及「如何自殺」。換句話說，每個月每一百名美國人當中，就有超過一次Google搜尋跟自殺有關。這讓我們想起哲學家尼采的名言：「自殺的念頭是一大安慰，你可以藉由這種念頭熬過不少難熬的黑夜。」Google搜尋數據顯示尼采的這句名言有多麼真實，也告訴我們自殺這種念頭有多麼普遍。不過，美國每個月的自殺人數不到四千人。自殺念頭相當普遍，但真正自殺的人並不常見。所以，如果沒有其他原因，只因為在網路上搜尋想給自己腦袋一槍，警方就上門盤查，警察就太閒閒沒事做了。

或者考慮那些令人難以置信、惡毒的伊斯蘭恐懼症搜尋。二〇一五年時，在美國「殺死穆斯林」的搜尋大約有一萬二千次，該年發生十二宗謀殺穆斯林的案件屬於仇恨犯罪。[7]顯然，進行這類恐怖搜尋的大多數人並沒有採取相應的行為。

進行一些數學運算就可以解釋預測個人行為和預測城市行為之間的差異。以下是一個簡單的思考實驗。假設一個城市有一百萬人和一座清真寺，假設沒有搜尋「殺死穆斯林」的個人，攻擊清真寺的可能性只有一億分之一。假設有搜尋「殺死穆斯林」的個人，則攻擊清真寺的可能性急劇上升到一萬分之一。假設伊斯蘭恐懼症的情緒高漲，「殺死穆斯林」的搜尋從一百人增加到一千人。

依據數學運算，在這種情況下，一座清真寺受到攻擊的可能性已經提高五倍，從約二%增加到一〇%。但是，搜尋「殺死穆斯林」的人實際攻擊清真寺的可能性，仍然只有一萬分之一。

在這種情況下的適當反應，不是把所有搜尋「殺死穆斯林」的人都關進監獄，也不是上門審問。這些人當中有任何一個人會犯罪的機率很小。然而正確的反應應該是，保護那座清真寺，因為現在清真寺被攻擊的機率已升高到一〇%。

顯然，許多可怕的搜尋從未導致可怕的行徑。也就是說，至少在理論上來說，可能有一些類別的搜尋顯示後續發生可怕事件的可能性很高。比方說，至少在理論上是可能的，數據科學家日後可能建立一個模型，發現史東漢針對多納托所做的搜尋，是必須關注的重要因

6 這裡使用的方法論，詳見作者官網說明自行墮胎的討論。我比較「自殺」類別的Google搜尋，跟「怎樣打領帶」的搜尋，二〇一五年時，「怎樣打領帶」的Google搜尋有六百六十萬次，而自殺類別的搜尋量是前者的六．五倍。因此，6.5*6.6/12≈3.5，計算出每個月有三百五十萬次Google搜尋跟自殺有關。

7 Bridge Initiative Team, "When Islamophobia Turns Violent: The 2016 U.S. Presidential Election," May 2, 2016, available at http://bridge.georgetown.edu/when-islamophobia-turns-violent-the-2016-u-s-presidential-elections/.

素。至少就理論來說，這種事有可能發生。

在二〇一四年時，以「如何殺死你的女友」為關鍵字的搜尋約有六千次，當年謀殺女友的案件有四百件。如果這些凶手都在事前進行這個關鍵字搜尋，那就表示每十五位進行「如何殺死你的女友」這種搜尋的人當中，就有一個人真正採取了行動。當然，許多謀殺女友的人大多沒有進行這種確切搜尋。也就是說，這種特定搜尋導致謀殺的真實機率較低，而且可能低得多。

但是，如果數據科學家可以建立一個模型，顯示特定個人受到威脅的機率是百分之一，那麼我們可能想要針對這項資訊採取一些行動。至少那位受到威脅的人可能有權得知，自己有百分之一的機會被特定人士謀殺。

但整體來說，使用搜尋數據預測個人層級的犯罪行為時，我們必須非常謹慎。數據清楚地告訴我們，許多令人恐懼的搜尋其實很少導致可怕的行為。而且到目前為止尚未有證據顯示，政府可以光從檢查這些搜尋，就能很準確地預測某種特定的恐怖行為。所以對於允許政府依據搜尋數據對個人進行干預，這方面我們必須非常謹慎，這不僅僅是基於道德或法律的緣故，至少現在也是基於數據科學的考量。

結論

大數據告訴我，很少人看到最後一頁

簽完書約後，我清楚知道這本書應該有怎樣的結構。你可能還記得，本書以我家人在感恩節聚餐的一幕情景揭開序幕。我的家人七嘴八舌地說起我的瘋狂，設法弄清楚為什麼我都三十三歲了，卻還找不到合適的女伴。

那麼，照理說這本書的結論應該是，我會遇見我的真命天女，然後跟她步入禮堂。更棒的是，我會使用大數據跟我的真命天女相遇。也許我可以在這本書中穿插追求過程的趣聞。然後故事結論就是，描述我婚禮當天的情況，加上給新婚妻子的一封情書。

不幸的是，現實生活跟我的願景並不相符。在寫一本可能對我的感情生活沒有幫助的書時，我把自己關在公寓裡，避開外界的活動。而我，唉，還是要找一個老婆。更重要的是，我需要為這本書寫一個新的結論。

我仔細閱讀我最喜愛的許多書籍，設法從中找到精彩結論應該具備怎樣的條件。我認為最棒的結論就是，把整本書從頭到尾、字裡行間要表達的一個重點講出來。而這本書的重點就是：社會科學正在成為一門真正的科學。而這門貨真價實的新科學將有助於改善我們的生活。

在本書第二篇開始時，我說明英國哲學家波普對佛洛伊德的批判。我提到波普不認為佛洛伊德對世界抱持的古怪願景是符合科學的。但是關波普的批評，有一件事我沒有提出來。實際上，波普的批評不僅僅是抨擊佛洛伊德，還波及到更廣的層面。波普不認為**任何**社會科學家講究科學。他認為這些自稱科學家的社會科學家所做的事情，都不夠嚴謹。

是什麼原因促使波普發動批評？[1]當他跟當代最優秀的知識分子，包括最優秀的物理學家、歷史學家、心理學家互動後，波普指出一個顯著差異。跟物理學家交談時，波普相信他們在做什麼。當然，物理學家有時也會犯錯，當然，他們有時也會被自己的潛在性偏見所愚弄。但是物理學家正在參與一個找出世界真相的過程，最終讓愛因斯坦（Einstein）提出相對論。相較之下，在跟世界上最知名的社會科學家交談時，波普認為自己正在聽一堆冗長、令人費解的話。

波普不是唯一做出這種區別的人士。大家都同意物理學家、生物學家和化學家都是名符其實的科學家，他們利用嚴謹的實驗了解物理世界的運作。相較之下，很多人認為經濟學家、社會學家和心理學家是軟科學家，他們丟出無意義的術語，讓自己可以取得終生教職。

就某種程度來說，事實就是如此，不過大數據革命已經讓狀況有所改觀。如果波普今天還健在並參加由拉吉・切提、傑西・夏皮洛、埃絲特・杜弗洛，或我自己（厚臉皮一下）做的簡報，我強烈懷疑他應該不會有當年那樣的反應。說實話，他更有可能質疑當今偉大的弦理論（string theory，為理論物理學的一門學說）家們是真正符合科學，或者只是自我放縱讓想法天馬行空。

如果某個城市即將上映一部暴力電影，那座城市的犯罪案件會增加或減少？如果更多人接觸到某支廣告，會讓更多人使用廣告中的產品嗎？如果某支棒球隊在一名男孩二十歲時贏球了，那麼此人在四十歲時更有可能支持這支球隊嗎？這些都是有具體答案的明確問題。而且在堆積如山的誠實數據中，我們可以找到這些問題的答案。

這種做法很科學，不是偽科學。

這並不表示社會科學革命將以不受時間限制、簡單定律的形式出現。

1 Karl Popper, *Conjectures and Refutations* (London: Routledge & Kegan Paul, 1963).

麻省理工學院科學家馬文・明斯基(Marvin Minsky)是研究人工智慧可能性的先驅之一,他認為試圖複製物理學的發展軌跡,反而讓心理學偏離正軌。物理學成功地找到無論何時何地都站得住腳的簡單定律。

明斯基認為人腦可能不受這類定律的控制。相反地,大腦可能是一個複雜的駭客系統,由其中一個部分負責糾正其他部分的錯誤。經濟制度和政治制度的複雜度,可能跟大腦相似。

因此,社會科學革命是不可能以相對論 $E = MC^2$ 這種簡潔公式出現的。事實上,如果有人依據一個簡潔公式宣稱社會科學革命,那你應該抱持懷疑的態度。

相反地,這場社會科學革命將會以零碎的研究和發現呈現,我們慢慢會對人類心智與社會的複雜系統,得到更深入的了解。

現在,我已經總結出一個適當的結論,但這個結論也指出,在哪些方面會有更多進展陸續出現。

本書就直指一些方向。我在本書討論到的數據集都十分創新,只是這些數據集幾乎還沒有人探討過。還有那麼多東西有待我們去學習。坦白說,大多數學者忽視由數位時代造成的數據爆炸。世界上最著名的性學專家堅持採取實驗驗證法，他們詢問幾百名受試者的性慾，而不去跟PornHub這類網站索取數據。世界上最著名的語言學家分析個別文本，卻大多忽視數十億冊書籍中揭示的模式。一直以來，心理學、政治學和社會學的學者教導研究生的方法論，大多不受數位革命的影響。數據爆炸揭露出大部分尚未開發的廣大領域，卻只有少數具有前瞻思想的教授、勇於顛覆傳統的研究生和愛好者涉獵其中。

這種情況將會有所改變。

對於我在這本書中談到的每一個想法，都有一百個同樣重要的想法準備因應。這裡討論的研究只是冰山一角的尖端，一切都還在最初階段。

那麼，還有什麼事情會出現呢？

其中一件事情是，將史上最成功的公共衛生研究所用的方法論徹底擴大。在十九世紀中期，英國醫生約翰・斯諾（John Snow）對於導致倫敦爆發霍亂疫情的原因很感興趣。

他提出一個別出心裁的想法：將倫敦每一個霍亂病例的居住位置，註記在地圖上。[2]當他

2 Simon Rogers, "John Snow's Data Journalism: The Cholera Map That Changed the World," *Guardian*, March 15, 2013.

這樣做時，他發現這種疾病主要群聚在一個特定水井。這表示這種疾病的傳播是透過受汙染的水，反駁了當時以為霍亂是透過汙染的空氣傳播的傳統想法。

大數據及其允許放大檢視的能力，讓這類研究變得容易。對於任何疾病，我們可以探勘 Google 搜尋數據或其他已數位化的健康數據。不管是世界哪個角落，疾病流行率非常高或異常低之處，數據都能顯現出來。然後，我們可以看看這些地方有什麼共同之處，是空氣中有某種成分嗎？還是水出了問題？或是社會規範的緣故？

不管是偏頭痛、腎結石、焦慮症、憂鬱症、阿滋海默症、胰臟癌、高血壓、背痛、便祕和流鼻血，這種種疾病和病兆都可以利用大數據來分析，每件事情都可以拿來分析。斯諾做過一次的分析，我們可能有辦法做四百次（在寫這段內文時，我已經開始著手這樣做）。

我們可以將此稱之為規模科學（science at scale），也就是以一個簡單方法和利用大數據，在短時間內進行幾百次分析。是的，社會科學和行為科學絕對會擴大規模。放大檢視健康狀況的數據，將有助於這些科學擴大規模。另一件可以幫助它們擴大規模的事情是：A／B測試。我們討論了企業進行A／B測試，讓用戶點擊不同的標題和廣告，這一直是此項方法論的主要用途。但A／B測試可以用來揭示更基本、更具有社會價值的事情，而不只是以一個箭號讓人們點擊廣告。

西北大學經濟學家班傑明．瓊斯[3]正嘗試使用A／B測試，協助改善孩童的學習。他協助設立EDU STAR這個允許學校隨機測試不同課程計畫的平台。

許多公司從事教育軟體業務，利用EDU STAR這個平台，學生登錄到平台後就會接觸到不同的課程計畫。然後學生進行簡短測驗，了解自己學習這些課程的成效如何。換句話說，學校可以得知哪些軟體最能協助學生了解課程內容。

跟所有很棒的A／B測試平台一樣，EDU STAR正在產生令人驚訝的結果。其中有一項課程計畫讓許多老師相當興奮，這項計畫包含一種軟體，利用遊戲協助教導學生學習數學的「分數」（fractions）。當然，如果你把數學轉化為一個遊戲，學生會覺得更有趣也了解更多，測驗成績也會更好，對吧？錯了。透過遊戲學習分數的學生，比以更標準方式學習分數的學生，在測驗時的表現更差。

使用矽谷開發用於讓人們點擊更多廣告的測試，來讓孩童學習更多，這樣做既令人興奮

3 我於二〇一五年六月一日電話採訪瓊斯。這項研究的討論另見Aaron Chatterji and Benjamin Jones, "Harnessing Technology to Improve K–12 Education," Hamilton Project Discussion Paper, 2012。

也對社會有益。同樣地，讓人們多睡一點，也有這種效果。

平均來說，美國人每天睡六、七個小時。大多數美國人都希望自己能多睡一點。但晚上十一點還睡不著，《世界體育中心》（*SportsCenter*）這個熱門電視節目正在播放，或是忍不住想上YouTube觀看影片。所以，等等再睡吧。Jawbone這家擁有幾十萬名顧客的穿戴設備公司進行數千次測試，設法找到讓用戶能早點上床睡覺的干預措施。

Jawbone以一種雙管齊下的目標，獲得巨大的勝利。首先，要求顧客承諾一個不難達成的目標。發送這類訊息給顧客：「看來，你過去三天沒有睡太多喔。今晚，你何不十一點半就睡覺？我們知道你通常早上八點就起床。」然後，用戶可以選擇點擊「我參加」。

接著，晚上十點半時，Jawbone會發送另一則訊息：「我們提醒你要在十一點半就寢。現在是十點半，何不現在就開始準備？」

Jawbone發現這個策略讓顧客多睡二十三分鐘。他們沒有讓顧客在十一點半準時就寢，但是他們讓顧客提早就寢。

當然，這個策略的每個部分都要透過大量實驗進行優化。把目標訂得太早，要求用戶承諾在晚上十一點以前睡覺，很少用戶會參加。要求用戶在午夜睡覺，就沒辦法達到讓用戶多睡一會兒的成效。

Jawbone使用A／B測試找到跟Google的向右箭頭同樣效果的早睡方案。但是，這樣做不是為了讓Google的廣告合作夥伴獲得更多點擊次數，而是為了讓疲憊的美國人多睡幾分鐘。

事實上，整個心理學領域可能利用矽谷的工具，大幅改進他們的研究。我熱切期待顯示一千次快速A／B測試結果的第一份心理學報告，而不是詳述跟一些大學生一起進行幾個實驗的那種心理學報告。

學者花幾個月招募一些大學生進行單一測試，那種日子將會結束。相反地，學者將會利用數位數據，在短短幾秒內測試幾百個或幾千個想法。在可利用大數據的時代，我們能夠花更少時間，學到更多東西。

以文本作為數據將教導我們更多東西。想法是如何傳播的？新的字詞是怎樣形成的？字詞是如何消失的？笑話是怎樣形成的？為什麼某些字詞有趣而其他字詞卻不有趣？方言是如何發展出來的？我敢打賭在二十年內，我們將對上述這些問題有深入的了解。

我認為我們可以考慮利用孩子們的網路行為，經過適當地匿名化，作為傳統測試的補充資料，以了解孩童的學習與發展。孩童的拼寫能力如何？他們是否出現閱讀障礙的跡象？他們是否發展出成熟的智力興趣？他們有朋友嗎？在孩童每天敲下的數千次按鍵中，就能找到這些問題的線索。

還有另一個非同小可的領域，在那裡有更多的見解陸續出現。

在滾石合唱團（Rolling Stone）〈粉碎〉（Shattered）這首歌曲中，主唱米克・傑格（Mick Jagger）描述讓紐約市這個大蘋果如此神奇的一切。笑聲、喜悅、孤獨、老鼠、臭蟲、自豪、貪婪、穿著紙袋的人們。但是，傑格以最多字來說明真正讓這個城市如此特別的是：「性、性、性，還是性」。

跟大蘋果一樣，大數據也是如此。拜數位革命所賜，在健康、睡眠、學習、心理學、語言，以及性、性、性，還是性等方面，有愈來愈多精闢見解出現。

我目前正在探討的一個問題是：性傾向有多少維度？我們通常認為某人不是同性戀，就是異性戀。但性傾向顯然比這更複雜。在同性戀男性和異性戀男性中，還有喜歡類型的區分，譬如：有些男性喜歡「金髮妞」，有些男性喜歡「棕髮妞」。這些偏好可能跟性別偏好一樣強烈嗎？我正在研究的另一個問題是：性偏好源自何處？正如同我們可以找出決定成為某支棒球隊的粉絲或形成政治觀點的關鍵歲數，我們現在可以找到確定成年性偏好的關鍵年紀。要知道這些答案，你不得不買我的下一本新書。

色情的存在及其所產生的數據，是人類性行為科學的革命性發展。自然科學需要時間，才能開始改變我們的生活，譬如：發明盤尼西林、衛星和電腦。大數據可能也需要時間，才能讓社會科學和行為科學在我們的相愛方式、學習方式和生活方式出現重要進展。但我相信這種進展即將到來，我希望你至少在這本書裡看到這種進展的概況。其實，我希望你們當中有些人看完這本書後，能協助創造這種進展。

要寫出一個適當的結論，作者應該考慮自己當初為什麼要寫這本書，是想達成什麼目標？

我認為我寫這本書的最大的原因，是我早年養成經驗而產生的結果。你知道十多年前《蘋果橘子經濟學》這本書出版了，這本意外爆紅的暢銷書描述屢獲殊榮的芝加哥大學經濟學家李維特的研究。我在本書經常提到李維特，他是一位「流氓經濟學家」，他似乎能用數據回答自己古靈精怪腦袋想出的任何問題：相撲選手作弊嗎？競賽節目參賽者會遭受差別待遇嗎？房地產經紀人給你的購屋條件，跟他自己的購屋條件一樣優惠嗎？

我念完大學哲學系時，不知道自己這輩子要做什麼。在看完《蘋果橘子經濟學》後，我知道我想做什麼了。我想效法李維特，我想研究大量數據，找出世界**究竟**如何運作。我決定要跟隨他並取得經濟學博士學位。

這十二年當中，許多事情有了變化。李維特的一些研究被發現編碼有誤。李維特針對全球暖化提出一些政治上不正確的事情。《蘋果橘子經濟學》頓時在知識分子圈裡被打入冷宮。

但我認為撇開一些錯誤不談，這些年的發展還是對李維特想做的事情有利。李維特告訴我們，好奇心、創造力和數據的結合可以大幅提高我們對世界的了解。事實一再地證明，數據中隱藏的故事已經準備好要被揭露出來。

而且，我希望這本書對讀者的影響，如同當年《蘋果橘子經濟學》對我的影響。我希望現在有一些對人生感到茫然的年輕人閱讀這本書。如果你有一點統計技能，有豐富的創造力和好奇心，那我建議你從事數據分析這個行業。

如果我大膽直言，這本書其實可能被視為《蘋果橘子經濟學》的進階版。在《蘋果橘子經濟學》中討論的研究和本書中討論的研究，兩者之間的主要區別是：野心。李維特在一九九〇年代闖出名號時，並沒有太多數據可用。他覺得自己很了不起，在數據不存在的時代研究那些稀奇古怪的問題，他幾乎忽略數據不存在這個大問題。然而今天，每個主題的數據如此之多，我們當然要研究那些探討人類存在意義的重大問題。數據分析的未來是光明美好的。我強烈懷疑，下一個金賽（Kinsey，性學家）會是數據科學家，下一個傅柯（哲學家）將是數據科學家，下一個佛洛伊德（心理學家）和下一個馬克思（Marx，社會學家）都會是數據科學家。而且，下一個沙克（Salk，生物學家）也可能是數據科學家。

無論如何，我嘗試做出一個適當的結論。但我開始明白，出色的結論還要具備許多條件，多不勝數的條件。出色的結論必須冷嘲熱諷、打動人心，也必須饒富深意又充滿奇趣，它必須直指人心、詼諧幽默又略帶悲傷。一個偉大的結論必須以一、兩句話總結發生過和即將發生的一切，必須做出一個獨特新穎的轉折。一本偉大的書必須以一個聰明有趣又煽動人心的爆炸性想法劃下句點。

現在或許是談談我寫作過程的好時機。我不是一個特別愛碎唸的作家。這本書大約只有七萬五千字，對於這種涵蓋面如此廣泛的話題來說，這種字數算是言簡意賅了。

但是，我用對數據的執著來彌補我對廣度的欠缺，針對我在《紐約時報》的第一篇以性為主題的專欄文章（那篇文章有二千字），花了我五個月的時間，寫了四十七次的草稿。這本書的一些章節寫了六十次草稿，我可能花幾小時推敲註釋中某個句子用哪個字會更好。

我過去一年大部分時間都過著隱士般的生活，只有我和我的電腦獨處。我住在紐約市最嬉皮的地區，卻幾乎足不出戶。在我看來，這本書是我的傑作，是我一生中最好的構想。我願意犧牲一切，把這本書寫好。我希望能為這本書中的每一個字辯護。我的手機裡塞滿我忘記回覆的電郵、我從未打開的電子邀請卡，連交友網站Bumble上的留言我也略過不看。[4]

經過十三個月的辛勤工作，我終於可以寄出一個接近完整的草稿。不過，還缺少一個部分：結論。

我跟編輯丹妮斯・奧斯華（Denise Oswald）解釋說，可能還要幾個月時間才能交出結論。我告訴她，據我推測很可能還要六個月。在我看來，結論是本書最重要的部分。我才剛開始學習，哪些條件構成好結論。丹妮斯聽我這樣說，當然不高興。

然後，有一天，我朋友寄一封電郵給我，內容是威斯康辛大學（University of Wisconsin）數學家喬登・艾倫伯格（Jordan Ellenberg）的研究報告。艾倫伯格好奇有多少人真正把書看完，他想到一個妙招，利用大數據進行測試。亞馬遜網站上可以看到有多少人引用書中的不同文句，艾倫伯格知道，他可以比較人們多常引用書籍一開始的文句和結尾的文句。這樣我們就能大概知道，讀者是否有把書看完的習性。根據他的觀點，超過九〇%的讀者看完唐娜・塔特（Donna Tartt）的小說《金翅雀》（*The Goldfinch*）。相較之下，大約只有七%的人看完諾貝爾獎經濟學家丹尼爾・卡納曼的巨作《快思慢想》。依照這種粗略方法論的估計，以經濟學家托馬・皮凱提（Thomas Piketty）備受討論與讚揚的《二十一世紀資本論》（*Capital in the 21st Century*）來說，看完的讀者不到三%。換句話說，人們往往不會看完經濟學家完成的著作。[5]

這本書的重點之一是，**無論在什麼情況下**，我們必須追蹤大數據的線索，並採取因應的行動。或許我希望大多數讀者仔細推敲我講的每一個字，並試圖探查最後這幾頁與前述章節內容有何關聯。但是，無論我多麼努力地修飾我的文筆，大多數人還是閱讀前五十頁，了解

---

4 由於人人都是大說謊家，所以你應該質疑我講的這個故事。也許我不是一個工作狂；也許我沒有額外努力撰寫這本書；也許我跟很多人一樣，誇大我做了很多事；也許我十三個月的「辛苦工作」，包括其中一整個月都不碰工作；也許我沒有過著隱士般的生活；也許，如果你檢查我的臉書個人檔案，你會發現我在閉關寫書這段期間，外出跟朋友聚會的照片；或者，我確實過著隱士般的生活，但我並不是自願這樣做；也許我在許多夜晚無法工作，希望有人會跟我聯絡；也許沒有人寄電子邀請卡給我，沒有人在交友網站Bumble上留言給我。每個人都在說謊，每位敘述者都不可靠。

5 Jordan Ellenberg, "The Summer's Most Unread Book Is...," *Wall Street Journal*, July 3, 2014.

幾個重點後，就繼續過自己的生活。

因此，我藉由追蹤數據（人們實際做了什麼，而不是他們說了什麼），這個唯一適當的方式來為本書做總結。現在，我要跟幾個朋友喝啤酒去了，討厭的結論就寫到這裡。大數據告訴我，你們當中真正會看到這裡的人少之又少。

謝詞

這本書是團隊合作的成果。

我在哈佛大學念研究所、擔任Google數據科學家，以及幫《紐約時報》寫專欄時，開始逐步形成這本書中提到的構想。

我在Google的同事哈爾・瓦里安一直是影響本書構想的重要人物。據我所知，瓦里安永遠領先時代二十年。他跟夏皮洛合著的《資訊規則》（*Information Rules*），基本上就預測了未來。而他跟崔賢榮（Hyunyoung Choi，音譯）合寫的這篇論文〈預測現在〉（Predicting the Present），在社會科學領域發動一場如同本書描述的大數據革命。瓦里安也是一位既神奇又仁慈的良師，他帶領過的許多部屬都能證明此事。他常做的事情是跟他人一起撰寫論文，但大部分的工作都自己扛下，最後在列名時還堅持他人的名字要放在自己名字前面。我真的很少遇到像瓦里安這樣天賦異稟又寬容大度的人。

我的寫作和想法也受到亞倫・雷提卡（Aaron Retica）的影響，我幫《紐約時報》寫的每篇專欄都由他編輯。雷提卡是一位博學之士，他上知天文下知地理，音樂、歷史、體育、政治、社會學、經濟學全都難不倒他，天知道他還懂什麼。他很清楚我在《紐約時報》的每篇專欄文章對我撰寫這本書有何幫助。這個專欄團隊的其他成員包括：圖片編輯Bill Marsh，他的平面藝術設計總是讓我驚豔不已，另外還有Kevin McCarthy和Gita Daneshjoo。這本書囊括我在《紐約時報》專欄的一些內容，並經許可轉載。

好心同意幫我撰寫本書推薦序的史蒂芬・平克，一直是我崇拜的英雄之一。他為當代社會科學書籍樹立這個標準：探討人性的根本，了解各種學科最優秀的研究。那是我畢生將努力達成的一個標準。

這本書是以我的博士論文為基礎，感謝這幾位學識傲人又耐心過人的指導教授Alberto Alesina、David Cutler、Ed Glaeser和Lawrence Katz。

丹妮斯是一位相當出色的編輯。如果你想知道她的編輯本領有多棒，把我的初稿跟成書相比就知道。其實你當然無法這樣做，因為我不打算把初稿再給任何人看，實在太尷尬了。我也感謝哈潑柯林斯（HarperCollins）的其他成員，包括Michael Barrs、Lynn Grady、

Lauren Janiec、Shelby Meizlik和Amber Oliver。

我的經紀人Eric Lupfer從一開始就看出這個案子的潛力，他是促成這項提案並協助我完成本書的功臣之一。

我在此也要感謝Melvis Acosta為本書進行嚴謹的事實查證。

我在專業生涯和學術生涯中，跟一些人學習並獲益良多，特別感謝Susan Athey、Shlomo Benartzi、Jason Bordoff、Danielle Bowers、David Broockman、Bo Cowgill、Steven Delpome、John Donohue、Bill Gale、Claudia Goldin、Suzanne Greenberg、Shane Greenstein、Steve Grove、Mike Hoyt、David Laibson、A.J. Magnuson、Dana Maloney、Jeffrey Oldham、Peter Orszag、David Reiley、Jonathan Rosenberg、Michael Schwarz、Steve Scott、Rich Shavelson、麥可・史密斯、勞倫斯・桑默斯、Jon Vaver、Michael Wiggins，以及Qing Wu。

我感謝Tim Requarth和NeuWrite在寫作上給予我指點。

關於協助說明研究調查，則要感謝克里斯多弗・查布利斯、吉拉・切提、馬修・根茲柯、所羅門・梅辛和傑西・夏皮洛等人。

我跟 Emma Pierson 和 Katia Sobolski 詢問，是否可能針對我書中一個章節提出建議。結果不知何故，她們竟然決定幫忙看完整本書，並對每一段內文提出明智的建議。

家母伊瑟・大衛德維茲（Ester Davidowitz）將整本書閱讀好幾遍，她的意見讓這本書增色不少。她也以身作則地教導我，要我無論如何都要跟隨好奇心的指引。我在面試一份學術工作時，有一位教授這樣問我：「你做這份工作，你母親做何感想？」我認為，我研究性和其他禁忌話題，可能會讓家母覺得尷尬，但我一直很清楚，只要我跟隨好奇心的指引，她就會以我為榮。

許多人幫忙閱讀本書部分內容並提供有用的意見。為此，我感謝 Eduardo Acevedo、Coren Apicella、山姆・阿瑟、大衛・卡特勒、史蒂芬・杜伯納、Christopher Glazek、Jessica Goldberg、Lauren Goldman、Amanda Gordon、Jacob Leshno、艾力克斯・派薩科維奇、諾亞・波普、Ramon Roullard、Greg Sobolski、伊旺・索爾塔斯、諾亞・史蒂芬斯—大衛德維茲、Lauren Stephens-Davidowitz 和 Jean Yang。其實，在我撰寫這本書時，Jean 是我最要好的朋友，我也感謝她的友情相伴。

關於協助蒐集數據這個部分，特別感謝 MindGeek 的 Brett Goldenberg 、James Rogers 和

Mike Williams，以及Baseball Prospectus的Rob McQuown和Sam Miller。

同時，我非常感謝艾爾弗斯隆基金會（Alfred Sloan Foundation）的慷慨資助。

在寫這本書的期間，我一度深陷其中，感覺茫然無助，幾乎就要放棄這個出書計畫。後來，我跟家父米契爾・史蒂芬斯（Mitchell Stephens）到鄉下散心。一整個禮拜的時間，家父協助我脫離困境，重回正軌。他帶我去散步，我們討論愛情、死亡、成功、幸福和寫作。然後，我們坐下來檢視這本書裡字字句句。沒有他，我無法完成這本書。

最後，本書若有任何疏漏，定當是我個人的疏失。

國家圖書館出版品預行編目資料

數據、謊言與真相：Google資料分析師用大數據揭露人們的真面目／賽斯.史蒂芬斯-大衛德維茲（Seth Stephens-Davidowitz）著；陳琇玲譯. -- 初版. -- 臺北市：商周出版：家庭傳媒城邦分公司發行, 2017.12
面；　公分
譯自：Everybody lies : big data, new data, and what the Internet can tell us about who we really are
ISBN　978-986-477-355-8（平裝）

1.網路社會 2.資料探勘

541.415　　106020631

新商業周刊叢書　BW0653

數據、謊言與真相
Google資料分析師用大數據揭露人們的真面目

原文書名／Everybody Lies: Big Data, New Data, and What the Internet Can Tell Us About Who We Really Are
作　　者／賽斯．史蒂芬斯—大衛德維茲（Seth Stephens-Davidowitz）
譯　　者／陳琇玲
編輯協力／李　晶
責任編輯／鄭凱達
企畫選書／黃鈺雯
版　　權／黃淑敏
行銷業務／莊英傑、周佑潔、石一志

總編輯／陳美靜
總經理／彭之琬
事業群總經理／黃淑貞
發行人／何飛鵬
法律顧問／台英國際商務法律事務所　羅明通律師
出　　版／商周出版
台北市中山區民生東路二段141號4樓
電話：(02) 2500-7008 傳真：(02) 2500-7759
E-mail：bwp.service@cite.com.tw
Blog：http://bwp25007008.pixnet.net/blog
發　　行／英屬蓋曼群島商家庭傳媒股份有限公司城邦分公司
台北市中山區民生東路二段141號2樓
書虫客服服務專線：(02)2500-7718．(02)2500-7719
24小時傳真服務：(02)2500-1990．(02)2500-1991
服務時間：週一至週五09:30-12:00．13:30-17:00
郵撥帳號：19863813　　戶名：書虫股份有限公司
讀者服務信箱E-mail：service@readingclub.com.tw
歡迎光臨城邦讀書花園　　網址：www.cite.com.tw
香港發行所／城邦（香港）出版集團有限公司
香港九龍土瓜灣土瓜灣道86號順聯工業大廈6樓A室
Email：hkcite@biznetvigator.com
電話：(852)2508-6231　　傳真：(852)2578-9337
馬新發行所／城邦(馬新)出版集團【Cite (M) Sdn. Bhd.】
41, Jalan Radin Anum, Bandar Baru Sri Petaling,
57000 Kuala Lumpur, Malaysia
電話：(603)90578822　　傳真：(603)90576622
Email：cite@cite.com.my

封面設計／陳文德　　內文設計排版／唯翔工作室　　印　　刷／鴻霖印刷傳媒股份有限公司
總經銷／聯合發行股份有限公司　　電話：(02)2917-8022　　傳真：(02)2911-0053
地址：新北市231新店區寶橋路235巷6弄6號2樓

■ 2017年12月5日初版1刷　　Printed in Taiwan
■ 2024年3月6日初版17.1刷

ISBN　978-986-477-355-8

定價／420元